本书得到教育部人文社会科学研究基金项目"基于互惠理论的制造企业合作数字绿色创新过程及其动态机制研究"（21YJCZH203）和河北省社会科学基金项目"河北省制造业数字绿色创新的过程机制及实现路径研究"（HB21YJ003）资助。

企业绿色技术创新过程及演化研究

以多主体合作下制造业为视角

马立军　尹士　郭凤玉◎著

光明日报出版社

图书在版编目（CIP）数据

企业绿色技术创新过程及演化研究：以多主体合作
下制造业为视角 ／ 马立军，尹士，郭凤玉著 . -- 北京：
光明日报出版社，2024.6. -- ISBN 978 - 7 - 5194 - 8045 - 5

Ⅰ. F426.4

中国国家版本馆 CIP 数据核字第 2024MW4316 号

企业绿色技术创新过程及演化研究：以多主体合作下制造业为视角

QIYE LÜSE JISHU CHUANGXIN GUOCHENG JI YANHUA YANJIU：YI DUOZHUTI HEZUO XIA ZHIZAOYE WEI SHIJIAO

著　者：马立军　尹　士　郭凤玉	
责任编辑：杜春荣	责任校对：房　蓉　李学敏
封面设计：中联华文	责任印制：曹　净

出版发行：光明日报出版社

地　　址：北京市西城区永安路 106 号，100050

电　　话：010-63169890（咨询），010-63131930（邮购）

传　　真：010-63131930

网　　址：http：//book.gmw.cn

E - mail：gmrbcbs@gmw.cn

法律顾问：北京市兰台律师事务所龚柳方律师

印　　刷：三河市华东印刷有限公司

装　　订：三河市华东印刷有限公司

本书如有破损、缺页、装订错误，请与本社联系调换，电话：010-63131930

开　　本：170mm×240mm		
字　　数：349 千字	印　　张：19	
版　　次：2024 年 6 月第 1 版	印　　次：2024 年 6 月第 1 次印刷	
书　　号：ISBN 978 - 7 - 5194 - 8045 - 5		
定　　价：98.00 元		

前　言

　　绿色制造将传统制造融入了绿色概念，在绿色产品的制造、营销等环节中起着重要作用。绿色技术是开展绿色制造活动的关键基础，单一的绿色技术创新无法满足绿色制造系统的技术需求，绿色技术进行系统性创新才能支撑起整个庞大的绿色制造系统。为促进制造业企业有效开展绿色技术创新活动，推动制造业高质量发展，需要将政府部门、制造业企业、高等院校、科研院所、科技中介、供应链、消费者等主体密切结合、分工协作、合作协调，合理配置知识、技术、资金等各种资源，形成各个主体间优势互补的共同体，集成于制造业企业主导下多主体合作的绿色技术创新系统，该系统融合了绿色研发、绿色转化、绿色生产、绿色营销等关键环节。依据上述分析，本书基于系统论和创新价值链理论，探究了多主体合作下制造业企业绿色技术创新过程中绿色知识创造阶段、绿色技术转化阶段、绿色产品推广阶段的合作问题，构建了绿色技术创新绩效评价指标体系和模型，揭示了多主体合作下制造业企业绿色技术创新系统协同演化关系，提出了促进多主体合作下制造业企业绿色技术创新发展的对策与建议，以期为我国多主体合作下制造业企业开展绿色技术创新活动提供理论支持和实践指导。

　　第一，通过对国内外研究成果的梳理、归纳，界定了多主体合作下制造业企业绿色技术创新过程及演化的内涵，构建了基于两论融合的绿色技术创新过程及演化的理论模型。从过程及演化角度，提出了包括知识创造、技术转化、产品推广、绩效评价、系统演化的多主体合作下制造业企业绿色技术创新过程及演化的理论模型。

　　第二，本书研究了制造业企业绿色技术创新中学研合作伙伴选择和产学研合作下合作模式选择及知识创造问题。通过对绿色创新学研伙伴选择理论分析，构建了基于生态位理论的合作绿色创新伙伴选择评价指标体系和基于场理论的合作绿色创新伙伴选择的生态位场模型。回顾了产学研合作下知识创造相关文献，构建了产学研合作下绿色知识创造的三种微分博弈模型，分析了产学研合作模式选择及绿色知识创造机制。

第三，本书研究了多主体合作下制造业企业绿色知识技术化和绿色技术产品化问题。从理论层面分析了基于知识供需双边匹配的绿色知识技术化，构建了绿色知识技术化的供需双边匹配模型，分析了绿色知识技术化的关键因素。理论分析了绿色技术产品化过程，构建了基于绿色新产品开发的绿色技术产品化理论模型并提出研究假设，运用结构方程模型和层次回归方法分析了绿色技术产品化机理。

第四，本书研究了多主体合作下制造业企业绿色技术产品的销售和推广问题。理论分析了客户合作下绿色技术产品的销售模式，运用区间直觉模糊几何加权 Heronian 平均算子和主客观时序权重，探究了影响绿色技术产品销售的重要因素。从绿色技术产品的供给侧和需求侧视角构建了制造业企业、政府、下游制造商和绿色消费者构成的两个三方动态博弈模型，仿真分析了政府规制下制造业企业绿色技术产品的多阶段推广机制。

第五，本书研究了多主体合作下制造业企业绿色技术创新绩效的评价问题。总结了制造业企业绿色技术创新绩效评价指标体系，分析了制造业企业绿色技术创新的特点及绩效评价指标设计的原则，运用问卷调查和因子分析法剔除了相关性指标，得到了具有实际意义的评价指标体系。通过回顾现有评价方法，构建了基于一致性的组合评价模型，为验证提出的评价指标体系和评价方法的科学性和有效性，进行了应用研究。

第六，本书研究了多主体合作下制造业企业绿色技术创新系统的协同演化问题。分析了系统结构及演化路径，基于 Logistic 模型构建了系统的协同演化方程。进一步实证研究了政府环境规制政策对多主体合作下制造业企业绿色技术创新系统协同演化的影响，并以北京市为例，分析了命令型规制、市场型规制、自愿行动型规制、公众参与型规制的政策强度对系统协同演化的影响，并进一步分析了系统演化的序参量及控制变量。

第七，提出了促进多主体合作下制造业企业绿色技术创新发展的对策与建议。根据本书的研究结果，从绿色知识创造机制、绿色技术转化能力、绿色产品推广策略、绿色创新绩效评价机制、绿色创新系统协同效应五个方面提出了具体的对策与建议。

目 录
CONTENTS

第一章

绪　论

第一节　研究背景、目的及意义

一、研究背景

生态环境因素作为现代绿色经济体系的重要组成部分，是我国经济高质量发展的重要前提，然而当前生态环境问题严重阻碍了经济高质量发展，制约着我国经济社会可持续发展。制造业是经济高质量发展的关键主体，然而在高质量发展进程中，传统制造业不仅浪费了大量资源，造成了环境污染，而且自身绿色能力亟待提升。[①] 我国积极推动制造业绿色转型，《中国制造2025》战略指出绿色发展是我国制造业可持续发展的重要方向，构建高效的绿色制造体系是实现制造业绿色转型的重要方式。《工业绿色发展规划（2016—2020年）》进一步强调了绿色制造的重要性，为绿色制造的推进明确了方向。2019年国务院《政府工作报告》进一步指出，推动制造业高质量发展，增强工业技术创新能力。由此看来，推行绿色制造发展作为我国实现《中国制造2025》战略的关键支撑，是实现制造强国战略的强有力手段。绿色制造将传统制造融入了绿色概念，在绿色产品的制造、营销等环节中起着重要作用。绿色技术是开展绿色制造活动的关键基础，单一的绿色技术创新无法满足绿色制造系统的技术需求，绿色技术进行系统性创新才能支

---

① 王旭，褚旭. 中国制造业绿色技术创新与融资契约选择 [J]. 科学学研究，2019，37（2）：351-361.

撑起整个庞大的绿色制造系统。① 因此，作为核心机制的绿色技术创新对实现我国制造业绿色制造起着关键作用，对促进我国经济高质量发展具有重要意义。

作为立国之本的制造业，其代表着一个国家的综合实力和竞争力，是一个国家发展的力量之源。目前在我国生产总值中制造业占比约30%，对促进我国经济高质量发展起着举足轻重的力量。制造业具有涉及范围广、产业链长、辐射效应广等特点，与其他行业紧密相关，一定程度上代表着国家行业发展水平。发达国家实践表明，高水平制造业地区拥有高质量的经济水平，代表着一个国家的工业化实力。18世纪中后期，英国通过工业革命的形式实现了手工业转型升级为制造业，首次提出工业化发展趋向。随着第一次工业革命的结束，德美两国依托电力、机械等行业与第二次工业革命的契机，进一步推动了工业化发展。紧随其后，日本通过工业升级实现了工业现代化发展，达到了发达国家的现代化工业水平。发达国家工业现代化表明，制造业是实现工业化高质量发展和促进绿色经济发展的重要方式，制造业升级与转型是实现一个地区综合实力提升的源泉。② 近年来，我国制造业发展缓慢，以规模、速度为目标的发展方式难以满足人们日益增长的物质需求，存在着供需失衡、产量过剩等问题。想要改变这种状况，需要依托绿色发展战略，促进传统制造业转型升级，提高制造业绿色能力，实现制造业高质量绿色发展。③ 在结构优化方面，低端产业和低效环节在我国制造业中依然随处可见，如2018年制造业增加值中高技术含量占比仅为13.90%，低端产业和低效环节具有广大的优化空间。在创新能力方面，近三年我国制造业研发投入强度低于2%，且欧盟研究报告显示，我国仅有华为一家企业在世界研发投入前50的排名中，我国制造业企业技术创新具有广泛的提升空间。在绿色水平方面，能源使用效率低是我国制造业亟须解决的重要问题，生态环境已经无法承载现有制造业的环境需求。因此，绿色发展是促进制造业转型升级的关键需求，也是实现我国经济高质量发展的重要方式。

---

① 隋俊，毕克新，杨朝均，等．制造业绿色创新系统创新绩效影响因素：基于跨国公司技术转移视角的研究［J］．科学学研究，2015，33（3）：440-448.
② 李廉水，杨浩昌，刘军．我国区域制造业综合发展能力评价研究：基于东、中、西部制造业的实证分析［J］．中国软科学，2014（2）：121-129.
③ 徐建中，王曼曼．绿色技术创新、环境规制与能源强度：基于中国制造业的实证分析［J］．科学学研究，2018，36（4）：744-753.

　　绿色技术创新是引领绿色发展的关键动力，有助于推进生态文明建设。绿色技术创新体系具有层次性、共同性的特征，包括主体、环境、资源等核心要素。① 在绿色技术创新体系运行过程中，绿色创新主体互惠合作、相互依赖，将绿色创新要素融入绿色知识创造、绿色技术转化、绿色产品开发及市场化中。其中，制造业企业是绿色技术创新体系的主导，政府相关部门提供优良的绿色技术创新环境，技术中介提供绿色技术创新要素转移平台，学研是绿色技术创新体系的基础支持。随着互联网信息技术的发展，绿色技术创新主体间要素的流动更加快速，要素共享程度加深。在终端消费者的支持下，绿色技术创新体系要素不断投入，循环推进体系发展，最终形成一个具有自组织、良性循环特征的绿色技术创新系统。良性循环的绿色技术创新系统不仅能够服务体系中各个绿色创新主体，而且对各个层面的区域协调发展和提高生态文明建设水平具有重要促进作用。此外，该系统不断影响生态文明资源、生态文明环境、生态文明设施等方面，是推进生态文明建设的重要着力点，有助于生态文明有序快速建设。②

　　《"十三五"国家科技创新规划》强调了坚持以市场为导向、企业为主体、政策为引导，推进政产学研用创新紧密结合的重要性。党的十九大报告和 2018 年《政府工作报告》进一步强调了企业主导、市场导向、多主体协作的创新方向；2019 年《政府工作报告》进一步指出：健全以企业为主体的产学研一体化创新机制。由此看来，以企业为主导、多主体协作、市场导向的技术创新是符合当前国家创新发展战略需求的，是推动制造业转型升级的重要方式，对提高高质量经济的效率和效果具有重要促进作用。为促进制造业企业有效开展绿色技术创新活动，推动制造业高质量发展，需要将政府部门、制造业企业、高等院校、科研院所、科技中介、供应链、消费者等主体密切配合、分工协作、合作协调，通过合理配置知识、技术、资金等各种资源，形成各个主体间优势互补的共同体，集成于制造业企业主导下多主体合作的绿色技术创新系统，该系统融合了绿色研发、绿色转化、绿色生产、绿色营销等关键环节。制造业企业有效开展绿色技术创新活动有利于健全以制造业企业为主导的多主体合作绿色创新机制，使制造业企业和多主体有效配合、协同发展，对创造更多的绿色价值产出具有重要促

① 孙育红，张春晓. 改革开放 40 年来我国绿色技术创新的回顾与思考 [J]. 广东社会科学，2018（5）：5-12.
② 赵云皓，叶子仪，辛璐，等. 构建市场导向的绿色技术创新体系 [J]. 环境与可持续发展，2018，43（5）：5-8.

进作用，同时为创新驱动发展战略、《中国制造 2025》战略的实践发展提供重要的理论支持和实践指导。

二、研究目的及意义

（一）研究目的

本书的研究目的在于：通过对多主体合作下制造业企业绿色技术创新过程及演化内涵的理论研究，基于系统理论和创新价值链理论，构建多主体合作下制造业企业绿色技术创新过程及演化的理论模型，探究多主体合作下制造业企业绿色技术创新过程中知识创造阶段、技术转化阶段、产品推广阶段的合作机制问题；通过构建多主体合作下制造业企业绿色技术创新绩效评价模型，识别多主体合作下制造业企业绿色技术创新的影响因素，进而揭示政府环境规制政策对多主体合作下制造业企业绿色技术创新系统协同演化的影响；在此基础上，提出促进多主体合作下制造业企业绿色技术创新发展的对策与建议。本书期望在拓展企业创新的研究视角及研究方法、丰富创新价值链、技术创新过程和系统演化等相关理论内涵的同时，也为多主体合作下制造业企业开展绿色技术创新活动，政府部门宏观制定合理有效的绿色发展支持政策，落实创新驱动发展战略、《中国制造 2025》战略的实践发展提供理论依据和实践支持。

（二）研究意义

本书对多主体合作下制造业企业绿色技术创新过程及演化进行分析，具有重要的理论意义和实践意义。

1. 理论意义

绿色技术创新相关研究一直以来都是技术创新与科技成果转化等领域关注的焦点，但是从系统理论和创新价值链理论视角进行的研究鲜有涉及。本书以系统理论和创新价值链理论为理论基础，构建基于两论融合的多主体合作下制造业企业绿色技术创新过程及演化的理论模型。通过对多主体合作下制造业企业绿色技术创新过程及演化的内涵和特征进行界定和分析，有助于从系统角度对多主体合作下制造业企业绿色技术创新开展研究，拓展了多主体创新系统的理论内涵。通过对多主体合作下制造业企业绿色技术创新过程的理论分析与过程机理进行深入剖析，丰富了现阶段绿色技术创新过程研究的理论体系。通过对多主体合作下制造业企业绿色技术创新绩效评价体系和方法的系统性构建，充分考虑多主体合作的特征，拓展了现有创新绩效评价研究的理论体系和视角。通过对多主体合作下制造业企业主导的创新系统演化分析，揭示了系统运行机理及协同演化机制，延伸了现有绿色技术创新系统协同演化研究的理论体系。本研究拓展了企业创新的研究视角及研究方法，丰富了创新价值链、技术创新过程和系统演化等相关理论。

2. 现实意义

制造业企业绿色技术创新是增强我国制造业高质量发展的动力，鉴于我国制造业技术创新能力不强，科技创新对产业发展的支撑不足，还存在大量低端低效环节，为此在国家相关政策指导下，通过多主体合作方式促进制造业企业绿色技术创新刻不容缓。本书基于系统理论和创新价值链理论，探究了多主体合作下制造业企业绿色技术创新过程及演化的机理，运用定性和定量研究工具，提出了具体的对策与建议。

首先，将多主体合作下制造业企业绿色技术创新的各个阶段及绩效评价作为研究对象，提出制造业企业的各个阶段有效运行和绩效合理评价的对策与建议，帮助制造业企业主导多主体合作的绿色创新活动稳定运行，有效地开展绿色知识创造、绿色技术转化、绿色产品推广、创新绩效评价活动。不断提高制造业企业主导多主体合作的绿色价值创造效果，有助于制造业企业和多主体有效配合、协同发展，为多主体合作下制造业企业绿色技术创新系统创造更多的绿色价值产出。

其次，把政府部门纳入多主体要素中，探究政府政策对多主体合作下制造业企业绿色技术创新发展的影响，从政府部门角度提出了促进制造业企业绿色技术创新发展的对策与建议，帮助政府科学合理地制定支持多主体合作下制造业企业绿色技术创新的政策，为政府部门宏观角度制定合理有效的绿色发展支持政策提供了实践依据。

最后，从系统角度出发，剖析多主体合作下制造业企业绿色技术创新系统运行机理和演化机制，了解当前在多主体合作中制造业企业绿色技术创新系统运行中所面临的问题，并提出针对性、可实施的对策与建议，为推动多主体合作下制造业企业绿色技术创新系统建设提供了新的发展方向，对发挥我国制造业企业在多主体合作绿色技术创新中的主导作用提供了方法和路径，为落实创新驱动发展战略、《中国制造 2025》战略的实践发展提供了重要的理论指导。

第二节　国内外研究现状分析

一、国外研究现状

（一）绿色技术创新相关研究

目前国外围绕绿色技术创新相关领域展开的研究主要集中在创新内涵、创新因素、创新评价、创新扩散等相关方面。

1. 绿色技术创新的内涵

基于环境经济学理论。James 研究既考虑了服务价值又考虑了环境价值。[1] Werf 等研究认为生态效率是环境创新的重要组成部分。[2] Pedro 等指出绿色创新是在传统创新基础上，增加环境因素。[3] Hellstm 指出可持续创新是满足消费者的产品创新，同时强调了降低环境影响的重要性。[4] 基于战略管理理论或产业组织理论，Spiers 和 Maguire 指出降低环境风险是生态创新的关键因素之一。[5] OCED 认为生态创新分为技术创新（产品、工艺）和非技术创新（组织、制度）。Karakaya 等指出绿色技术创新是技术创新与生态环境的融合。[6] Zarębska 和 Michalska 研究认为生态创新是企业发展的必备条件，同时对环境保护具有重要作用。[7]

---

[1] JAMES D G. Imidacloprid increases egg production in Amblyseius victoriensis（Acari：Phytoseiidae）[J]. Experimental & Applied Acarology, 1997, 21（2）：75-82.

[2] VAN DE WERF F, BAX J, BETRIU A, et al. Management of acute myocardial infarction in patients presenting with ST-segment elevation [J]. European Heart Journal, 2003, 24（1）：28-66.

[3] CONCEIÇÃO P, HEITOR M V, VIEIRA P S. Are environmental concerns drivers of innovation? Interpreting Portuguese innovation data to foster environmental foresight [J]. Technological Forecasting & Social Change, 2006, 73（3）：266-276.

[4] HELLSTRÖM T. Dimensions of environmentally sustainable innovation：The structure of eco-innovation concepts [J]. Sustainable Development, 2006, 15（3）：148-159.

[5] SPIERS H J, MAGUIRE E A. The dynamic nature of cognition during wayfinding [J]. Journal of Environmental Psychology, 2008, 28（3）：232-249.

[6] KARAKAYA E, HIDALGO A, NUUR C. Diffusion of eco-innovations：A review [J]. Renewable and Sustainable Energy Reviews, 2014, 33（2）：392-399.

[7] ZARęBSKA J, MICHALSKA M. Ecological innovations as a chance for sustainable development-directions and obstacles in their implementation [J]. Management, 2016, 20（2）：49-64.

基于创新经济学理论。Oltra 和 Saint 指出工艺或产品的可持续性改进是环境创新关注的要点之一。① Lin 和 Tseng 从产品、工艺、技术等方面分析了绿色创新等内涵。② Aguilera-Caracuel 和 Ortiz-de-Mandojana 研究认为产品设计和绿色包装是绿色技术创新的重要组成部分。③ Weber 等指出环境效益是绿色创新的目标，产品创新为环境效益服务。④

2. 绿色技术创新相关因素

这些因素包括政府规制、市场及技术的共同作用。Horbach 认为技术、市场、规制等因素是驱动绿色创新的主要因素。⑤ 例如，Cleff 和 Rennings 研究指出企业规模、发展战略对绿色产品创新有积极的影响。⑥ Brunnermeier 和 Cohen 研究认为政府规制对绿色产出水平提高的作用并不显著，污染防治费用作用显著。⑦ Ziegler 和 Rennings 以德国制造业为样本，研究认为研发活动、产品回收等因素有助于绿色产品创新。⑧ De Vries 和 Withagen 以欧洲环境专利作为绿色创新产出指标，研究认为政府政策有助于提高绿色创新产出水平。⑨

---

① OLTRA V, SAINT JEAN M. Sectoral systems of environmental innovation: An application to the French automotive industry [J]. Technological Forecasting and Social Change, 2009, 76 (4): 567-583.

② LIN C P, TSENG J M. Green technology for improving process manufacturing design and storage management of organic peroxide [J]. Chemical Engineering Journal, 2012, 180: 284-292.

③ AGUILERA-CARACUEL J, ORTIZ-DE-MANDOJANA N. Green innovation and financial performance: An institutional approach [J]. Organization and Environment, 2013, 26 (4): 365-385.

④ WEBER M, DRIESSEN P P J, RUNHAAR H A C. Evaluating environmental policy instruments mixes: A methodology illustrated by noise policy in the Netherlands [J]. Journal of Environmental Planning and Management, 2014, 57 (9): 1381-1397.

⑤ HORBACH J, RAMMER C, RENNINGS K. Determinants of eco-innovations by type of environmental impact: The role of regulatory push pull, technology push and market pull [J]. Ecological Economics, 2012, 78: 112-122.

⑥ CLEFF T, RENNINGS K. Determinants of environmental product and process innovation [J]. European Environment, 1999, 9 (5): 191-201.

⑦ BRUNNERMEIER S B, COHEN M A. Determinants of environmental innovation in US manufacturing industries [J]. Journal of Environmental Economics and Management, 2003, 45 (2): 278-293.

⑧ ZIEGLER A, RENNINGS K. Determinants of environmental innovations in Germany: Do organizational measures matter [J]. Centre for European Economic Research Discussion Paper, 2004 (30).

⑨ DE VRIES F P, WITHAGEN C. Innovation and environmental stringency: The case of sulfur dioxide abatement [J]. Center Discussion Paper Series, 2005, 18 (34).

Hamamoto 以污染治理成本和 R&D 支出分别表征环境规制强度和技术创新，基于美日制造业数据，研究指出，环境规制与企业绿色创新产出呈正相关关系。① Rehfeld 等研究认为与技术推动相比，市场拉动对绿色产品创新的作用更加显著。② Wagner 以欧洲企业为样本，运用问卷调查数据探究了环境标识对产品创新的影响。③ Demirel 和 Kesidou 以英国环境规制为例，研究指出政府规制和企业动机对不同的绿色产品创新有异质性影响。④ Ustaoğlu 和 Yıldız 研究了电动汽车产业的绿色技术创新，并进一步分析了电动机汽车产业的营销创新。⑤ Eaton 研究认为环境政策在技术绿色变革中具有重要的推动作用，有助于促进绿色经济发展。⑥ Meltzer 和 Joshua 研究指出绿色研发补助、税收减免、金融支持对绿色技术创新发挥着重要的作用。⑦ Saunila 等认为绿色创新是由经济和制度压力驱动的，这种创新可以创造社会可持续性的价值。El-Kassar 和 Singh 开发并测试了一个整体模型，该模型描述并检验了绿色创新及其驱动因素之间的关系，以及有助于克服技术挑战、影响企业绩效和竞争优势的因素。⑧ Fernando 等通过研究一个原始的概念框架扩展了绿色商业的概念，该框架提出了服务创新能力对可持续组织绩效与环境创新之间的关系具有中介作用。⑨ Xie 等研究认为绿色过程创新与企业财务绩效呈正相关关系，

① HAMAMOTO M. Environmental regulation and the productivity of Japanese manufacturing industries [J]. Resource and Energy Economics, 2006, 28 (4): 299-312.
② REHFEID K M, RENNINGS K, ZIEGLER A. Integrated product policy and environmental product innovations: An empirical analysis [J]. Ecological Economics, 2007, 61 (1): 91-100.
③ WAGNER M. Empirical influence of environmental management on innovation: Evidence from Europe [J]. Ecological Economics, 2008, 66 (2-3): 392-402.
④ DEMIREL P, KESIDOU E. Stimulating different types of eco-innovation in the UK: Government policies and firm motivations [J]. Ecological Economics, 2011, 70 (8): 1546-1557.
⑤ USTAOĞLU M, YILDIZ B. Innovative green technology in Turkey: Electric vehicles'future and forecasting market share [J]. Procedia-Social and Behavioral Sciences, 2012, 41: 139-146.
⑥ EATON D. Technology and innovation for a green economy [J]. Review of European, Comparative and International Environmental Law, 2013, 22 (1): 62-67.
⑦ MELTZER J P. A carbon tax as a driver of green technology innovation and the implications for international trade [J]. Energy Law Journal, 2014, 35: 45.
⑧ EL-KASSAR A N, SINGH S K. Green innovation and organizational performance: The influence of big data and the moderating role of management commitment and HR practices [J]. Technological Forecasting and Social Change, 2019, 144: 483-498.
⑨ FERNANDO Y, JABBOUR C J C, WAH W X. Pursuing green growth in technology firms through the connections between environmental innovation and sustainable business performance: Does service capability matter? [J]. Resources, Conservation and Recycling, 2019, 141: 8-20.

同时对产品创新有显著的正向影响。① Fujii 和 Managi 考察了中国可持续绿色技术发明的决定因素,重点研究了每个五年计划期间绿色技术发展优先顺序的差异,发现可持续的绿色专利出版物由于研发支出份额的增加和经济增长而增加。②

3. 绿色技术创新相关评价

有关绿色创新的效率评价,Lanoie 等研究认为政府环境政策对环境效率有积极的影响,不同政策强度具有异质性影响。③ Wong 等研究指出绿色过程创新对绿色创新效率和绿色创新收益具有显著的正向影响,绿色产品创新的作用为负向影响。④ Wong 认为绿色创新包括产品创新和过程创新两种。⑤ Ghisetti 和 Rennings 基于能源消耗和环境污染对绿色创新效率进行了评价。⑥ Ren 和 Wang 运用投入产出方法评价了工业企业的绿色创新效率,并进行了对比研究。⑦ Guo 和 Yang 评价了各个地区的绿色创新效率。⑧ Liu 等研究了煤炭行业

① XIE X M, HUO J G, ZOU H L. Green process innovation, green product innovation, and corporate financial performance: A content analysis method [J]. Journal of Business Research, 2019, 101: 697-706.

② FUJII H, MANAGI S. Decomposition analysis of sustainable green technology inventions in China [J]. Technological Forecasting and Social Change, 2019, 139: 10-16.

③ LANOIE P, LAURENT-LUCCHETTI J, JOHNSTONE N, et al. Environmental policy, innovation and performance: New insights on the Porter hypothesis [J]. Journal of Economics and Management Strategy, 2011, 20 (3): 803-842.

④ WONG C W Y, LAI K H, SHANG K C, et al. Green operations and the moderating role of environmental management capability of suppliers on manufacturing firm performance [J]. International Journal of Production Economics, 2012, 140 (1): 283-294.

⑤ WONG S K S. Environmental requirements, knowledge sharing and green innovation: Empirical evidence from the electronics industry in China [J]. Business Strategy and the Environment, 2013, 22 (5): 321-338.

⑥ GHISETTI C, RENNINGS K. Environmental innovations and profitability: How does it pay to be green? An empirical analysis on the German innovation survey [J]. Journal of Cleaner production, 2014, 75: 106-117.

⑦ REN Y J, WANG C X. Research on the regional difference and spatial effect of green innovation efficiency of industrial enterprises in China [J]. Revista Ibérica de Sistemas e Tecnologias de Informação, 2016 (E10): 373-384.

⑧ GUO X F, YANG H T. A combination of EFG-SBM and a temporally-piecewise adaptive algorithm to solve viscoelastic problems [J]. Engineering Analysis with Boundary Elements, 2016, 67: 43-52.

的可持续性评价，综合考虑了环境因素、生产因素等多方面因素。① Wang 等
基于测度的制造业绿色创新效率，研究指出环境效率滞后对绿色创新效率
（环境效率和创新效率）具有阻碍作用。② Rumanti 等运用案例研究方法，探
索性设计了绿色创新新模式。③

有关绿色创新相关其他评价。Govindan 等分析了绿色供应商评价与选择
的多准则决策方法的综述。④ Sun 等采用熵权加权 TOPSIS 方法建立了评价模
型，评价了绿色技术创新对战略性新兴产业生态经济效益的影响。⑤ Guo 等基
于绿色发展视角评价了绿色技术创新水平，探究了政府环境规制的作用。⑥
Lin 等采用 DEA 方法对 2006—2014 年中国 28 个制造业的绿色技术创新效率进
行了评价，认为制造业绿色技术创新的整体效率较低，呈波浪形曲线，先下
降后上升再下降，产业间差异较大。⑦ Lee 和 Choi 研究认为创新效应引领了韩
国制造业的环境生产力，不仅每个部门都应该努力提高绩效，而且政府还需
专门的制定措施来提高整体竞争力。⑧

① LIU J, LIU H F, YAO X L, et al. Evaluating the sustainability impact of consolidation policy in China's coal mining industry: A data envelopment analysis [J]. Journal of Cleaner Production, 2016, 112: 2969-2976.
② WANG W X, YU B, YAN X, et al. Estimation of innovation's green performance: A range-adjusted measure approach to assess the unified efficiency of China's manufacturing industry [J]. Journal of Cleaner Production, 2017, 149: 919-924.
③ RUMANTI A A, SAMADHI T M A A, WIRATMADIA I I, et al. Conceptual model of green innovation toward knowledge sharing and open innovation in Indonesian SME [C]. New York: IEEE, 2017: 182-186.
④ GOVINDAN K, RAJENDRAN S, SARKIS J, et al. Multi-criteria decision making approaches for green supplier evaluation and selection: A literature review [J]. Journal of Cleaner Production, 2015, 98: 66-83.
⑤ SUN L Y, MIAO C L, YANG L. Ecological-economic efficiency evaluation of green technology innovation in strategic emerging industries based on entropy weighted TOPSIS method [J]. Ecological Indicators, 2017, 73: 554-558.
⑥ GUO Y Y, XIA X N, ZHANG S, et al. Environmental regulation, government R&D funding and green technology innovation: Evidence from China provincial data [J]. Sustainability, 2018, 10 (4): 940.
⑦ LIN S F, SUN J, MARINOVA D, et al. Evaluation of the green technology innovation efficiency of China's manufacturing industries: DEA window analysis with ideal window width [J]. Technology Analysis and Strategic Management, 2018, 30 (10): 1166-1181.
⑧ LEE H S, CHOI Y. Environmental performance evaluation of the Korean manufacturing industry based on sequential DEA [J]. Sustainability, 2019, 11 (3): 874.

4. 绿色技术创新扩散

Koebel 等分析了美国大陆的一个大数据集，应用最小绝对收缩与选择算子模型验证了气候和能源成本在节能住房决策中的重要性，对公共政策和激励措施的影响很重要，但影响较小，提高建筑总成本的税收和保险政策会对节能产品的扩散产生负面影响。[①] Seyfang 和 Longhurst 测试了创新扩散的共同进化生态位理论（战略生态位管理，SNM）对基层创新的适用性，结果表明小生境水平的活动与扩散成功相关，强调了额外的或混淆的因素，以及小生境理论如何能够更好地适应民间社会的创新。[②] Halila 等对中国绿色建筑技术扩散和采用的障碍进行了界定和描述，认为两大障碍群——建筑开发商/管理者的有限理性和绿色创新的高交易成本——是中国被动住房概念缓慢传播和采用的最主要原因。[③] 为促进绿色技术的广泛和快速传播，D'Orazio 和 Valente 采用基于代理的计算模型，研究了一家传统商业银行和一家明确支持绿色投资的国有投资银行在宏观和微观经济中的作用，结果表明，当公共投资银行的存在与消费者对环境质量的强烈偏好相结合时，绿色金融问题和环境创新的市场扩散更加明显。[④] Huang 等通过对台湾电动摩托车的案例研究，建立了政府电动汽车补贴政策的动态调整机制，有效地分配政府有限的预算，结果表明，新兴能源技术通过政府补贴达到规模经济的市场竞争条件，补贴政策应逐步逐步淘汰市场，将有限的预算转移到其他需要突破规模经济的新兴能源技术上。[⑤] Saunila 等研究了可持续性不同维度的公司估值及其与绿色创新的关系，认为公司越重视经济、制度和社会可持续性，就越有可能投资于绿

① KOEBEL C T, MCCOY A P, SANDERFORD A R, et al. Diffusion of green building technologies in new housing construction [J]. Energy and Buildings, 2015, 97: 175-185.

② SEYFANG G, LONGHURST N. What influences the diffusion of grassroots innovations for sustainability? Investigating community currency niches [J]. Technology Analysis and Strategic Management, 2016, 28 (1): 1-23.

③ HALILA F, TELL J, HOVESKOG M, et al. The diffusion of green innovation technology in the construction industry: European passive house knowledge transfer to China [J]. Progress in Industrial Ecology, 2017, 11 (2): 164-181.

④ D'ORAZIO P, VALENTE M. The role of finance in environmental innovation diffusion: An evolutionary modeling approach [J]. Journal of Economic Behavior and Organization, 2019, 162: 417-439.

⑤ HUANG S K, KUO L, CHOU K L. The impacts of government policies on green utilization diffusion and social benefits: A case study of electric motorcycles in Taiwan [J]. Energy Policy, 2018, 119: 473-486.

色创新。① Clausen 和 Fichter 为了解阻碍环境创新扩散的关键因素，基于 130 个扩散案例样本，确定了 3 种因素：市场推动、有利的成本效益比和对创新的高兼容性和信心，形成了更高层次的聚集结构。②

（二）多主体合作创新相关研究

国外多主体合作创新相关研究主要集中在多主体的作用职能、协同的形成、作用路径与驱动优势相关研究等方面。

在多主体的作用职能相关研究方面。Carayannis 等研究认为知识主体具有共享性与协调性等特征，其协同行为能够促进主体间通力合作，实现创新能力的提升。③ 基于战略政策制定，Oughton 等研究指出政府政策是通过创新供给匹配来实现主体间协同的，进而激励创新有效实施。④ Bekkers 和 Freitas 研究认为高效合理的资本配置有助于实现组织间资源共享，产生互信互惠的协作行为，有助于合作联盟的形成。⑤ Seo 和 Hwang 研究指出创新组织间知识共享、技术合作对产业深度协同发展具有重要影响。⑥ Hewitt-Dundas 研究指出技术产业化对组织间知识转移具有重要促进作用，有利于优化知识资源配置，促进产业协同发展。⑦ Ruan 等研究指出政府政策对促进产业集群具有重要影响，能够深化主体间优势互补的程度。⑧ Bellucci 和 Pennacchio 指出知识共享

---

① SAUNILA M, UKKO J, RANTALA T. Sustainability as a driver of green innovation investment and exploitation [J]. Journal of Cleaner Production, 2018, 179: 631-641.

② CLAUSEN J, FICHTER K. The diffusion of environmental product and service innovations: Driving and inhibiting factors [J]. Environmental Innovation and Societal Transitions, 2019, 31 (6): 64-95.

③ CARAYANNIS E G, ALESANDER J, LOANNIDIS A. Leveraging knowledge, learning, and innovation in forming strategic government-university-industry (GUI) R&D partnerships in the US, Germany, and France [J]. Technovation, 2000, 20 (9): 477-488.

④ OUGHTON C, LANDABASO M, MORGAN K. The regional innovation paradox: Innovation policy and industrial policy [J]. Journal of Technology Transfer, 2002, 27 (1): 97-110.

⑤ BEKKERS R, FREITAS I M B. Analysing knowledge transfer channels between universities and industry: To what degree do sectors also matter? [J]. Research policy, 2008, 37 (10): 1837-1853.

⑥ SEO D, HWANG H D. The impact of EU's R&D focused policy on the innovation edge of mobile industry [J]. Procedia-Social and Behavioral Sciences, 2012, 62: 595-601.

⑦ HEWITT-DUNDAS N. The role of proximity in university-business cooperation for innovation [J]. Journal of Technology Transfer, 2013, 38 (2): 93-115.

⑧ RUAN Y, HANG C C, WANG Y M. Government's role in disruptive innovation and industry emergence: The case of the electric bike in China [J]. Technovation, 2014, 34 (12): 785-796.

有助于增加校企间联系协作，增强对市场的反应程度，进而实现主体间共生共存。① Jones 和 Zubielqui 研究指出多主体合作能够发挥知识协同作用，实现知识共享、知识整合，进而促进产学研深度融合。② Li 等收集了评价大学、研究机构和工业创新的指标，研究了创新子系统之间的关系，认为 R&D 投入产出指标对区域创新水平具有重要意义，对提高 3 个创新子系统之间的耦合协调程度具有重要意义。③ Xu 等从知识管理研究的角度，阐述了基于知识链的大学产业研究（U-I-R）协同创新过程中的核心知识活动和关键环节，并提出了 U-I-R 协同创新的对策。④ Tang 等研究了大学邻近度与企业产品创新绩效的关系，认为区域内大学互动与渐进式产品创新的关联性更强，而跨区域大学互动与激进式产品创新的关联性更强，平均质量的大学联系与渐进式产品创新的关联性更强。⑤

在多主体协同的形成等相关研究方面。Salavisa 等认为多主体的协同属性包括主体职能差异、资源种类分布、资源配置方式和主体相互作用等。⑥ Østergaard 指出多主体协同创新过程的溢出效应具有明显的协同特征。⑦ Lewrick 等研究认

① BELLUCCI A, PENNACCHIO L. University knowledge and firm innovation: Evidence from European countries [J]. Journal of Technology Transfer, 2016, 41 (4): 730-752.

② JONES J, DE ZUBIELQUI G C. Doing well by doing good: A study of university-industry interactions, innovationess and firm performance in sustainability-oriented Australian SMEs [J]. Technological Forecasting and Social Change, 2017, 123: 262-270.

③ LI J, FANG H, FANG S, et al. Investigation of the relationship among university-research institute-industry innovations using a coupling coordination degree model [J]. Sustainability, 2018, 10 (6): 1954.

④ XU J, HOU Q M, NIU C Y, et al. Process optimization of the university-industry-research collaborative innovation from the perspective of knowledge management [J]. Cognitive Systems Research, 2018, 52: 995-1003.

⑤ TANG Y L, MOTOHASHI K, Hu XY, et al. University-industry interaction and product innovation performance of Guangdong manufacturing firms: The roles of regional proximity and research quality of universities [J]. The Journal of Technology Transfer, 2020, 45: 578-618.

⑥ SALAVISA I, SOUSA C, FONTES M. Topologies of innovation networks in knowledge intensive sectors: Sectoral differences in the access to knowledge and complementary assets through formal and informal ties [J]. Technovation, 2012, 32 (6): 380-399.

⑦ ØSTERGAARD C R. Knowledge flows through social networks in a cluster: Comparing university and industry links [J]. Structural Change and Economic Dynamics, 2009, 20 (3): 196-210.

为与市场竞争相比，消费者与企业创新关联性较强，有利于实现企业突破性创新。① Brettel 等研究认为市场需求有助于提高企业绩效，对实现需求与企业生产协同具有先导作用。② Bao 等研究发现知识管理在市场需求和企业创新中起着关键作用，是实现技术效率提高的重要方式。③ Vick 等研究认为创新主体间协同发展对创新网络和创新成果产出具有显著的正向作用。④ Luo 等认为资源共享与整合对多主体合作创新效率具有显著的导向作用。⑤ Kang 等研究认为主体间协作深化是通过主体间协作网络实现的，有助于提升合作收益。⑥ Wu 等以 238 个工程为例研究认为表明，特定投资通过关系信任间接作用于合作创新绩效。⑦ Wang 等研究认为创新企业财务控制对合作创新更为有效，战略控制和财务控制的结合使用对合作创新具有负面影响。⑧ Wei 和 Chan 研究认为军民协同创新的合作稳定性与合作收入、违约金、政府激励等因素正相关，与基础收入、研发成本、信息通信成本、技术二次转化成本、风险等因

① LEWRICK M, OMAR M, WILLIAMS JR R L. Market orientation and innovators'success：An exploration of the influence of customer and competitor orientation ［J］. Journal of Technology Management and Innovation，2011，6（3）：48-62.

② BRETTEL M, OSWALD M, FLATTEN T. Alignment of market orientation and innovation as a success factor：A five-country study ［J］. Technology Analysis and Strategic Management，2012，24（2）：151-165.

③ BAO Y C, CHEN X Y, ZHOU K Z. External learning, market dynamics, and radical innovation：Evidence from China's high-tech firms ［J］. Journal of Business Research，2012，65（8）：1226-1233.

④ VICK T E, NAGANO M S, POPADIUK S. Information culture and its influences in knowledge creation：Evidence from university teams engaged in collaborative innovation projects ［J］. International Journal of Information Management，2015，35（3）：292-298.

⑤ LUO S L, DU Y Y, LIU P, et al. A study on coevolutionary dynamics of knowledge diffusion and social network structure ［J］. Expert Systems with Applications，2015，42（7）：3619-3633.

⑥ KANG D, SONG B, YOON B, et al. Diffusion pattern analysis for social networking sites using small-world network multiple influence model ［J］. Technological Forecasting and Social Change，2015，95：73-86.

⑦ WU A H, WANG Z, CHEN S. Impact of specific investments, governance mechanisms and behaviors on the performance of cooperative innovation projects ［J］. International Journal of Project Management，2017，35（3）：504-515.

⑧ WANG T, YANG J J, ZHANG F. The effects of organizational controls on innovation modes：An ambidexterity perspective ［J］. Journal of Management and Organization，2018，27（1）：1-25.

素负相关。①

（三）创新价值链相关研究

1. 在创新链相关研究方面

Marshall 研究认为创新链是一种存在于创新活动中的链条形式，与上游企业、核心企业、下游企业紧密相连，贯穿整个创新过程。② Cloutier 和 Boehlje 研究指出技术创新链间协同有助于增强企业创新能力，市场环境起到了正向调节作用。③ Timmers 研究指出研究开发、技术转化、营销创新是创新链的重要组成部分，它们之间相互融合。④ Sen 认为创新链包括创意产生、产品生产、产品营销等过程，并将各个过程连接成一个链条。⑤ Barnfield 研究指出创新链各个环节协同合作、紧密相连对创新产出具有重要影响，环节间的互动频率正向调节创新产出水平。⑥ Omta 等研究指出技术创新链能够反馈消费者的需求信息，减少企业技术创新的不确定性，使企业与技术创新链紧密结合，实现技术创新活动。⑦ Malerba 研究认为开放的创新链有助于促进创新资源共享，形成新的创新链模式，增强创新链间的互动效应，实现创新链增值。⑧

2. 在价值链相关研究方面

Porter 以企业为视角首次提出了价值链，认为其贯穿于产品从无到有再到

① WEI F, CHAN W. The cooperative stability evolutionary game analysis of the military-civilian collaborative innovation for China's satellite industry [J]. Mathematical Problems in Engineering, 2019 (3): 1-17.

② MARSHALL J J, VREDENBURG H. An empirical study of factors influencing innovation implementation in industrial sales organizations [J]. Journal of the Academy of Marketing Science, 1992, 20 (3): 205-215.

③ CLOUTIER L M, BOEHLJE M D. Strategic options and value decay in technology introduction under uncertainty: A system dynamics perspective on dynamic product competition the forum of the international food and agribusiness management association [M]. Chicago: IL, 2000: 11-35.

④ TIMMERS P. Building effective public R&D programs [C]. Portland, OR, USA: IEEE, 2002: 591-597.

⑤ SEN N. Innovation chain and CSIR [J]. Current Science, 2003, 85 (5): 570-574.

⑥ BAMFIELD P. The innovation chain, research and development management in the chemical and pharmaceutical industry (Second Edition) [M]. New Jersey: Blackwell, 2004: 18-23.

⑦ OMTA S W F O, VAN KOOTEN O, PANNEKOEK L. Critical success factors for entrepreneurial innovation in the Dutch glasshouse industry [C]. Annual World Food and Agribusiness Forum, Symposium and Case Conference, 2005, 15: 25-28.

⑧ MALERBA F. Innovation and the dynamics and evolutionof industries: Progress and challenges [J]. International Journal of Industrial Organization, 2007, 25 (4): 675-699.

最后的消费环节的过程，是企业创新发展的关注点。① Gereffi 在 Porter 和 Kogut 的价值链概念基础之上，设计了基于产品生命周期的价值链概念框架，认为价值链围绕产品生产、销售等各个环节，体现了价值链间的关系。② Humphrey 和 Schmitz 研究指出价值链升级是企业发展的核心方式，这种方式包括质量升级和链条升级等重要方式。③ KaPlinsky 和 Morris 研究认为战略导向对价值链升级具有重要影响，是实现价值链攀升的重要途径。④ Andrea 研究了全球价值链与技术能力之间的关系。⑤

3. 在创新价值链相关研究方面

Hansen 和 Birkinshaw 通过研究系统性地提出了创新价值链概念，包括创意产生、创意转化、创意扩散 3 个方面。⑥ Love 等研究指出创新价值链贯穿知识创造到技术转化以及产品营销过程，其目的在于实现价值增值和可持续收益。⑦ Muñoz 和 Parrilli 研究认为寻找、实验、应用在创新价值链中起到了关键作用，这些过程紧密相连、协同合作，在价值增值中具有重要的指导作用。⑧ Porter 和 Kramer 以资源共享为基础，通过分析世界创新发展和价值增值的趋势，构建了新的创新价值链模式，为价值增值提供新的研究方向。⑨ Salimi 和 Lehner 研究指出创新价值链是一个多样性的链式过程，是一个集应

① PORTER M E, VAN DER LINDE C. Toward a new conception of the environment-competitiveness relationship [J]. Journal of Economic Perspectives, 1995, 9 (4): 97-118.

② GEREFFI G. International trade and industrial upgrading in the apparel commodity chain [J]. Journal of International Economics, 1999, 48 (1): 37-70.

③ HUMPHREY J, SCHMITZ H. Governance and upgrading: Linking industrial cluster and global value chain research [D]. Brighton: Institute of Development Studies, 2000.

④ KAPLINSKY R, MORRISM. A handbook for value chain research [M]. Ottawa: IDRC, 2001.

⑤ ANDREA M, CARLO P, ROBERTA R. Global value chains and technological capabilities: A framework to study learning and innovation in developing countries [J]. Oxford Development Studies, 2008, 36 (1): 39-58.

⑥ HANSEN M T, BIRKINSHAW J. The innovation value chain [J]. Harvard Business Review, 2007, 85 (6): 121.

⑦ LOVE J H, ROPER S, DU J. The innovation value chain [J]. Journal of Product Innovation Management, 2006, 29 (5): 839-860.

⑧ MUÑOZ R A, PARRILLI M D. The innovation value chain (IVC): Issues of efficiency and effectiveness within the Basque Country [C]. London: Paper to be presented at 6th International Conference, 2009.

⑨ PORTER M E, KRAMER M. The big idea: Creating shared value, rethinking capitalism [J]. Harvard Business Review, 2011, 89 (1-2): 62-77.

用基础开发、技术产品转化、产品营销发展于一体的实践过程。① Everett 和 Sophia 研究认为创新价值链包括知识创造、技术转化、产品生产和创新营销等环节，各个环节密切配合、协同合作对价值增值具有显著的正向影响。② Chen 等基于创新价值链分析了中国高新技术创新过程的绩效。③

（四）合作创新及演化相关研究

1. 在产学研合作相关研究方面

产学研合作的研究最早出现于国外的文献中。Etzkowitz 提出了三螺旋模型的概念，用以解释大学、商业和政府三者之间的关系，为研究产学研合作提供了理论基础支撑。④

在合作动机方面。Mailhot 和 Mesney 研究认为资金有效投入对高校创新成果产出具有积极影响，有助于提高对外合作水平。⑤ Shachar 和 Zuscovitch 研究认为企业投入资金能够提高与高校的合作水平，有助于降低产品成本和提高产品质量，这对企业发展具有积极的推动作用。⑥ 在影响因素及效率上，Santoro 和 Chakrabarti 研究指出创新要素对产学研合作效率具有异质性影响，特别是研发投入和研发人员的配置对合作效率的差异性具有显著影响。⑦ James 提出产学合作关系形成之后，创新投入、收益分配等方面对产学研合作关系具有重要影响，与合作创新成果紧密相连。⑧ Mora-Valentin 等研究指出合作互惠性和合作持久性对合作创新效率具有重要影响，基于此设计了合作

① SALIMI T, LEHNER J P, EPSTEIN R S, et al. A framework for pharmaceutical value-based innovations [J]. Journal of Comparative Effectiveness Research, 2012, 1 (1s): 3-7.

② EVERETT S, ROBINSONE R. Value innovation: New entrants and chain restructuring in Australia's export coal chains [J]. Journal of International Logistics and Trade, 2012 (31): 1738-2122.

③ CHEN X F, LIU Z Y, ZHU Q Y. Performance evaluation of China's high-tech innovation process: Analysis based on the innovation value chain [J]. Technovation, 2018, 74-75: 42-53.

④ ETZKOWITZ H. The triple helix: University-industry-government innovation in action [M]. New York: Routledge, 2008: 32-55.

⑤ MESNY A, MAILHOT C. The difficult search for compromises in a Canadian industry/university research partnership [J]. Canadian Journal of Sociology, 2007, 32 (2): 203-226.

⑥ SHACHAR J, ZUSCOVITCH E. Learning patterns within a technological network: Perspectives in industrial organization [M]. Borlin: Springer, 1990: 63-82.

⑦ SANTORO M D, CHAKRABARTI A K. Firm size and technology centrality in industry-university interactions [J]. Research policy, 2002, 31 (7): 1163-1180.

⑧ CASEY Jr J J. Developing harmonious university-industry partnerships [J]. Dayton Law Review, 2005, 30 (2): 245.

效率的测度方式。① 在商业化上，Rasmussen 等通过欧洲科技大学的案例研究，指出这些科技大学都加强了商业化活动，重点放在了创业上，并或多或少地建立了全面的创业支持机制。② Perkmann 等研究指出现有研究对学研机构的技术转化关注程度较高，忽略了企业作为技术创新的主体作用，尤其忽略了企业相关技术的商业化，阻碍了企业高效发展。③

有关产学研用合作伙伴选择的研究。Schmitt 研究认为互惠的合作方式对产学研合作具有重要影响，有利于提高合作水平。④ Zeng 等基于构建的数学模型和选取的评价指标研究了合作伙伴选择。⑤ Bierly 等研究指出伙伴选择具有动态性特征，是一个长久的、复杂的过程，这个过程存在着信息不对称情况，这就要求决策者综合考量伙伴的整体水平。⑥ Wu 等综合多方面的信息考量，将合作伙伴选择信息进一步优化，结合因素的多样性，并通过决策模型的多重选择，健全决策结构，从而逐步构建合理、有效的战略联盟。⑦ Ye 和 Li 等为解决不完全信息条件下的伙伴选择问题，综合考虑了区间模糊方法的特点与多属性决策优势，并将二者紧密结合，提出了新的决策模型。⑧ Liou 等为提高伙伴选择的准确性，将 ANP 的特点融入模糊因素中，将二者紧密结合。⑨

① MORA-VALENTIN E M, MONTORO-SANCHEZ A, GUERRAS-MARTIN L A. Determining factors in the success of R&D cooperative agreements between firms and research organizations [J]. Research Policy, 2004, 33 (1): 17-40.

② RASMUSSEN E, MOEN Ø, GULBRANDSEN M. Initiatives to promote commercialization of university knowledge [J]. Technovation, 2006, 26 (4): 518-533.

③ PERKMANN M, TARTARI V, MC KELVEY M, et al. Academic engagement and commercialisation: A review of the literature on university-industry relations [J]. Research Policy, 2013, 42 (2): 423-442.

④ SCHMITT R W. Conflict or synergy: University-industry research relations [J]. Accountability in Research, 1997, 5 (4): 251-254.

⑤ ZENG Z B, LI YAN, ZHU W X. Partner selection with a due date constraint in virtual enterprises [J]. Applied Mathematics and Computation, 2006, 175 (2): 1353-1365.

⑥ BIERLYIII P E, GALLAGHER S. Explaining alliance partner selection: Fit, trust and strategic expediency [J]. Long Range Planning, 2007, 40 (2): 134-153.

⑦ WU W Y, SHIH H A, CHAN H C. The analytic network process for partner selection criteria in strategic alliances [J]. Expert Systems with Applications, 2009, 36 (3): 4646-4653.

⑧ YE F, LI Y N. Group multi-attribute decision model to partner selection in the formation of virtual enterprise under incomplete information [J]. Expert Systems with Applications, 2009, 36 (5): 9350-9357.

⑨ LIOU J J H, TZENG G H, TSAI C Y, et al. A hybrid ANP model in fuzzy environments for strategic alliance partner selection in the airline industry [J]. Applied Soft Computing, 2011, 11 (4): 3515-3524.

在合作演化相关研究方面。有关合作网络演化。Perez 和 Sanchez 研究认为产学研合作网络有助于组织间知识共享，有助于校企间的通力合作。[1] Powell 等研究指出组织间合作机制是通过网络结构来实现的。[2] Kim 等研究认为网络惯性有助于提高网络连接的可持续性，对提高网络质量有显著的促进作用。[3] Acemoglu 等从理论和实证方面研究了政府规制对经济增长的影响，表明污染税和创新补贴有利于促进绿色技术创新和保持经济增长。[4] Hermans 等指出创新网络的演化具有自组织特性，可以长久的增长。[5] Tanimoto 研究指出了创新演化机理，分析了产学研合作创新网络的演化特征。[6] Sarmento 和 Nunes 将时间融入创新网络动态演化过程中，分析了演化过程中的不同阶段。[7] Raymond 等研究指出网络中心集结程度越高，企业创新网络质量越佳，有利于创新产出。[8]

2. 关演化博弈研究

D'Aspremont 和 Jacquemin 基于演化博弈研究认为与非合作相比，合作下的技术溢出效应更加明显。[9] Bayona 等研究指出企业创新的动机是企业间相

① PEREZ M P, SÁNCHEZ A M. The development of university spin-offs: Early dynamics of technology transfer and networking [J]. Technovation, 2003, 23 (10): 823-831.

② POWELL W W, WHITE D R, KOPUT K W, et al. Network dynamics and field evolution: The growth of interorganizational collaboration in the life sciences [J]. American Journal of Sociology, 2005, 110 (4): 1132-1205.

③ KIM T Y, OH H, SWAMINATHAN A. Framing interorganizational network change: A network inertia perspective [J]. Academy of Management Review, 2006, 31 (3): 704-720.

④ ACEMOGLU D, AGHION P, BURSZTYN L, et al. The environment and directed technical change [J]. American Economic Review, 2012, 102 (1): 131-66.

⑤ HERMANS F, VAN APELDOORN D, STUIVER M, et al. Niches and networks: Explaining network evolution through niche formation processes [J]. Research Policy, 2013, 42 (3): 613-623.

⑥ TANIMOTO J. Goevolutionary, coexisting learning and teaching agents model for prisoner's dilemma games enhancing cooperation with assortative heterogeneous networks [J]. Physica A: Statistical Mechanics & Its Applications, 2013, 392 (13): 2955-2964.

⑦ DE MORAIS SARMENTO E, NUNES A. Entrepreneurship, job creation, and growth in fast-growing firms in Portugal: Is there a international role for policy? [M] //BAPTISTA R, LEITÃO J. Entrepreneurship, human capital, and regional development: Labor networks, knowledge flows, and industry gonth (International Studies in Entrepreneurship Book 31). Berlin: Spnrger, 2015.

⑧ SPARROWE R T, LIDEN R C, WAYNE S J, et al. Social netnorks and the performance of individuals and groups [J]. Academy of Mangement Jovrnal, 2017, 44 (2): 316-325.

⑨ D'ASPREMONT C, JACQUEMIN A. Cooperative and noncooperative R&D in duopoly with spillovers [J]. American Economic Review, 1988, 78 (5): 1133-1137.

互博弈的结果。① Al-bino 等基于博弈理论研究指出产业联盟间合作能够实现自主创新能力的提升，对联盟企业创新发展具有显著的正向促进作用。② Oka-muro 研究指出合作能够为企业带来互补性资源，帮助企业实现优势互补，促进合作深度和广度的增强，降低创新成本。③ Kalaignanam 等基于博弈理论研究认为合作是企业创新发展的基础，有利于达到共享双赢的局面，同时要注意降低机会主义风险。④ Amir 等研究指出合作有助于降低创新成本和风险，保障了创新成果的有效产出。⑤ Ding 和 Huang 研究认为合作有助于集群企业实现竞争发展，提高自身的竞争能力，但同时，集群组织间的知识共享会影响企业集群水平。⑥ Wang 等基于进化博弈理论，探讨了建筑承包商与众多分包商的合作创新过程，指出随着超额收益等因素的增加，系统将趋向于合作的稳定性，随着承包商补贴系数、创新成本、合作创新风险成本的增加，系统将趋于不合作。⑦ Wei 和 Chan 基于进化博弈理论，建立了在有限的理性条件下，以军工企业和民企为主体，中国卫星产业军民协同创新的进化博弈模型。Song 等以契约安排为基础，采用动态博弈模型，研究了研发企业协同创新的激励机制，分析了两个企业在实施市场驱动创新（开发性创新）战略和技术研究驱动创新时的利益分配和成本分担激励契约。⑧

① BAYONA C, GARCÍA-MARCO T, HUERTA E. Firms'motivations for cooperative R&D：An empirical analysis of Spanish firms ［J］. Research Policy, 2001, 30 (8)：1289-1307.
② ALBINO V, CARBONARA N, GIANNOCCARO I. Innovation in industrial districts：An agent-based simulation model ［J］. International Journal of Product Economics, 2006, 104 (1)：30-45.
③ OKAMURO H. Determinants of successful R&D cooperation in Japanese small businesses：The impact of organizational and contractual characteristics ［J］. Research Policy, 2007, 36 (10)：1529-1544.
④ KALAIGNANAM K, SHANKAR V, VARADARAJAN R. Asymmetric new product development alliances：Win-win or winlose partnerships? ［J］. Management Science, 2007, 53 (3)：357-374.
⑤ AMIR R, JIN J Y, TROEGE M. On additive spillovers and returns to scale in R&D ［J］. International Journal of Industrial Organization, 2008, 26 (3)：695-703.
⑥ DING X H, HUANG R H. Effects of knowledge spillover on inter-organization resource sharing decision in collaborative knowledge creation ［J］. European Journal of Operational Research, 2010, 201 (3)：949-959.
⑦ WANG Y Y, REN H, JI F R. Cooperative innovation evolutionary game analysis of industrialized building supply chain ［J］. Applied Mechanics and Materials, 2018, 878：213-218.
⑧ SONG B, JIN P H, ZHAO L J. Incentive mechanism of R&D firms'collaborative innovation based on organisational ambidexterity ［J］. Discrete Dynamics in Nature and Society, 2019, 2019：9.

二、国内研究现状

(一) 绿色技术创新相关研究

针对绿色技术创新相关研究，国内研究成果主要集中在内涵、过程、因素、评价、扩散、保障措施等相关方面。

1. 绿色技术创新的内涵

陈华斌研究指出环境因素是绿色创新的关键因素。[①] 曹建东等研究认为绿色创新是经济发展的必然选择，必须考虑环境因素。[②] 杜传忠和刘忠京研究认为主体间联合可持续发展是绿色创新关注的重点之一。[③] 程华和廖中举研究指出通过改进环境因素而获得的绩效是绿色创新所产生的结果。[④] 李虹和张希源 (2016) 研究认为绿色创新不仅需要改善环境问题，也需要对产品进行重新改进。[⑤] 杨庆义提出了绿色过程创新概念。[⑥] 进一步，李海萍等基于绿色过程创新概念提出了可持续绿色创新，研究指出需要不断地增强整个过程的绿色程度。[⑦] 刘薇研究认为绿色文化是影响绿色创新的关键因素之一。[⑧] 隋俊等研究认为内外部的生态有序循环是生态创新的重要理念。李斌和曹万林研究指出环境因素和创新因素的有效融合是生态创新。[⑨] 马媛等从产品制造角度研究指出，绿色加工是绿色创新的核心环节。[⑩] 毕克新等研究指出绿色创新资源投入

---

① 陈华斌. 试论绿色创新及其激励机制 [J]. 软科学, 1999 (3): 43-44.

② 曹建东, 彭福扬, 贺团涛. 国家创新战略的生态化评价指标体系研究 [J]. 科技进步与对策, 2008, 25 (5): 114-116.

③ 杜传忠, 刘忠京. 基于创新生态系统的我国国家创新体系的构建 [J]. 科学管理研究, 2015, 33 (4): 6-9.

④ 程华, 廖中举. 中国区域环境创新绩效评价与研究 [J]. 中国环境科学, 2011, 31 (3): 522-528.

⑤ 李虹, 张希源. 区域生态创新协同度及其影响因素研究 [J]. 中国人口·资源与环境, 2016, 26 (6): 43-51.

⑥ 杨庆义. 绿色创新是西部区域创新的战略选择 [J]. 重庆大学学报 (社会科学版), 2003 (1): 35-37.

⑦ 李海萍, 向刚, 高忠仕, 等. 中国制造业绿色创新的环境效益向企业经济效益转换的制度条件初探 [J]. 科研管理, 2005 (2): 46-49.

⑧ 刘薇. 国内外绿色创新与发展研究动态综述 [J]. 中国环境管理干部学院学报, 2012, 22 (5): 17-20.

⑨ 李斌, 曹万林. 环境规制对我国循环经济绩效的影响研究: 基于生态创新的视角 [J]. 中国软科学, 2017 (6): 140-154.

⑩ 马媛, 侯贵生, 尹华. 企业绿色创新驱动因素研究: 基于资源型企业的实证 [J]. 科学学与科学技术管理, 2016, 37 (4): 98-105.

对绿色绩效有积极促进作用。① 此外，黄志斌和张涛认为绿色技术创新是以企业为技术核心的多元化合作主体。② 王旭和褚旭研究指出绿色商业化是绿色创新的重要发展支撑。贾军和张伟采用2003—2011 年中国31 个省、自治区、直辖市的面板数据实证分析了区域内外绿色技术知识存量以及非绿色技术知识存量对技术创新的影响。③ 毕克新和申楠提出了绿色创新系统知识溢出的传导过程，认为一般都涉及绿色知识的搜寻与获取、绿色知识的内化和绿色知识的应用3 个阶段。④

2. 绿色技术创新过程

于方研究指出绿色技术创新过程是一个闭环的循环过程。⑤ 进一步，李昆指出平台模式为这一闭环的不断循环提供了基础支持，有助于加速推进绿色技术创新活动。⑥ 王晨筱等研究指出技术、市场、政策是颠覆性创新的重要影响因素，其中，政策的影响程度最大。⑦ 李云等从知识的角度提出了颠覆式创新由创新模糊前端、研究开发阶段、目标市场商业化阶段、进入主流市场、建立行业标准，新一轮的颠覆式创新等6 个阶段，并对每一阶段进行了详细剖析。⑧ 田红娜和候畅研究了技术生态位，并提出了3 个阶段。⑨ 鲍萌萌和武建龙探究了技术依存关系和价值采用主张的关系和变化规律，总结提炼出了3 种颠覆性创新过程。⑩

---

① 毕克新，王禹涵，杨朝均. 创新资源投入对绿色创新系统绿色创新能力的影响：基于制造业 FDI 流入视角的实证研究 [J]. 中国软科学，2014（3）：153-166.

② 黄志斌，张涛. 企业绿色技术创新及其阻碍因素析解 [J]. 自然辩证法研究，2018，34（8）：131-135.

③ 贾军，张伟. 绿色技术创新中路径依赖及环境规制影响分析 [J]. 科学学与科学技术管理，2014，35（5）：44-52.

④ 毕克新，申楠. 制造业绿色创新系统知识溢出的传导机制 [J]. 学术交流，2016（4）：122-128.

⑤ 于方. 基于生命周期的企业绿色创新过程及评价研究 [D]. 北京：北京化工大学，2012.

⑥ 李昆. 绿色技术创新的平台效应研究：以新能源汽车技术创新及商业化为例 [J]. 外国经济与管理，2017，39（11）：31-44.

⑦ 王晨筱，周洋，陆露，等. 颠覆性创新四阶段扩散过程模型：基于液晶电视机与山寨手机案例 [J]. 科技进步与对策，2018，35（22）：1-7.

⑧ 李云，施琴芬，于娱. 知识视角下的颠覆式创新过程分析 [J]. 科技管理研究，2018，38（13）：17-22.

⑨ 田红娜，候畅. 基于 MLP 的绿色技术创新过程管理研究：以 3D 打印技术为例 [J]. 科技进步与对策，2019，36（9）：1-9.

⑩ 鲍萌萌，武建龙. 新兴产业颠覆性创新过程研究：基于创新生态系统视角 [J]. 科技与管理，2019，21（1）：8-13.

3. 绿色技术创新相关因素

国内学者主要从政府、市场、创新人才、创新方式、创新投资等方面研究了绿色技术创新相关因素。华锦阳指出市场机制是促进绿色创新和经济发展的重要方式。① 姚洪心和吴伊婷在多阶段双寡头竞争模型中研究了绿色补贴及其溢出效应对政府和企业行为的影响。② 王旭等探讨了股权融资、债权融资以及政府补贴在不同企业生命周期阶段中对绿色技术创新的动态影响。③ 李香菊和贺娜认为环境税对企业绿色技术创新的影响呈倒 U 形关系。④

在政府政策影响因素中，环境规制相关研究较多。（1）环境规制与绿色技术创新关系上，贾军等认为市场激励型环境规制工具需要达到一定强度才能有效促进绿色技术创新。⑤ 李广培等构建了多变量综合作用下企业绿色技术创新能力形成的结构模型，认为环境规制、R&D 投入有利于提高企业绿色技术创新能力。⑥ 王锋正等认为地方政府质量与环境规制显著影响企业绿色产品创新水平。⑦ 董直庆和王辉认为环境规制对本地绿色技术创新的影响具有门槛特征。⑧ 邝嫦娥和路江林研究认为环境规制对绿色技术创新的影响并非简单线性关系，而是呈现出显著的 V 形门槛特征。⑨（2）不同类型的环境规制模式上，李婉红等在考虑行业规模和创新人力资源投入的控制变量的情况下，政府制定严厉的环境规制政策可有效促进污染密集行业实施绿色技术创新，但未考虑以上两个控制变量时，环境规制强度对污染密集行业的绿色技术创新

---

① 华锦阳. 制造业低碳技术创新的动力源探究及其政策涵义 [J]. 科研管理, 2011, 32 (6): 42-48.

② 姚洪心, 吴伊婷. 绿色补贴、技术溢出与生态倾销 [J]. 管理科学学报, 2018, 21 (10): 47-60.

③ 王旭, 褚旭, 王非. 绿色技术创新与企业融资契约最优动态配置: 基于高科技制造业上市公司面板数据的实证研究 [J]. 研究与发展管理, 2018, 30 (6): 12-22.

④ 李香菊, 贺娜. 地区竞争下环境税对企业绿色技术创新的影响研究 [J]. 中国人口·资源与环境, 2018, 28 (9): 73-81.

⑤ 贾军, 魏洁云, 王悦. 环境规制对中国 OFDI 的绿色技术创新影响差异分析: 基于异质性东道国视角 [J]. 研究与发展管理, 2017, 29 (6): 81-90.

⑥ 李广培, 李艳歌, 全佳敏. 环境规制、R&D 投入与企业绿色技术创新能力 [J]. 科学学与科学技术管理, 2018, 39 (11): 61-73.

⑦ 王锋正, 姜涛, 郭晓川. 政府质量、环境规制与企业绿色技术创新 [J]. 科研管理, 2018, 39 (1): 26-33.

⑧ 董直庆, 王辉. 环境规制的"本地—邻地"绿色技术进步效应 [J]. 中国工业经济 2019 (1): 100-118.

⑨ 邝嫦娥, 路江林. 环境规制对绿色技术创新的影响研究: 来自湖南省的证据 [J]. 经济经纬, 2019, 36 (2): 126-132.

产生了负效应。① 李婉红等提出了命令—控制型规制工具、市场型规制工具和相互沟通型规制工具对绿色产品创新、绿色工艺创新和末端治理技术创新影响的九个假设。② 沈能和周晶晶认为良好的产业结构、自由的技术交易市场等基础环境对绿色创新具有重要的促进作用。③ 吴超等认为中国重污染行业的绿色转型，需要不断加大科研资金投入，促进绿色技术的推广与应用。④ 张渝和王娟茹⑤、王娟茹和张渝⑥研究指出绿色技术创新意愿能在政府环境规制与绿色技术创新行为之间起完全中介作用。此外，许士春等⑦、伍格致和游达明⑧探究了不同环境规制策略对绿色技术创新的影响。

在市场相关研究方面。李巧华和唐明凤认为推动具有正外部效应的企业绿色创新需要发挥市场和政策双重机制的驱动作用。⑨ 雷善玉等研究指出绿色产品市场是促进绿色技术创新发展的重要因素，影响着绿色技术创新的最终产出。⑩ 杨东和柴慧敏梳理和归纳了绿色技术创新的各类驱动因素，并从制度理论、市场理论和 NRBV 的视角进行了分析。⑪ 杨朝均等认为内生性研发，技术引进及消化吸收，国内市场需求，排污收费制度对清洁生产技术创新具有

① 李婉红，毕克新，孙冰．环境规制强度对污染密集行业绿色技术创新的影响研究：基于 2003—2010 年面板数据的实证检验 [J]．研究与发展管理，2013，25（6）：72-81.

② 李婉红，毕克新，曹霞．环境规制工具对制造企业绿色技术创新的影响：以造纸及纸制品企业为例 [J]．系统工程，2013，31（10）：112-122.

③ 沈能，周晶晶．技术异质性视角下的我国绿色创新效率及关键因素作用机制研究：基于 Hybrid DEA 和结构化方程模型 [J]．管理工程学报，2018，32（4）：46-53.

④ 吴超，杨树旺，唐鹏程，等．中国重污染行业绿色创新效率提升模式构建 [J]．中国人口·资源与环境，2018，28（5）：40-48.

⑤ 张渝，王娟茹．主观规范对绿色技术创新行为的影响研究 [J]．软科学，2018，32（2）：93-95.

⑥ 王娟茹，张渝．环境规制、绿色技术创新意愿与绿色技术创新行为 [J]．科学学研究，2018，36（2）：352-360.

⑦ 许士春，何正霞，龙如银．环境规制对企业绿色技术创新的影响 [J]．科研管理，2012，33（6）：67-74.

⑧ 伍格致，游达明．环境规制对技术创新与绿色全要素生产率的影响机制：基于财政分权的调节作用 [J]．管理工程学报，2019，33（1）：37-50.

⑨ 李巧华，唐明凤．企业绿色创新：市场导向抑或政策导向 [J]．财经科学，2014（2）：70-78.

⑩ 雷善玉，王焕冉，张淑慧．环保企业绿色技术创新的动力机制：基于扎根理论的探索研究 [J]．管理案例研究与评论，2014，7（4）：283-296.

⑪ 杨东，柴慧敏．企业绿色技术创新的驱动因素及其绩效影响研究综述 [J]．中国人口·资源与环境，2015，25（S2）：132-136.

显著的积极影响。① 周晶淼等认为偏于生产的绿色技术创新导向下人均消费变化率在短期内会显著提升。② 侯建和陈恒认为企业规模要素、资本深化、市场竞争和外资引进均显著促进了产业绿色技术绩效的提升。③

在创新人才、创新方式研究方面。黄奇等认为人力资本水平有助于提高工业企业绿色技术创新效率。④ 李婉红认为绿色 R&D 投入和人均 GDP 对省域工业绿色技术创新产出具有显著的影响效应。⑤ 孟凡生和韩冰认为研发人员对于低碳技术创新产出影响较大，环境治理对低碳技术创新具有正向影响但不十分显著。⑥ 在创新方式上，岳鸿飞等研究指出不同产业应有不同的创新驱动力，创新驱动力的选择受政府政策的影响。⑦ 石博和田红娜研究认为我国家电制造业在绿色工艺创新过程中应该选择自主创新为主、合作创新为辅的创新路径。⑧

在创新投资方面。何枫等研究认为加强环保监管力度的前提下，提高环境规制强度、增加环保投入及自主研发投入是中国钢铁企业绿色技术效率提升的重要途径。⑨ 隋俊等指出跨国绿色投资对我国绿色发展具有促进作用。⑩ 刘雯和徐嘉祺研究指出固定资产投资有助于促进绿色技术创新水平的提升。⑪

① 杨朝均，呼若青，杨红娟．绿色工艺创新模式选择的影响因素研究：基于 30 个省份工业的实证分析［J］．生态经济，2018，34（9）：50-55.

② 周晶淼，赵宇哲，武春友，等．绿色增长下的导向性技术创新选择研究［J］．管理科学学报，2018，21（10）：61-73.

③ 侯建，陈恒．中国高专利密集度制造业技术创新绿色转型绩效及驱动因素研究［J］．管理评论，2018，30（4）：59-69.

④ 黄奇，苗建军，李敬银，等．基于绿色增长的工业企业技术创新效率空间外溢效应研究［J］．经济体制改革，2015，（4）：109-115.

⑤ 李婉红．中国省域工业绿色技术创新产出的时空演化及影响因素：基于 30 个省域数据的实证研究［J］．管理工程学报，2017，31（2）：9-19.

⑥ 孟凡生，韩冰．绿色低碳视角下技术创新影响因素研究：基于 GT-PP-PLS 法的实证［J］．科技进步与对策，2017，34（4）：7-13.

⑦ 岳鸿飞，徐颖，吴璘．技术创新方式选择与中国工业绿色转型的实证分析［J］．中国人口·资源与环境，2017，27（12）：196-206.

⑧ 石博，田红娜．基于生态位态势的家电制造业绿色工艺创新路径选择研究［J］．管理评论，2018，30（2）：83-93.

⑨ 何枫，祝丽云，马栋栋，等．中国钢铁企业绿色技术效率研究［J］．中国工业经济，2015（7）：84-98.

⑩ 隋俊，毕克新，杨朝均，等．跨国公司技术转移对我国制造业绿色创新系统绿色创新绩效的影响机理研究［J］．中国软科学，2015（1）：118-129.

⑪ 刘雯，徐嘉祺．战略新兴产业绿色技术创新的影响因素分析［J］．生态经济，2018，34（11）：116-119.

钱丽等认为创新氛围、产学研合作、环保投入强度、外商投资有利于企业绿色研发效率的提升。① 殷宝庆等认为绿色研发投入对中国制造升级的影响在不同经济地带、不同人力资本水平地区、不同知识产权保护程度地区存在一定的差异。② 此外，王锋正和陈方圆认为环境规制本身对企业绿色技术创新具有显著的正向影响。③

4. 绿色技术创新相关评价

绿色创新评价包括创新效率、创新能力和绩效评价等方面。在创新效率相关评价方面。张江雪和朱磊在充分考虑环境因素的基础上，探究了工业企业绿色技术创新效率。④ 钱丽等研究了区域视角下企业绿色技术创新的两阶段效率。⑤ 罗良文和梁圣蓉在评价工业企业绿色技术创新效率基础上，对效率进行了分解分析。⑥ 韩孺眉和刘艳春应用 PCA 和四阶段 DEA 评价了我国工业企业绿色技术创新效率。⑦ 肖仁桥和丁娟运用超效率 DEA 模型测度了我国企业绿色创新效率及其空间溢出效应，认为开放度和产业结构与分阶段效率呈正相关关系。⑧ 聂名华和齐昊运用纳入非期望产出的 DEA-SBM 模型测算了资源环境约束下中国工业企业的两阶段绿色创新效率。⑨

在创新能力和绩效评价方面。朱永跃等从企业内部环境和外部环境两个维度评价了绿色技术创新环境。⑩ 毕克新等从经济绩效、社会绩效、生态绩效

① 钱丽，王文平，肖仁桥. 共享投入关联视角下中国区域工业企业绿色创新效率差异研究 [J]. 中国人口·资源与环境，2018，28 (5)：27-39.
② 殷宝庆，肖文，刘洋. 绿色研发投入与"中国制造"在全球价值链的攀升 [J]. 科学学研究，2018，36 (8)：1395-1403，1504.
③ 王锋正，陈方圆. 董事会治理、环境规制与绿色技术创新：基于我国重污染行业上市公司的实证检验 [J]. 科学学研究，2018，36 (2)：361-369.
④ 张江雪，朱磊. 基于绿色增长的我国各地区工业企业技术创新效率研究 [J]. 数量经济技术经济研究，2012，29 (2)：113-125.
⑤ 钱丽，肖仁桥，陈忠卫. 我国工业企业绿色技术创新效率及其区域差异研究：基于共同前沿理论和 DEA 模型 [J]. 经济理论与经济管理，2015 (1)：26-43.
⑥ 罗良文，梁圣蓉. 中国区域工业企业绿色技术创新效率及因素分解 [J]. 中国人口·资源与环境，2016，26 (9)：149-157.
⑦ 韩孺眉，刘艳春. 我国工业企业绿色技术创新效率评价研究 [J]. 技术经济与管理研究，2017 (5)：53-57.
⑧ 肖仁桥，丁娟. 我国企业绿色创新效率及其空间溢出效应：基于两阶段价值链视角 [J]. 山西财经大学学报，2017，39 (12)：45-58.
⑨ 聂名华，齐昊. 对外直接投资能否提升中国工业绿色创新效率：基于创新价值链与空间关联的视角 [J]. 世界经济研究，2019 (2)：111-122，137.
⑩ 朱永跃，马志强，陈永清. 企业绿色技术创新环境的多级模糊综合评价 [J]. 科技进步与对策，2010，27 (9)：102-105.

3 个方面评价了区域绿色工艺创新绩效，并分析了其中存在的差异。① 武春友等运用 AHP 与标准离差的方法来确定指标体系的组合权重，依据可拓学原理构建了企业绿色度可拓学评价模型。② 孙群英和曹玉昆构建了包括绿色文化、创新投入、创新管理、制度环境、资源环境、文化环境的企业绿色技术创新能力评价指标体系。③ 王海龙等测度了区域绿色技术创新效率。④ 孙振清等运用熵权 TOPSIS 法研究了我国区域绿色创新能力，指出环境因素对区域创新能力有重要影响。⑤

5. 绿色技术创新扩散

曹柬等研究指出绿色技术创新的扩散是主体间博弈的过程。⑥ 张静进等认为不同商业模式能够有效促进不同类型绿色技术市场扩散，包括商业模式的价值定位特征、价值网络结构和盈利模式等因素。⑦ 刘朋等认为政策模式包括行政命令型、能力建设型和经济激励型政策，绿色制造技术扩散不仅是市场导向和市场经济问题，更多地需要考虑需求拉动政策。⑧ 杨国忠和虢琴研究指出技术服务体系是绿色技术创新扩散的关键。⑨ 方竺乾认为在供应链中，生产商处于主导地位且具有显著的扩散效果。⑩

---

① 毕克新，杨朝均，黄平．中国绿色工艺创新绩效的地区差异及影响因素研究［J］．中国工业经济，2013（10）：57-69．
② 武春友，陈兴红，匡海波．基于 AHP-标准离差的企业绿色度可拓学评价模型及实证研究［J］．科研管理，2014，35（11）：109-117．
③ 孙群英，曹玉昆．基于可拓关联度的企业绿色技术创新能力评价［J］．科技管理研究，2016，36（21）：62-67．
④ 王海龙，连晓宇，林德明．绿色技术创新效率对区域绿色增长绩效的影响实证分析［J］．科学学与科学技术管理，2016，37（6）：80-87．
⑤ 孙振清，陈文倩，兰梓睿．基于熵权 TOPSIS 法的区域绿色创新能力研究［J］．企业经济，2019，38（2）：20-26．
⑥ 曹柬，吴晓波，周根贵，等．制造企业绿色产品创新与扩散过程中的博弈分析［J］．系统工程学报，2012，27（5）：617-625．
⑦ 张静进，黄宝荣，王毅，等．绿色技术扩散的典型商业模式、案例及启示［J］．工业技术经济，2015，34（2）：77-85．
⑧ 刘朋，周可迪，延建林，等．促进绿色制造技术扩散的政策模式创新研究［J］．中国工程科学，2016，18（4）：101-108．
⑨ 杨国忠，虢琴．基于多智能体模型的绿色技术创新扩散影响因素研究［J］．工业技术经济，2017，36（8）：43-50．
⑩ 方竺乾．基于供应链视角的绿色技术创新扩散机制研究［J］．生态经济，2018，34（6）：63-67．

6. 绿色技术创新保障措施

黄晓霞等从多主体合作网络方面，对项目的协同创新提出了保障措施。[①]
宗楠和孙育红提出了构建系统化、可操作的绿色技术创新制度体系应涉及法
律保障制度、政府调控制度、市场制度、评价监督制度、教育制度及国际合
作制度。[②] 张江雪等认为绿色技术创新具有双重外部性，提出了提高合作机制
的对策建议。[③] 李斌和韩菁从协同关系和创新收益两个层面，深入分析了市场
导向对多主体协同的影响机制及相应的保障措施。[④]

（二）多主体合作创新相关研究

在创新系统、官产学研用方面。陈劲提出了国家绿色技术创新系统。[⑤] 进
一步，李平将政府、科研院所、公众等相关社会群体纳入创新主体系统，指
出系统需要以实现可持续发展为价值观。[⑥] 在官产学研用方面，郑晖智研究指
出多主体合作方式是官产学研用发展的重要方式。[⑦] 王海军和成佳构建了由经
济要素持有者（企业）、科技要素持有者（大学、科研院所）和产业要素持
有者（供应商）等多主体介入的产学研用协同创新网络结构。[⑧] 张浩等通过
构建微分博弈模型，对比分析了无成本分担、成本分担及集中式决策情形下，
政府和企业最优反馈均衡策略和收益最优值函数。[⑨] 郭继东等深入探讨了利益
相关者因素对企业绿色技术创新的影响。[⑩] 吴卫红等构建了政产学研用资协同
创新三三螺旋模式，分析了政产学研用的定位和职能作用，以及三三螺旋模

---

① 黄晓霞，丁荣贵，于双阳，等. 多主体协同创新项目治理网络构建：基于欧盟第七框架
计划的分析 [J]. 科学学与科学技术管理，2015，36（12）：98-108.

② 宗楠，孙育红. 新常态下绿色技术创新的制度保障探析 [J]. 东北师大学报（哲学社会
科学版），2018，（5）：106-110.

③ 张江雪，张力小，李丁. 绿色技术创新：制度障碍与政策体系 [J]. 中国行政管理，2018
（2）：153-155.

④ 李斌，韩菁. 市场导向、多主体协同与创新扩散：基于复杂网络的动态仿真 [J]. 运筹
与管理，2019，28（2）：67-73，117.

⑤ 陈劲. 国家绿色技术创新系统的构建与分析 [J]. 科学学研究，1999（3）：37-41.

⑥ 李平. 论绿色技术创新主体系统 [J]. 科学学研究，2005（3）：414-418.

⑦ 郑晖智. 环境规制下的企业绿色技术创新与扩散动力研究 [J]. 科学管理研究，2016，
34（5）：77-80，88.

⑧ 王海军，成佳. 多主体介入的产学研用协同创新网络研究：技术绩效和协调机制视角
[J]. 华东经济管理，2017，31（6）：174-179.

⑨ 张浩，汪明月，霍国庆，等. 绿色消费视角的政企合作绿色技术创新动态决策 [J]. 数
学的实践与认识，2018，48（22）：85-96.

⑩ 郭继东，杨月巧，马志超. 企业绿色技术创新激励机制研究 [J]. 科技管理研究，2018，
38（20）：249-252.

式的构成、主题及协同模式。① 周超将金融机构融入官产学研用中，并仿真分析了各个主体间的作用关系及协同发展路径。②

在供应链视角方面。焦俊和李垣研究指出利益相关者与企业绿色发展具有重要联系，影响着企业的环境绩效。③ 宿丽霞等研究认为供应链上下游企业间的依赖关系对供应链上下游企业间的绿色技术合作具有较大影响。④ 张红琪和鲁若愚从服务供应链视角研究了多主体参与的服务创新影响机制。⑤ 游达明等构建了一个包括供应商和顾客参与的创新模式选择博弈模型，分析了各创新主体对企业创新模式选择的影响。⑥ 余菲菲指出联盟因素对绿色技术创新发展具有显著的促进作用，稳定、合理的联盟是企业开展绿色技术创新活动的重要方式，有助于实施可持续创新行为。⑦ 此外，王磊和惠施敏研究了国际产能合作视角下中国工业绿色转型，认为对外直接投资与研发水平、人力资本呈明显的互补关系。⑧ 杨烨和谢建国研究认为环境规制与创新扶持组合并行的政策结构能够克服绿色悖论现象，实现激励创新和倒逼技术减排的双赢目标。⑨

（三）创新价值链相关研究

1. 在创新链相关研究方面

在创新链主体、组织方式方面。蔡坚研究了促进产业发展的技术创新链，

---

① 吴卫红，陈高翔，张爱美."政产学研用资"多元主体协同创新三三螺旋模式及机理[J].中国科技论坛，2018（5）：1-10.

② 周超.协同创新仿真模型与创新激励政策：基于多主体动态交互[J].技术经济与管理研究，2019（1）：40-44.

③ 焦俊，李垣.基于联盟的企业绿色战略导向与绿色创新[J].研究与发展管理，2011，23（1）：84-89.

④ 宿丽霞，杨忠敏，张斌，等.企业间绿色技术合作的影响因素：基于供应链角度[J].中国人口·资源与环境，2013，23（6）：151-156.

⑤ 张红琪，鲁若愚.多主体参与的服务创新影响机制实证研究[J].科研管理，2014，35（4）：103-110.

⑥ 游达明，杨晓辉，朱桂菊.多主体参与下企业技术创新模式动态选择研究[J].中国管理科学，2015，23（3）：151-158.

⑦ 余菲菲.联盟组合构建对企业绿色创新行为的影响机制：基于绿色开发商的案例启示[J].科学学与科学技术管理，2015，36（5）：13-23.

⑧ 王磊，惠施敏.国际产能合作视角下的中国工业绿色转型研究[J].生态经济，2019，35（2）：53-60.

⑨ 杨烨，谢建国.创新扶持、环境规制与企业技术减排[J].财经科学，2019（2）：91-105.

指出主体间的资源有效整合和配置是技术创新链发展的关键因素之一。① 尹安研究指出供应链为企业创新发展提供了重要的产品、市场等信息资源，是创新链升级的重要支持者之一。② 屠建飞和冯志敏研究指出企业技术创新链接有关创新的主体，使创新相关者有效整合，形成各司其职、协同发展的模式。③

在组织方式方面，林淼和苏竣研究认为创新链、价值链等链条之间的融合不当是我国科技成果转化不足的原因之一。④ 朱瑞博研究指出创新链和产业链不协调发展阻碍了新兴产业的发展。⑤ 邢超提出了推动产业链和创新链有效结合的政策建议。⑥ 王宏起等基于产业视角设计了产业创新链。⑦

在创新链效率相关方面。原长弘和孙会娟利用随机前沿分析方法（SFA）实证分析了政产学研用在高校知识创新链产出及其效率中的协同影响。⑧ 胡耀辉认为产业技术创新链能够动态协调产业链、技术链和技术创新链的关系，使三者处于相对平衡状态，促进企业自主创新。⑨ 付丙海等研究了创新链资源整合、双元性创新和创新绩效的关系。⑩ 刘文澜研究了中关村生物医药产业创新发展情况，并提出了提高与创新效率相关的对策建议。⑪ 郑彦宁等从产业创

① 蔡坚. 产业创新链的内涵和价值实现的机理分析 [J]. 技术经济与管理研究, 2009, (6): 53-55.
② 尹安. 在供应链视角下分析从创新链到创新集群 [J]. 价值工程, 2009, 28 (1): 64-67.
③ 屠建飞, 冯志敏. 基于技术创新链的行业技术创新平台 [J]. 科技与管理, 2010, 12 (1): 37-39.
④ 林淼, 苏竣, 张雅娴, 等. 技术链、产业链和技术创新链: 理论分析与政策含义 [J]. 科学学研究, 2001 (4): 28-31.
⑤ 朱瑞博. "十二五" 时期上海高技术产业发展: 创新链与产业链融合战略研究 [J]. 上海经济研究, 2010 (7): 94-106.
⑥ 邢超. 创新链与产业链结合的有效组织方式: 以大科学工程为例 [J]. 科学学与科学技术管理, 2012, 33 (10): 116-120.
⑦ 王宏起, 李力, 王珊珊. 设计与技术双重驱动下的新兴产业创新链重构研究 [J]. 科技进步与对策, 2014, 31 (4): 40-45.
⑧ 原长弘, 孙会娟. 政产学研用协同与高校知识创新链效率 [J]. 科研管理, 2013, 34 (4): 60-67.
⑨ 胡耀辉. 产业技术创新链: 我国企业从模仿到自主创新的路径突破: 以高端装备制造企业为例 [J]. 科技进步与对策, 2013, 30 (9): 66-69.
⑩ 付丙海, 谢富纪, 韩雨卿. 创新链资源整合、双元性创新与创新绩效: 基于长三角新创企业的实证研究 [J]. 中国软科学, 2015 (12): 176-186.
⑪ 刘文澜. 中关村生物医药产业创新链布局与对策研究 [J]. 科研管理, 2016, 37 (S1): 673-681.

新链的视角，围绕产业共性技术的 3 个基本特性，将科学研究环节和生产应用环节相对应，进而探究了产业共性技术的识别。① 段庆锋等站在整个创新链的角度建立基于产业创新链的技术策略选择模型，以专利分析为主要研究方法，在对所选领域热点技术分析的基础上，找出所选区域的技术比较优势，选择出最优技术策略。②

2. 在价值链相关研究方面

张辉③、段文娟等④研究指出突破性技术创新是影响全球价值链升级过程的关键因素之一，有助于促进产业升级。黄永春等提出了全球价值链视角下的出口导向型产业集群升级路径包括渐进式和跨越式两种，其中，跨越式升级需要进行突破性创新客服升级困境和阻力。⑤ 肖仁桥等从价值链角度出发，分析了工业企业创新效率，包括科技研发效率和成果转化效率，并进一步分析了其中的差异性。⑥ 邱国栋等基于技术嵌入视角，探究了中国进入全球价值链的路径。⑦ 张杰和郑文平基于中国本土企业参与全球价值链中关系，研究了中间产品进口和产品出口对中国本土企业创新活动的影响。⑧ 康宇航和高昕基于价值链重构的视角，通过探索性双案例研究，对两家互联网家装企业价值链的分拆与重组所形成的不同商业模式进行了对比分析。⑨ 姜超用非竞争性投入产出法计算了中国 19 个代表性行业在全球价值链中的位置及变化趋势，测

---

① 郑彦宁，浦墨，刘志辉．基于产业创新链的产业共性技术识别基本理论探讨［J］．情报理论与实践，2016，39（9）：53-58.

② 段庆锋，潘小换，蒋保建．面向产业创新链的技术策略选择模型构建及实证研究［J］．科技管理研究，2018，38（1）：134-140.

③ 张辉．全球价值链理论与我国产业发展研究［J］．中国工业经济，2004（5）：38-46.

④ 段文娟，聂鸣，张雄．全球价值链下产业集群升级的风险研究［J］．科技进步与对策，2007（11）：154-158.

⑤ 黄永春，郑江淮，杨以文，等．全球价值链视角下长三角出口导向型产业集群的升级路径研究［J］．科技进步与对策，2012，29（17）：45-50.

⑥ 肖仁桥，王宗军，钱丽．我国不同性质企业技术创新效率及其影响因素研究：基于两阶段价值链的视角［J］．管理工程学报，2015，29（2）：190-201.

⑦ 邱国栋，郭蓉娜，刁玉柱．中国进入全球价值链的"苹果皮"路线研究［J］．中国软科学，2016（1）：46-58.

⑧ 张杰，郑文平．全球价值链下中国本土企业的创新效应［J］．经济研究，2017，52（3）：151-165.

⑨ 康宇航，高昕．价值链重构视角的互联网家装企业商业模式创新分析：家装 e 站与齐家网案例研究［J］．管理案例研究与评论，2018，11（4）：368-379.

算其整体创新效率。① 宋曼祺等对政用产学研战略联盟的知识价值链中各个主体相互影响的方式与关系进行分析。② 吕越等考察了制造业企业嵌入全球价值链是否以及如何影响研发创新行为的问题，发现嵌入全球价值链对企业研发创新行为具有显著的抑制作用。③

3. 在创新价值链相关研究方面

蔡坚基于产业视角设计了产业创新价值链，并进一步分析了该链条的发展模式、运行机理及升级基础等内容。④ 常爱华等研究指出链条能够实现增值，并分析了创新服务链的增值过程，认为外部环境的创新支持有助于促进创新服务链增值。⑤ 曾祥炎和刘友金对基于价值创新链的协同创新阶段演化模型进行了分析。⑥ 刘勇等基于创新价值链探究了协同创新的收益分配机制，并分析了这一过程的影响因素。⑦ 余泳泽研究指出创新价值链具有溢出效应，这种效应是通过创新过程与价值增值过程相互作用实现的。⑧ 余泳泽和张先轸研究认为创新过程与创新价值链理论是相符合的，提出了三阶段创新过程。⑨ 王吉发等从创新链角度出发，结合价值链理论建立了科技服务链。⑩ 洪银兴认为科技创新的全过程包括上游知识环节、中游技术环节、下游产品环节，以及高新技术产业化阶段。⑪ 李新宁指出原始创新和模仿创

① 姜超. 中国不同行业全球价值链位置对创新效率的影响 [J]. 科技进步与对策, 2018, 35 (11): 69-76.
② 宋曼祺, 徐一旻, 吕伟, 等. 政用产学研战略联盟知识价值链的研究 [J]. 软科学, 2018, 32 (2): 96-100.
③ 吕越, 陈帅, 盛斌. 嵌入全球价值链会导致中国制造的"低端锁定"吗? [J]. 管理世界, 2018, 34 (8): 11-29.
④ 蔡坚. 产业创新链的内涵与价值实现的机理分析 [J]. 技术经济与管理研究, 2009, (6): 53-55.
⑤ 常爱华, 王希良, 梁经纬, 等. 价值链、创新链与创新服务链: 基于服务视角的科技中介系统的理论框架 [J]. 科学管理研究, 2011, 29 (2): 30-34.
⑥ 曾祥炎, 刘友金. 基于价值创新链的协同创新: 三阶段演化及其作用 [J]. 科技进步与对策, 2013, 30 (20): 20-24.
⑦ 刘勇, 营利荣, 赵焕焕, 等. 基于双重努力的产学研协同创新价值链利润分配模型 [J]. 研究与发展管理, 2015, 27 (1): 24-34.
⑧ 余泳泽. 中国区域创新活动的"协同效应"与"挤占效应": 基于创新价值链视角的研究 [J]. 中国工业经济, 2015 (10): 37-52.
⑨ 余泳泽, 张先轸. 要素禀赋、适宜性创新模式选择与全要素生产率提升 [J]. 管理世界, 2015 (9): 13-31.
⑩ 王吉发, 敖海燕, 陈航. 基于创新链的科技服务业链式结构及价值实现机理研究 [J]. 科技进步与对策, 2015, 32 (15): 59-63.
⑪ 洪银兴. 科技创新阶段及其创新价值链分析 [J]. 经济学家, 2017 (4): 5-12.

新对创新价值链的系统推进具有显著的促进作用，但是两者的作用路径与机理不同。①

（四）合作创新及演化相关研究

1. 在产学研用合作创新相关研究方面

有关产学研用协同创新的研究集中探讨了其运行模式、协同效应和机制，以及伙伴选择等问题。

针对产学研用主体。袭著燕等研究指出技术创新需要企业、大学、研究机构、政府和用户等多个创新主体的共同参与才能有效实现技术创新的运行。② 杜兰英和陈鑫根据现实企业创新面临的阻碍因素，针对产学研主体从不同方面分析了协同创新运行过程中的关键因素，最后提出了针对性的对策建议。③ 王凯和邹晓东研究指出通过制度创新方式，能够构建有效的开放创新网络，充分利用区域资源把创新与创业紧密地结合在一起，对实现大学科技与产业的协同发展有重要作用。④ 张省等建立了产学研用协同创新供需匹配机制的理论框架，认为以意愿、能力和资源 3 个主范畴为平面可以构建产学研用协同创新供需匹配机制三维图。⑤ 王海军等研究了产学研用协同创新的知识转移协调机制，认为模块化不但有助于推动企业与高校、科研院所从面对面转向背靠背的产学研用协同创新，更有利于调节知识供需双方的知识转移策略。⑥ 王海军和温兴琦认为保持资源依赖关系能够促进产学研各方的合作创新，模块化利于确立产学研用协同创新重点和策略，其协调机制可以强化知识创造水平，成功实现产学研有效创新。⑦

针对基于产学研用的多主体。王志强和闫温乐研究指出研究型大学与产

---

① 李新宁. 创新价值链构建的战略路径与发展逻辑 [J]. 技术经济与管理研究, 2018 (1): 24-30.

② 袭著燕, 李星洲, 迟考勋. 金融介入的政产学研用技术协同创新模式构建研究 [J]. 科技进步与对策, 2012, 29 (22): 19-25.

③ 杜兰英, 陈鑫. 政产学研用协同创新机理与模式研究: 以中小企业为例 [J]. 科技进步与对策, 2012, (22): 103-107.

④ 王凯, 邹晓东. 美国大学技术商业化组织模式创新的经验与启示: 以 "概念证明中心" 为例 [J]. 科学学研究, 2014, 32 (11): 1754-1760.

⑤ 张省, 唐嵩, 龙冬. 产学研用协同创新供需匹配机制的理论框架: 基于扎根理论的多案例研究 [J]. 软科学, 2017, 31 (11): 61-65.

⑥ 王海军, 成佳, 邹日崧. 产学研用协同创新的知识转移协调机制研究 [J]. 科学学研究, 2018, 36 (7): 1274-1283.

⑦ 王海军, 温兴琦. 资源依赖与模块化交叉调节下的产学研用协同创新研究 [J]. 科研管理, 2018, 39 (4): 21-31.

业部门的合作研发、技术转移、专利许可等活动，有助于优化大学运行逻辑及其内部结构。① 王海军和冯军政研究指出融合大学、科研院所、供应商等创新主体，有利于加速技术创新—产品创新—商业化的过渡。② 辜胜阻等研究认为提升我国核心技术创新水平的关键是构建既以企业为主体、又充分发挥大学知识创新作用的产学研用一体化技术创新体系。③

有关产学研用伙伴的研究。王进福等研究指出伙伴选择对产学研合作中要素投入、成果产出等方面具有重要影响，认为产学研主体间的文化要素是产学研协同发展的基础要素。④ 李柏洲和罗小芳运用问卷调查方法探究了伙伴选择影响因素，指出在伙伴选择中应充分考虑技术互补性。⑤ 曹霞等设计了学研伙伴选择决策模型，指出选择实施的主体具有一定的偏好性。⑥ 张裕稳等基于产学研合作主体的创新能力分析合作伙伴的选择，运用双边匹配的方法选择合作伙伴。⑦ 曹霞和宋琪运用 QFD 的质量屋模型识别产学研合作伙伴选择的关键指标，结合 Vague 值改进最大化群体效用和最小化个体遗憾值的 VIKOR 法，实现了企业视阈下的产学研合作伙伴选择排序。⑧ 曹霞和于娟从联盟伙伴角度出发，构建了提升产学研联盟稳定性路径的理论框架，认为联盟伙伴特征越明显越有利于产学研联盟的稳定发展。⑨ 徐雷等研究指出伙伴选择是进行协同创新的关键环节，决定着产学研创新的效

———————————

① 王志强，闫温乐．从"科学推动"到"技术商业化"：美国研究型大学—产业部门合作创新机制的形成 [J]．高等教育研究，2014（1）：108-112.
② 王海军，冯军政．生态型产学研用协同创新网络构建与机制研究：模块化视角 [J]．软科学，2017，31（9）：35-39.
③ 辜胜阻，吴华君，吴沁沁，等．创新驱动与核心技术突破是高质量发展的基石 [J]．中国软科学，2018（10）：9-18.
④ 王进富，魏珍，刘江南，等．以企业为主体的产学研战略联盟研发伙伴选择影响因素研究：基于 3C 理论视角 [J]．预测，2013，32（4）：70-74.
⑤ 李柏洲，罗小芳．企业原始创新中学研合作伙伴的选择：基于影响因素及其作用路径视角的分析 [J]．科学学研究，2013，31（3）：437-445.
⑥ 曹霞，刘国巍，付向梅．基于偏好和动态直觉的产学研合作伙伴选择群决策分析 [J]．运筹与管理，2013，22（4）：33-41.
⑦ 张裕稳，吴洁，李鹏，等．创新能力视角下基于双边匹配的产学研合作伙伴选择 [J]．江苏科技大学学报（自然科学版），2015，29（5）：488-495.
⑧ 曹霞，宋琪．基于企业 QFD 和改进 VIKOR 法的产学研合作伙伴选择研究 [J]．科技管理研究，2016，36（8）：91-97.
⑨ 曹霞，于娟．联盟伙伴视角下产学研联盟稳定性提升路径：理论框架与实证分析 [J]．科学学研究，2016，34（10）：1522-1531.

率和效果。① 此外,产学研商业化上,蒋华林研究指出我国高校科技成果转化应以联结理念为发展理念,增强合作的深度和广度,强化辅助主体的服务定位,加强辅助机构建设,大力提升科技成果转化能力。② 查国防研究指出专利商业化需要多主体合作,不仅包括产学研,更需要其他服务性支持主体。③

2. 在合作演化相关研究方面

在合作主体间演化方面。曹霞和刘国巍运用 Netlogo 多主体仿真平台实现了产学研合作创新网络的演化仿真,揭示了其动态演化规律。④ 曹霞和张路蓬构建了政府、企业与公众消费者之间的三方演化博弈模型,根据演化的仿生学研究,引入了 Lotka-Volterra 模型。⑤ 曹霞和张路蓬构建了政府、企业与消费者之间的三方演化博弈模型,指出政府政策在企业绿色技术创新中起着关键作用。⑥ 杨国忠和刘希将大学视为政府投入对企业绿色技术创新影响的中介方,构建了企业绿色技术创新与政府投入的演化博弈模型。⑦ 张倩和姚平从演化经济学的视角,探讨了政府环境规制、企业技术创新和公众环保监督的混合策略均衡动态演化博弈过程。⑧ 张娟等通过建立政府与企业间的环境规制博弈模型,从理论上解决了绿色技术水平下限和环境规制系数阈值的问题。⑨ 戚湧和王明阳通过构建政府、企业、金融机构三方博弈模型,对企业推进技术

① 徐雷,李晓红,杨卫华. 产学研协同创新项目绩效影响机制研究:基于伙伴选择视角 [J]. 科技管理研究, 2018, 38 (6):202-208.

② 蒋华林. “联结”:加州大学圣迭戈分校的技术商业化模式 [J]. 社会科学家, 2015 (11):119-123.

③ 查国防. 方法与路径:专利商业化运营的风险评估体系研究 [J]. 河南科技, 2017 (14):22-27.

④ 曹霞,刘国巍. 基于博弈论和多主体仿真的产学研合作创新网络演化 [J]. 系统管理学报, 2014, 23 (1):21-29.

⑤ 曹霞,张路蓬. 企业绿色技术创新扩散的演化博弈分析 [J]. 中国人口·资源与环境, 2015, 25 (7):68-76.

⑥ 曹霞,张路蓬. 环境规制下企业绿色技术创新的演化博弈分析:基于利益相关者视角 [J]. 系统工程, 2017, 35 (2):103-108.

⑦ 杨国忠,刘希. 政产学合作绿色技术创新的演化博弈分析 [J]. 工业技术经济, 2017, 36 (1):132-140.

⑧ 张倩,姚平. 波特假说框架下环境规制对企业技术创新路径及动态演化的影响 [J]. 工业技术经济, 2018, 37 (8):52-59.

⑨ 张娟,耿弘,徐功文,等. 环境规制对绿色技术创新的影响研究 [J]. 中国人口·资源与环境, 2019, 29 (1):168-176.

创新、实施绿色化生产的影响因素进行了研究。①

在以企业为主体演化方面。段楠楠等把企业间绿色技术创新关系细分为合作、中立和竞争 3 种，构建了绿色技术创新企业关系演化博弈模型，探究了技术创新能力、政府绿色技术创新补贴率两个参数对系统稳定性的影响。② 毕克新等研究指出，基于低碳背景将我国制造业绿色创新系统的演化分为 3 个阶段。③ 杨朝均和呼若青研究指出工业绿色创新系统受多种因素综合影响，并从多个方面提出了建议。④ 王旭和杨有德根据绿色技术创新的不同经济效果，从生命周期视角揭示了绿色技术创新对政府补贴影响的动态变化规律。⑤ 王伟和张卓建立了奖惩补偿联合机制下政府和企业的演化博弈模型，研究认为联合作用的效果较单补贴更加明显，会加快企业的演化速度，促进企业绿色创新策略的选择。⑥

三、国内外研究现状评述

通过对国内外绿色技术创新，多主体合作创新，创新价值链，合作演化等相关研究的回顾，可以看出国内外学者对绿色技术创新的内涵进行了较丰富的研究，虽然没有形成统一的观点，但是对其本质的描述基本一致。对创新价值链的研究更多侧重在各领域的应用，特别是效率评价、知识管理等相关领域的研究已有一些成果。对于多主体合作创新相关研究，国内外学者在产学研相关方面的直接研究较多，在以企业为主导，产学研基础上的多主体研究较少，有关多主体合作下企业绿色技术创新过程的研究则更少。国内外学者对产学研用合作及演化相关主题进行了较丰富的研究，涉及合作的过程、机制、效率、伙伴等方面，演化涉及演化博弈和网络演

① 戚湧，王明阳．绿色金融政策驱动下的企业技术创新博弈研究 [J]．工业技术经济，2019，38（1）：3-10.
② 段楠楠，徐福缘，倪明．考虑知识溢出效应的绿色技术创新企业关系演化分析 [J]．科技管理研究，2016，36（20）：157-163.
③ 毕克新，付珊娜，田莹莹．低碳背景下我国制造业绿色创新系统演化过程：创新系统功能视角 [J]．科技进步与对策，2016，33（19）：61-68.
④ 杨朝均，呼若青．我国工业绿色创新系统协同演进规律研究：二象对偶理论视角 [J]．科技进步与对策，2017，34（12）：49-54.
⑤ 王旭，杨有德．企业绿色技术创新的动态演进：资源捕获还是价值创造 [J]．财经科学，2018（12）：53-66.
⑥ 王伟，张卓．创新补贴、失败补偿对企业绿色创新策略选择的影响 [J]．软科学，2019，33（2）：86-92.

化等方面，有关多以企业为主导和视角，多主体合作下的演化研究较少。已有研究为本书的研究提供了理论基础和研究依据，但是现有研究还存在以下一些不足。

第一，缺乏多主体合作下制造业企业主导的绿色技术创新过程研究。国内外研究关于绿色技术创新的研究对象多侧重于单一企业主体，研究内容主要涉及绿色技术创新模式、机制、效率等相关方面，缺乏多主体合作下制造业企业绿色技术创新过程的研究，对制造业企业绿色技术创新过程中多主体要素考虑不足，揭示制造业企业主导的绿色技术创新全过程的程度较低。在制造业绿色转型背景下，构建以制造业企业为主导，市场需求为导向，多主体合作的绿色技术创新体系，有利于制造业企业进行绿色技术创新，对增强制造业高质量发展动力具有重要意义。

第二，绿色技术创新过程的阶段划分缺乏立论基础，鲜有研究对绿色技术创新过程划分是结合创新价值链理论与系统理论。目前，绿色技术创新过程的划分基本依赖于5种传统阶段划分方式，缺乏改进的立论基础，忽略了绿色技术创新过程中绿色价值增值、系统性等问题；同时关于创新价值链理论研究主要侧重于管理相关领域，而且多数侧重于区域、企业内部，对于跨企业层面，创新价值链视角下以多主体合作过程的研究较少。此外，目前创新价值链理论与系统理论相结合的较少，基于创新价值链理论与系统理论相结合视角对绿色技术创新过程研究则更少，有必要进一步丰富现阶段技术创新过程、创新价值链等相关领域的研究。

第三，多主体合作下制造业企业绿色技术创新系统的协同演化研究较少，缺乏基于生态学和创新价值链理论的创新系统协同演化研究，导致演化机理揭示不足。已有研究仅从主体间、创新要素、外界因素视角研究了创新系统演化问题，忽视了制造业企业主导与多主体合作的生态学特征，而且缺乏在技术创新过程中对绿色价值增值过程、多主体合作下系统性创新等相关问题的研究。共生理论是生态学的重要理论，能够使绿色技术创新系统可持续运行；创新价值链理论是创新过程与价值链的融合，既体现从无到有的创新过程，又反映了价值增值的过程。但是，现有研究对多主体合作下制造业企业绿色技术创新系统协同演化机理揭示不足。

第三节 研究思路、主要内容和研究方法

一、研究思路

本书按照"理论分析与模型构建—推理演绎与实证研究—对策建议与保障措施"的思路，紧紧围绕多主体合作下制造业企业绿色技术创新过程及演化的知识创造、技术转化、产品推广、创新绩效评价、系统协同演化等方面展开研究。首先，通过梳理国内外已有研究成果，界定多主体合作下制造业企业绿色技术创新过程及演化的相关理论要点，构建基于系统理论和创新价值链理论的多主体合作下制造业企业绿色技术创新过程及演化的理论模型；其次，探究多主体合作下制造业企业绿色技术创新过程中知识创造阶段、技术转化阶段、产品推广阶段的合作问题；再次，通过构建多主体合作下制造业企业绿色技术创新绩效评价指标体系和评价模型，探寻影响绿色技术创新的因素，进而揭示政府环境规制政策对多主体合作下制造业企业绿色技术创新系统协同演化的影响；最后，提出促进多主体合作下制造业企业绿色技术创新发展的对策与建议。

二、主要内容及框架

在查阅与技术创新、绿色技术创新、技术创新过程、官产学研用合作、创新价值链理论等相关文献资料的基础上，结合技术创新管理相关理论展开研究，共分为七大部分，主要研究内容如下。

（一）多主体合作下制造业企业绿色技术创新过程及演化的理论框架

第一，科学界定制造业企业绿色技术创新过程及演化的内涵，进而对多主体合作下制造业企业绿色技术创新过程及演化的内涵进行分析；第二，对创新价值链理论与系统理论及二者的适用性分析，构建基于两论融合的绿色技术创新过程及演化的理论模型；最后，基于系统理论和创新价值链理论，构建多主体合作下制造业企业绿色技术创新过程及演化的理论模型，并对理论模型中知识创造、技术转化、产品推广、创新绩效评价、系统协同演化进行理论分析。

（二）多主体合作下制造业企业绿色技术创新过程的知识创造阶段分析

多主体合作下制造业企业绿色技术创新过程的知识创造主要包括合作

绿色创新学研伙伴选择和产学研合作下绿色知识创造两方面内容。第一，理论分析合作绿色创新学研伙伴的选择过程，确定基于生态位理论的合作绿色创新学研伙伴选择准则框架，构建基于场理论的合作绿色创新伙伴选择模型，并运用算例分析该模型和准则框架的应用；第二，理论分析产学研合作下绿色知识创造过程，构建产学研合作下绿色知识创造的微分博弈模型，进行模型求解及收益分配机制分析，探究绿色知识创造机制及合作模式。

（三）多主体合作下制造业企业绿色技术创新过程的技术转化阶段分析

多主体合作下制造业企业绿色技术创新过程的技术转化主要包括技术中介合作下绿色知识技术化和绿色集成供应链合作下绿色技术产品化两方面内容。第一，理论分析绿色知识供需双边匹配及技术化过程，构建绿色知识技术化的供需双边匹配模型，求解模型并运用算例分析绿色知识技术化机制；第二，理论分析绿色集成供应链合作下绿色技术产品化过程机理，提出研究假设和构建理论模型，变量测量与数据收集，运用结构方程模型和层次回归方法分析绿色集成供应链合作下绿色技术产品化过程机理。

（四）多主体合作下制造业企业绿色技术创新过程的产品推广阶段分析

多主体合作下制造业企业绿色技术创新过程的产品推广主要包括客户合作下和政府规制下制造业企业绿色技术产品前期销售及后期推广两方面内容。第一，理论分析客户合作下制造业企业绿色技术产品销售过程，归纳总结绿色技术产品销售的影响因素，基于绿色供应商选择的视角探究产品销售策略；第二，理论分析政府规制下制造业企业绿色技术产品推广的供给侧和需求侧，构建制造业企业、政府、下游制造商和绿色消费者四个主体下两个三方动态博弈模型，进行数值仿真分析，探究绿色技术产品推广策略。

（五）多主体合作下制造业企业绿色技术创新的绩效评价及分析

多主体合作下制造业企业绿色技术创新的绩效评价及分析主要包括多主体合作下制造业企业绿色技术创新绩效评价指标体系及创新绩效评价模型两方面内容。首先，归纳总结制造业企业绿色技术创新绩效评价指标体系，设定绿色技术创新绩效评价指标体系设计原则，运用指标间相关性分析及单个指标的探索性因子分析方法进行指标筛选，进而构建多主体合作下制造业企业绿色技术创新绩效评价指标体系；然后，分析评价方法的选择依据，构建基于一致性的组合评价模型，数据收集与实证结果分析。

（六）多主体合作下制造业企业绿色技术创新系统的协同演化分析

多主体合作下制造业企业绿色技术创新系统的协同演化分析主要包括多主体合作下制造业企业绿色技术创新系统的结构和演化路径分析、协同演化实证研究两方面内容。第一，概述多主体合作下企业创新演化相关研究，理论分析多主体合作下制造业企业绿色技术创新系统的结构与演化路径；第二，构建基于 Logistic 模型的多主体合作下制造业企业绿色技术创新系统的演化方程、数据收集与变量测量，探究政府环境规制政策对多主体合作下制造业企业绿色技术创新系统协同演化的影响。

（七）促进多主体合作下制造业企业绿色技术创新发展的对策与建议

为提高多主体合作下制造业企业绿色技术创新的效率和效果，提出完善多主体合作下制造业企业绿色技术创新过程中知识的创造机制，提高多主体合作下制造业企业绿色技术创新过程中的技术转化能力，优化多主体合作下制造业企业绿色技术创新过程中的产品推广策略，改进多主体合作下制造业企业绿色技术创新的绩效评价机制，增强多主体合作下制造业企业绿色技术创新系统的协同效应等对策与建议。

本书的研究框架如图 1-1 所示。

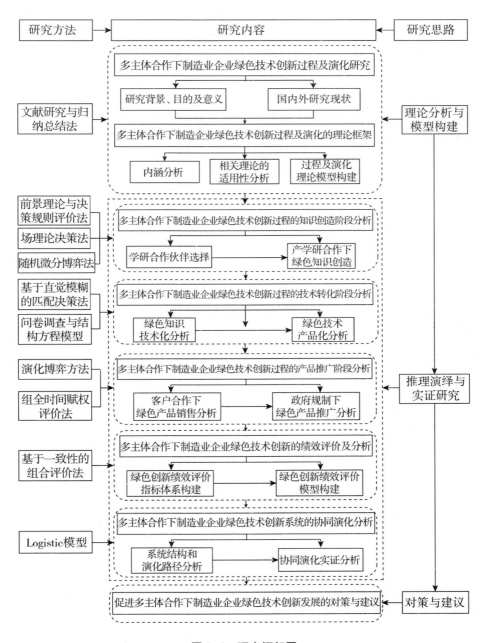

图 1-1 研究框架图

三、研究方法

（一）文献研究与归纳总结方法

本书通过多渠道查阅与技术创新、绿色技术创新、技术创新过程、官产学研用合作、创新价值链理论等相关文献资料，总结多主体合作下制造业企业绿色技术创新过程及演化的内涵，分析创新价值链理论与系统理论的适用性，提炼基于两论融合的多主体合作下制造业企业绿色技术创新过程及演化的理论模型。此外，进一步运用该方法剖析理论本质、设计调查问卷内容、构建评价指标体系等。

（二）评价与决策方法

该方法涉及基于一致性的组合评价法、前景理论与决策规则评价法、基于直觉模糊的匹配决策法、基于区间直觉模糊的组合时间赋权评价法、场理论决策法，具体如下。

1. 基于一致性的组合评价法

在多主体合作下制造业企业绿色技术创新绩效评价研究中，在运用 Entropy 法、TOPSIS 法和离差最大化法的评价基础上，分别运用漂移度法、灰色关联度法和均值法的组合方法评价多主体合作下制造业企业绿色技术创新绩效，最后运用基于一致性的组合评价法进行检验，得到绿色创新绩效的组合评价结果。

2. 前景理论与决策规则评价法

在制造业企业绿色技术创新的学研合作伙伴选择研究中，运用前景理论计算伙伴的前景价值，然后基于补偿和非补偿决策规则，运用 Entropy 法、VIKOR 法与改进 ELECTRE 法对学研伙伴的生态位适宜度进行评价。

3. 基于直觉模糊的匹配决策法

在技术中介合作下制造业企业绿色知识技术化研究中，技术中介首先运用直觉模糊数和直觉模糊熵分别评价和获取制造业企业和学研机构的匹配意愿和意愿权重，然后运用考虑属性间相互作用的 IFGWHM 算子集成匹配意愿，进一步运用线性权重方法、离差和方法将建立的多目标优化模型转化成单目标优化模型，最后运用绿色知识供需双边匹配模型分析绿色知识技术化机制。

4. 基于区间直觉模糊的组合时间赋权评价法

在客户合作下制造业企业绿色技术产品前期销售研究中，首先运用区间直觉模糊数和直觉模糊熵分别评价和获取绿色供应商的多阶段准则值和其权重，然后运用 IVIFGWHM 算子，基于理想解与信息熵和时间度与信息熵相结合的组合时间权重，将多阶段绿色供应能力集成，进而促进绿色产品销售。

5. 场理论决策法

在对学研机构的生态位适宜度进行评价的基础上，运用构建的考虑学研与制造业企业间绿色技术创新资源互补性的生态位场模型，计算各个学研机构在生态位场中的半径、场强、引力、阻力，进而计算学研机构所受的合力，选择最优的绿色合作绿色创新学研机构伙伴。

（三）博弈方法

该方法涉及随机微分博弈方法和演化博弈方法，具体如下。

1. 随机微分博弈方法。在产学研合作下制造业企业绿色知识创造研究中，将 Nash 非合作博弈模型、Stacklberg 博弈模型和合作博弈模型相结合，构建随机微分博弈模型，运用该模型分析产学研合作下制造业企业绿色知识创造机制及合作模式选择等内容。

2. 演化博弈方法。在政府规制下制造业企业绿色技术产品推广研究中，首先，运用演化博弈基础知识分析各行为主体利益问题及提出基本假设，其次，运用演化博弈方法构建包括政府、制造业企业、下游制造商、消费者四方的供给侧和需求侧视角下的两个三方博弈支付矩阵并求解，最后，运用仿真方法研究制造业企业技术绿色产品推广机制。

（四）问卷调查与结构方程模型方法

在绿色集成供应链合作下制造业企业绿色技术产品化研究中，首先，运用问卷调查法收集量表中题项数据，其次，运用因子分析等方法分析调查数据的质量，最后，运用结构方程模型和层次回归方法探究绿色集成供应链合作下制造业企业绿色技术产品化过程机理。此外，问卷调查法还用于多主体合作下制造业企业绿色技术创新绩效评价等内容的研究。

（五）Logistic 模型

在多主体合作下制造业企业绿色技术创新系统协同演化研究中，在多主体合作下制造业企业绿色技术创新系统结构及演化路径分析的基础上，构建三维 Logistic 动态分析模型，探究命令型规制、市场型规制、自愿行动型规制、公众参与型规制的政府环境规制政策对多主体合作下制造业企业绿色技术创新系统协同演化的影响。

第四节　创新之处

第一，系统地探究了多主体合作下制造业企业绿色技术创新过程中绿色知识创造、绿色技术转化、绿色产品推广、绿色创新绩效评价及系统协同演化问题。

本书基于系统理论和创新价值链理论，剖析了多主体合作下制造业企业绿色技术创新过程及演化问题，一方面，拓展了现阶段绿色技术创新过程研究的理论体系，拓展了创新绩效评价研究的理论视角；另一方面，丰富了企业创新的研究视角及研究方法，以及创新价值链、技术创新过程和系统演化等相关理论；此外，为提升制造业企业绿色技术创新效率和效果提供了可供借鉴的方法和路径。

第二，构建了制造业企业绿色技术创新中学研合作伙伴选择的生态位场模型，论证和剖析了制造业企业与学研伙伴的合作模式选择及绿色知识创造机制。

本书在构建生态位场模型过程中，融合了决策者心理因素、制造业企业与学研伙伴间绿色技术创新资源的互补性、伙伴选择的合理性和相互作用的连续性，保障了选出的学研伙伴更加合适、匹配；通过构建和分析产学研合作下 Nash 非合作博弈模型、Stacklberg 主从博弈模型、合作博弈模型，并进行均衡结果比较和收益分配分析，指出合作博弈下能够实现制造业企业与学研伙伴绿色知识创造系统的帕累托最优，进一步系统地剖析了制造业企业与学研伙伴的绿色知识创造机制。

第三，构建了技术中介合作下绿色知识技术化的供需双边匹配模型，揭示了绿色集成供应链合作下制造业企业绿色技术产品化过程机理。

本书在构建供需双边匹配模型过程中，以政府驱动的非营利技术中介为视角，充分考虑绿色技术知识需求主体和供给主体的匹配意愿及意愿间相互作用，同时融入决策者的模糊因素，更符合现实中意愿评价；基于绿色新产品开发速度和质量，运用结构方程模型和层次回归方法，从绿色供应商集成和绿色消费者集成的主效应、知识螺旋的中介效应及高管环保意识的调节效应系统地揭示了绿色技术产品化过程机理。

第四，识别了客户合作下制造业企业绿色技术产品销售的关键影响因素，基于供给侧和需求侧剖析了政府规制下制造业企业绿色技术产品推广机制。

本书基于绿色供应商选择视角，运用 IVIFGWHM 算子和基于时间度和理想解、时间度和信息熵的主客观时序权重方法，识别了制造业企业绿色技术产品销售的关键影响因素，分析了客户合作下的销售机制；基于演化博弈方法，以供给侧和需求侧为视角，通过构建以政府、制造业企业、下游制造商、消费者为研究主体的两个三方演化博弈模型，运用仿真实验方法剖析了政府规制下制造业企业绿色技术产品推广机制。

第五，构建了多主体合作下制造业企业绿色技术创新绩效评价指标体系，设计了基于一致性的组合评价模型，进行了样本企业的绿色技术创新绩效评价。

本书基于多主体合作下制造业企业绿色技术创新绩效评价指标设计的原则，兼顾绿色创新产出绩效和绿色创新过程绩效、企业主导绩效和多主体合作绩效，构建了较为完善的包括绿色创新要素投入、科技产出、经济产出、社会效应的多主体合作下制造业企业绿色技术创新绩效评价指标体系；在熵权法、TOPSIS 法和离差最大化法单一评价的基础上，设计了由漂移度法、灰色关联度法和均值法等组合评价方法构成的组合评价模型，对样本制造业企业绿色技术创新绩效进行了综合评价。

第六，构建了以政府支持为控制变量的三维 Logistic 动态演化模型，揭示了政府环境规制政策对多主体合作下制造业企业绿色技术创新系统协同演化的影响。

本书从共生理论出发，基于绿色技术应用基础研究子系统、开发研究子系统、产品市场化子系统，构建了多主体合作下制造业企业绿色技术创新系统演化的 Logistic 模型；设定了绿色技术运营状态、绿色研发配置状态、绿色创新效果状态为状态变量，以及政府环境规制政策为控制变量，实证揭示了命令型规制、市场型规制、自愿行动型规制、公众参与型规制的政策强度对多主体合作下制造业企业绿色技术创新系统协同演化的影响。

第二章

多主体合作下制造业企业绿色技术创新过程及演化的理论框架

本章主要目的是界定和框定多主体合作下制造业企业绿色技术创新过程及其演化的相关概念、内涵和研究脉络，是进行更深层次的相关研究的前提和基础。本章在对技术创新过程、制造业企业绿色技术创新过程、演化、多主体合作等基础概念进行解析的基础上，结合制造业绿色技术创新的特点，明确界定多主体合作下制造业企业绿色技术创新过程及演化的相关概念。在此基础上，结合系统理论和创新价值链理论，建立多主体合作下制造业企业绿色技术创新过程及演化的基本框架模型，分析基本框架模型的运行过程，为后续开展深层次研究提供理论框架支撑。

第一节　多主体合作下制造业企业绿色技术创新过程及演化的内涵分析

一、制造业企业技术创新过程及演化的内涵

"创新"自被提出以来，即受到国内外学者的广泛关注和深入研究，作为创新研究中的核心内容，技术创新亦得到了学界和产业界的重视，致力于依靠技术创新提升企业、产业和国家的竞争力。然而，技术创新并不仅是一个技术概念，更是一个包含经济活动和经济意义的复合概念；它不是一个仅包含技术发明、技术研究的"点"的概念，而是包含技术研究与开发、技术应用推广乃至商业化的"过程"的概念。①

技术创新过程的研究始于对其过程模型的建立。传统技术创新过程的代表性模型分为五代，即线性技术推动模式、线性市场拉动模式、技术和市场交互模式、集成/并行发展模式、系统集成及网络化模式。第一代和第二代仅

---

① 田红娜，候畅. 基于 MLP 的绿色技术创新过程管理研究 [J]. 科技进步与对策，2019，36 (9)：1-9.

46

是简单的离散、线性过程，不能充分反映技术创新的复杂性和整体性。第三代在第一代和第二代的基础上融入了反馈机制，但仍存在反馈信息缺失、时间延迟等现象。第四代和第五代则突出了创新过程的网络结构特点和系统集成特点，使技术创新过程模型的研究迈上了新台阶。综合国内外学者的相关研究发现，经过细化和分解后，技术创新全过程是一个包含"技术问题提出—项目选择—目标确定—技术成果研究—技术成果应用与推广—技术成果更新"的完整过程，各个阶段紧密衔接、相互关联，呈现出前后依次递进的特征。当然，创新过程亦具有反馈关系，当技术创新的某环节发现前面环节存在缺陷时，会立即要求前面的环节进行相应修正。① 而对于制造业企业来说，技术创新过程所涉及的各项活动均以企业为核心，以单独或协作的形式完成技术创新的全过程，体现企业的意图和精神。因此，制造业企业的技术创新过程就是以实现其特定行业创新为目标，创新性技术供给为核心，以知识创造与发展为基础，以市场需求为动力，以政府政策为导向，以单独或协作为形式，由制造业企业参与其中并从事技术创新相关活动的全过程。其具有以下四方面特点：一是其技术创新面临的产业范围是特定的，而其产业边界和相对开放和模糊；二是制造业企业的技术创新活动是以制造业企业为主导的，不仅包括其自身，在大多数情况下也可能包括其他活动主体，比如，科研院所、供应链上下游企业、高校、金融中介、政府、技术服务组织等；三是技术创新具有多个环节，且各个环节均可能包含多个相关主体，各主体间相互依存、互动协同，使其联结成网进而呈现出系统特质；四是技术创新活动的多个创新主体间互动协同的同时，创新主体与其外部环境间亦表现出相互作用、相互匹配的特点，使其呈现系统特质的同时具备了系统的功能和作用。基于以上分析，本书认为，制造业企业技术创新过程就是以制造业企业为主导，通过基础研究创造新知识、获得相应知识产权，并对其开展应用研究以获得新的技术成果，进而将技术成果进行开发并最终实现市场化的全过程。

"演化"（evolution）一词，又称为进化，最早源于生物学领域，虽然现已有诸多学者从自然生态到人类社会等方面均进行了相关研究，但不同视角下其被赋予的内涵却有较大差异。基于过程的观点，演化是历史的过程，具有不可逆的特点，它是一个由临界涨落触发的诸多步骤所构成的自组织序列

---

① WANG T, YANG J J, ZHANG F. The effects of organizational controls on innovation modes: An ambidexterity perspective [J]. Journal of Management and Organization, 2018 (6): 1-25.

和过程，其演变的过程伴随着事物向不稳定状态的趋近。① 基于系统的观点，演化是指社会经济系统的各个组成部分和组成要素之间相互作用、动态互动的状态。基于社会学的观点，演化是在遵循社会惯例（习惯、经验等）的基础上进行惯例复制和惯例选择的。结合国内外学者的相关研究可以发现，目前演化的概念比较多样，且概念的阐述均比较模糊，尚未形成相对权威和统一的概念，即便是演化经济学分支下的演化概念，亦未达成一致性的定论。但是，不同的概念界定方式和视角下，学者们的演化概念仍传达出两方面的共识：一方面，演化表征着事物由低级向高级，由简单向复杂渐进性、持续性的发展过程；另一方面，肯定其逐渐演变和向前发展的基本内涵。② 而本书中制造业企业技术创新系统演化的内涵，则是基于系统观点并认可演化的基本共识，强调制造业企业技术创新系统中各要素之间的相互作用、互动协同，进而实现技术演变与升级的基本过程。

二、制造业企业绿色技术创新过程及演化的内涵

基于国内外研究发现，绿色技术创新具有两方面的明显特征：一方面，绿色技术创新是技术创新的重要类型之一，因而具备技术创新的相应特征，作为绿色技术创新的核心主体，制造业企业的绿色技术创新活动仍是以利润为目标，表现出明显的逐利性；另一方面，与其他技术创新类型不同，绿色技术创新在追求利润的同时，还重视资源和能源的节约、环境污染和生态破坏的减少，关注技术创新活动的生态效益。③ 有别于管理创新和其他方式创新，绿色技术创新是以减少资源消耗、提高资源使用效率、减少自然环境破坏、降低人体危害、综合成本最小等为目标，在技术研发、产品生产、社会消费以及废物回收等社会生活各方面从事的所有技术创新活动的总称。④ 与其

---

① 毕克新，付珊娜，田莹莹. 低碳背景下我国制造业绿色创新系统演化过程：创新系统功能视角［J］. 科技进步与对策，2016，33（19）：61-68.

② 毕克新，付珊娜，田莹莹. 低碳背景下我国制造业绿色创新系统演化过程：创新系统功能视角［J］. 科技进步与对策，2016，33（19）：61-68.

③ LIN S, SUN J, MARINOVA D, et al. Evaluation of the green technology innovation efficiency of China's manufacturing industries: DEA window analysis with ideal window width［J］. Technology Analysis and Strategic Management, 2018, 30（10）: 1166-1181; 张江雪，张力小，李丁. 绿色技术创新：制度障碍与政策体系［J］. 中国行政管理，2018（2）：153-155；曹霞，张路蓬. 企业绿色技术创新扩散的演化博弈分析［J］. 中国人口·资源与环境，2015，25（7）：68-76.

④ 李平. 论绿色技术创新主体系统［J］. 科学学研究，2005，23（3）：414-418.

他类型技术创新相比，对于绿色技术创新的把握，需要明确四方面的基本内容：一是绿色技术创新作为技术创新的一种，讲究的是技术方面的创新，明显区别于其他非技术方式创新，并且应该遵循创新这一本质要求；二是绿色技术创新的核心主导者是企业，其绿色技术创新活动的初衷仍是经济利润，因此，其讲究经济利润的获取；三是绿色技术创新中应突出"绿色"，它讲究技术创新活动中对环境的改善、污染的减少和能耗的降低，因而绿色技术是其创新的核心领域；四是绿色技术创新中同时以经济利润、生态保护和社会发展为目标，而目标间不可避免地存在一定冲突和矛盾。因此，在经济收益、社会效益和生态环境动态平衡基础上实现综合效益最大化是绿色技术创新的重要特征。[①]

目前，绿色技术创新过程的相关研究仍处于起步阶段，且停留在绿色技术创新过程基本环节的探讨和划分阶段。其中，部分学者基于实证研究的可行性和技术市场化的考虑，从绿色技术开发和相应成果转化两部分来分解绿色技术创新过程。[②] 但是，我们必须看到，绿色技术创新作为一个复杂的活动过程，不仅包括绿色技术的研究、开发、应用，还包括附着绿色技术的产品的生产、推广销售以及效果反馈与评价，而现有两阶段划分方式过于笼统，无法全面、详细地刻画技术商业化或市场化中绿色技术附着的产品开发、生产、销售等具体环节。[③] 因此，本书放弃两阶段划分方式，将绿色技术创新过程进一步细化，并将绿色技术创新过程视为制造业企业以实现经济效益、生态效益和社会效益最大化为目的，通过整合资源创造绿色知识，运用绿色技术转化方式实现绿色产品推广，实现可持续绿色技术创新。在此基础上，本书将制造企业绿色技术创新过程细分为绿色知识创造、绿色技术转化、绿色产品推广、绿色技术创新绩效评价。

基于系统观点并遵循演化的基本共识，制造业企业绿色技术创新系统演化是一个具有持续性、渐进性的动态演变过程，且往往朝着系统复杂性上升和系统熵减的方向进行演变并使系统逐渐达到最小熵，其演变的过程伴随着系统绿色技术创新能力的持续提升与进步。就系统演化结果来说，制造业企业绿色技术创新系统演化将导致其现有创新资源利用率的持续提高，更为重

①　雷善玉，王焕冉，张淑慧．环保企业绿色技术创新的动力机制：基于扎根理论的探索研究［J］．管理案例研究与评论，2014, 7 (4)：283-296.

②　罗良文，梁圣蓉．中国区域工业企业绿色技术创新效率及因素分解［J］．中国人口·资源与环境，2016, 26 (9)：149-157.

③　李广培，吴金华．个体视角的绿色创新行为路径：知识共享的调节效应［J］．科学学与科学技术管理，2017, 38 (2)：100-114.

要的是，系统演化将导致能力的提升。因此，本文将制造业企业绿色技术创新系统演化的内涵界定为制造业企业绿色技术创新系统在一定动力因素的驱动下，随着时间层面的推移和空间层面的持续扩展，其在空间、功能、动力等各方面相互作用、动态协同、互动发展，进而产生绿色创新绩效的持续性过程。

三、多主体合作下制造业企业绿色技术创新过程及演化的内涵

技术复杂性、集成性、更新换代速度的不断提高，使得制造业企业独立从事技术创新的可能性越来越小，制造业企业与其他市场主体间的技术合作创新越来越普遍，且学术界对于多主体合作创新亦越来越重视。多主体合作创新是指企业、高等学校、科研机构、供应商、技术中介、消费者等主体按照优势互补、互利互惠、共同发展的原则组合并运行的创新共同体。① 制造业企业绿色技术创新是一个包含多个环节的复杂过程，其独立绿色技术创新往往难以实现，需要寻求其他主体间合作绿色创新，这使得制造业企业的绿色技术创新活动呈现出多主体合作创新的特性。将制造业企业绿色技术创新内涵与多主体合作创新内涵相结合，本书认为多主体合作下制造业企业绿色技术创新过程是指由政府政策引导与鼓励，制造业企业为主导，制造业企业与高等学校、科研机构等联合开展应用研究活动，与技术中介、供应商、消费者等主体合作开展开发研究活动，最终实现经济效益、环境效益、社会效益的过程。与独立技术创新相比，多主体合作下制造业企业绿色技术创新活动呈现明显的开放性和多主体协同性。

多主体合作下制造业企业绿色技术创新系统演化表现为制造业企业、高等学校、科研院所、技术中介、供应链、消费者、政府等行为主体间相互作用、动态协同，各行为主体与系统所处外部环境间相互匹配、动态协调，各行为主体在考虑其他主体绿色创新行为决策的情况下不断调整自身行为决策，并决定了整个绿色技术创新系统的行为决策，进而推动整体系统持续性发展演变。多主体合作下制造业企业绿色技术创新系统的功能体现在以下两方面：从微观层面来看，制造业企业为了适应相对动态的外部环境，与多个合作创新行为主体合作，通过对知识的学习、消化、吸收等途径，不断提升多主体合作下制造业企业绿色技术创新水平；从宏观层面来看，制造业企业主导的

---

① 王发明，刘丹. 产业技术创新联盟中焦点企业合作共生伙伴选择研究 [J]. 科学学研究，2016，34（2）：246-252；薛伟贤，张娟. 高技术企业技术联盟互惠共生的合作伙伴选择研究 [J]. 研究与发展管理，2010，22（1）：82-89.

多主体合作下绿色技术创新系统主要包含三个子系统，即绿色技术基础研究子系统、绿色技术开发研究子系统及绿色技术产品市场化子系统，三个子系统间相互作用、动态协同。由此，多主体合作下制造业企业绿色技术创新系统演化是合作主体间以及子系统间相互作用、动态互动最终推动了系统从无序到有序的发展。基于以上分析，本书将多主体合作下制造业企业绿色技术创新系统演化界定为由政府部门发起，制造业企业主导，制造业企业通过与高等学校、科研机构、供应链、中介机构及消费者等主体相互作用，共同促进多主体合作下制造业企业绿色技术创新系统从低端向高端的过程。

基于以上分析，本书认为多主体合作下制造业企业绿色技术创新过程及演化是一个具备要素多样性、结构复杂性、动态互动性、开放性和演化性等特征的系统，按照绿色知识创造、绿色技术转化、绿色产品推广、创新绩效评价、系统演化的逻辑不断推进，系统各要素内及要素间相互作用，主体间及其与环境间通过知识、信息、物质等相互联结，最终实现制造业企业绿色技术创新能力的持续提升。多主体合作下制造业企业绿色技术创新过程及演化的特征主要表现在绿色技术的创新动力、创新障碍、创新主体参与等方面。这些方面与非绿色技术创新有显著区别，相比来看，多主体合作下制造业企业绿色技术创新中的绿色创新动力主要源于政府牵头与鼓励，绿色创新障碍源于绿色创新成本较高、消费者认可程度不高、创新收益滞后等方面。

第二节　系统论与创新价值链及适用性分析

一、系统论与创新价值链

系统理论和创新价值链理论为深入理解多主体合作下制造业企业绿色技术创新过程及演化提供了合理的理论基础和工具。

（一）系统论

系统理论认为，系统是具有特定结构和功能的有机整体，这给出了系统的基本内容，即要素、联系、结构与功能，也给出了系统研究中需要重视的关键内容，为系统分析方法的建立奠定了基础①。根据系统分析法，对于相关系统的研究应凸显系统的整体功能性、要素结构性、相互作用的动态性，这

———————————

① 魏宏森，曾国屏. 系统论的基本规律 [J]. 自然辩证法研究，1995（4）：22-27.

为本书多主体合作下制造业绿色技术创新过程及系统演化的研究提供了方法论，奠定了逻辑基础。基于系统观点，多主体合作下制造业企业绿色技术创新系统是由创新主体、创新过程、创新机制、创新成果等要素组成，各要素内部以及要素之间相互作用、互动协同，呈现出一定结构，并能产生广泛的经济效应、环境效应和社会效应。不仅如此，多主体合作下制造业企业绿色技术过程亦呈现出要素多样性、要素间互联性、动态结构性以及整体效益性。因此，采用系统分析法，运用系统分析逻辑来揭示和构建制造业企业绿色技术创新过程及演化是合适的。

　　基于以上分析，本书按照系统分析逻辑，将多主体合作下制造业企业绿色技术创新过程及演化视为系统，并根据系统分析法中的"输入—处理—输出—反馈—升级"的研究逻辑，将制造业企业绿色技术创新过程及演化的研究逻辑设置为绿色知识创造—绿色技术转化—绿色产品推广—综合绩效反馈—系统升级演化。就具体创新过程来说，制造业企业通过对合作伙伴和合作模式的选择，将外界（合作对象及环境）可利用的主体、知识等相关资源输入到系统，经过系统内部的知识创造、知识技术化、技术产品化等活动实现技术向产品的转化，并将得到的绿色产品进行推广和销售，进而通过对创新绩效的评价实现对创新效果和伙伴、模式选择等合理性的综合输出和反馈。从时空层面来说，绿色技术创新各环节的活动是依次同时存在的，系统内部各环节、各主体、各要素间的相互作用、动态协同在时间的推移中实现了系统整体的持续性发展、演变与升级。整体上，制造业企业绿色技术创新的绿色知识创造、绿色技术转化、绿色产品推广、创新绩效评价、系统演化等各环节呈现出依次推进、紧密相连的特点，各环节内部以及不同环节的要素间相互连接、相互作用、动态互动，推动了多主体合作下制造业企业绿色技术创新过程的持续运行和系统的升级演化。

　　（二）创新价值链理论

　　国内外学者对价值链和创新链进行了深入研究，认为价值链包含了企业的多项活动，并与企业经济收益的获取密切相关[①]，在企业战略研究中具有重要地位。就现有研究内容来看，国内外学者多遵循价值链和创新链的链式特点。在创新链的研究中，从创新过程的角度对创新链进行了划分，总结为基础研究、技术研发、技术转化、市场启动及产品推广等阶段。[②] 在价值链的研

---

①　HANSEN M T, BIRKINSHAW J. The innovation value chain［J］. Harvard Business Review, 2007, 85（6）：121.

②　洪银兴. 科技创新阶段及其创新价值链分析［J］. 经济学家, 2017（4）：5–12.

究中，按照价值创造与增值的环节不同，将创新过活动划分为基础研发、应用拓展、商业化等环节。① 综合创新链和价值链的研究精髓，Hansen 和 Birkinshaw 提出了创新价值链，并将创新价值链划分为创意产生、创意转换、创意传播 3 个阶段。②

本书是在借鉴创新价值链相关理论，且结合我国绿色技术创新的自身特点的基础上，构建并深入揭示多主体合作下制造业企业绿色技术创新系统的运行过程与机理。从生产视角看，多主体合作下制造业企业绿色技术创新是在多主体合作情况下制造业企业从创新要素与资源的投入到绿色创新绩效产出的一个价值传递过程，包括绿色技术知识创造到形成绿色技术成果及其产品化再到销售、推广绿色产品。遵循这一研究思路，多主体合作下制造业企业绿色技术创新过程主要包含 3 个环节：知识创造环节，对应创意产生；技术转化环节，对应创意转换；产品推广环节，对应创意传播。因此，从创新价值链视角审视创新过程，多主体合作下制造业绿色技术创新过程就是按照知识创造—技术转化（知识技术化和技术产品化）—产品推广的创新价值创造与转移过程，包含多主体合作和多项要素投入的链式结构。其中，知识创造环节，包括制造业企业与高等院校、科研院所合作开展绿色知识集成、模型推导等方面的绿色技术基础研究活动；技术转化环节包括企业与高等学校、科研机构、技术中介组织等联合开展技术应用、产品开发等技术开发研究活动；产品推广环节则主要是制造业企业与下游企业及消费者合作在产品推广、销售及其产业化发展等方面的相关活动。各环节均存在一定的投入和产出，且各环节间首尾相接、依次推进，使绿色技术创新过程呈现出互动协同、动态演进的特征。

二、两论融合的适用性分析

基于系统理论，可以从整体视角分析制造业企业绿色技术创新过程及演化，将其视为一个系统，并依据系统研究逻辑（输入—处理—输出—反馈与演化），将制造业企业绿色技术创新过程及演化划分为绿色知识创造、绿色技术转化、绿色产品推广、创新绩效评价及系统演化。我们可以发现，基于系统论和创新价值链理论所建立的绿色技术创新过程模型具有明显一致性，系统论与创新价

① CHEN X F, LIU Z Y, ZHU Q Y. Performance evaluation of China's high-tech innovation process: Analysis based on the innovation value chain [J]. Technovation, 2018, 74-75 (6-7): 42-53.

② HANSEN M T, BIRKINSHAW J. The innovation value chain [J]. Harvard Business Review, 2007, 85 (6): 121.

值链视角下的研究逻辑亦呈现一致性，因此，综合考虑系统论和创新价值链理论，将二者相融合具有一定适用性。基于两论融合，系统的输入是创意的产生（知识创造），系统的处理是创意的转换（技术转化），系统的输出是创意的扩散（产品推广），系统反馈和演化是通过创意扩散来实现。在两论融合的基础上，可进一步分析这个过程及演化的过程与系统特征，如图 2-1 所示。

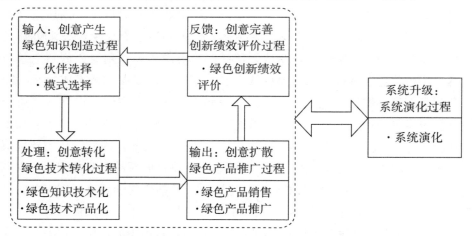

图 2-1　基于两论融合的绿色技术创新过程及演化的理论模型

由图 2-1 可以看出，制造业企业绿色技术创新的四大环节构成了循环系统，而系统的演化升级则保证了系统功能的持续性、渐进性。其中，系统的输入表征的是绿色知识的创造，通过合作伙伴和合作模式的选择实现创新资源的内部化与整合，推动多主体间的知识创造与生成；系统的处理则表征的是绿色技术转化，制造业企业通过联合其他创新主体从事绿色技术开发和绿色技术应用等活动实现绿色新产品开发，绿色知识技术化和绿色技术产品化间存在互动关系；输出即绿色产品的推广过程，制造业企业通过与下游企业和消费者的合作，促进绿色产品长期销售，进而在政府引导下积极推广绿色产品；系统的反馈则表征的是创新绩效评价，可以更加直观地判断该抽象系统的输出情况，并对下一期的系统输入产生反馈作用；系统的演化表征的是多主体合作下制造业企业绿色技术创新的持续过程，作为开放性系统，多主体合作下制造业企业绿色技术创新系统的内部多要素之间、创新主体之间、创新主体与内部环境间、系统整体与外界环境间均存在着相互作用、动态联结，这种动态性使系统实现持续的、向上的演进和变化，推动低端高能耗和高污染的发展进入高端的绿色发展，实现绿色产业链间的跨越式升级，以此保障多主体合作下制造业企业绿色技术持续性创新。

第三节　基于两论融合的多主体合作下制造业企业绿色技术创新过程及演化模型构建

一、多主体合作下制造业企业绿色技术创新过程及演化模型的构建

基于前文对系统论和创新价值链理论视角下的模型对比以及两论融合适宜性的分析，下文在两论融合基础上提出多主体合作下制造业企业绿色技术创新过程及演化的理论模型，如图 2-2 所示。

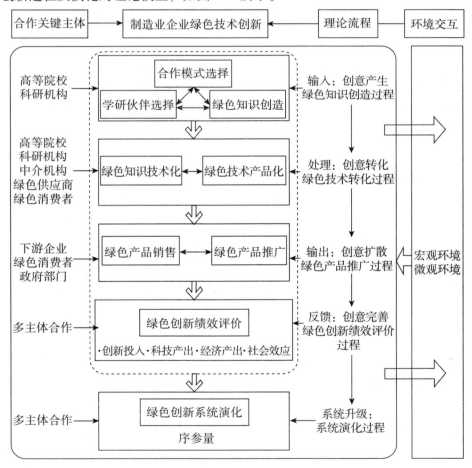

图 2-2　多主体合作下制造业企业绿色技术创新过程及演化的理论模型

二、多主体合作下制造业企业绿色技术创新过程及演化模型的特征分析

(一) 知识创造阶段分析

多主体合作下制造业企业绿色知识创造代表的是系统的输入，制造业企业通过合作伙伴和合作模式的选择，将外界创新资源与要素纳入系统，进而开展知识创造。因此，该阶段所包含的核心问题是学研合作伙伴的选择、合作模式的选择。

其中，伙伴的选择过程包括伙伴选择评价体系和模型的构建。在伙伴选择评价体系构建中，引入生态位适宜度来反映学研机构的协同创新潜力，从生态位理论的角度看，生态位强度是学研机构的状态，是过去成长、发展与创新环境互动的结果；而生态位重叠程度则是学研机构对制造业企业的实际影响力或主导地位，反映了制造业企业的协同发展趋势。① 学研机构的特征（合作意愿、学研机构声誉、过去的合作经验、利益分配的共识程度等）和能力（知识共享能力、绿色技术先进性、绿色研发能力、绿色信息集成能力等）是生态位强度的核心内容；技术兼容性、战略目标兼容性、创新文化兼容性和管理理念兼容性是制造业企业与学研机构生态位重叠程度的核心内容。在模型构建中，需考虑制造业企业与学研伙伴间绿色技术创新资源的互补性，及学研伙伴动态特征。

合作模式的选择是制造业企业进行绿色知识创造的前提，在正确、适宜的合作模式下产学研才能实现良性合作，因而合作模式的适宜程度将直接影响绿色知识创造的效果。在产学研合作背景下，制造业企业绿色技术创新中的绿色知识创造过程是通过产学研主体间绿色知识共享、绿色知识获取、绿色知识消化，最终实现绿色知识增值的过程，这个过程中绿色知识共享是实现绿色知识创造的开端，终端是实现绿色知识增值。② 制造业企业与学研机构有三种合作模式模型：纳什非合作模型、合作博弈模型、Stacklberg 主从合作模型。三种合作模型中，制造业企业和学研机构自身的绿色技术创新能力、政府绿色补贴、绿色信贷支持、税收减免等因素对产学研合作绿色知识创造有重要影响，合作模式选择和绿色知识创造应充分考虑这些因素。

---

① 王海军，冯军政. 生态型产学研用协同创新网络构建与机制研究：模块化视角 [J]. 软科学，2017，31（9）：35-39.
② 王海军，成佳，邹日崧. 产学研用协同创新的知识转移协调机制研究 [J]. 科学学研究，2018，36（7）：1274-1283.

多主体合作下制造业企业绿色技术创新过程的知识创造环节的合作伙伴选择和合作模式选择间相互联系、紧密配合，合作伙伴的选择是合作模式建立的前提，没有伙伴，合作模式将无从谈起，而合作模式的异质性也将导致合作伙伴选择的侧重点不同。

（二）技术转化阶段分析

多主体合作下制造业企业绿色技术转化阶段是在知识创造阶段后，制造业企业为将绿色知识应用绿色新产品开发，需通过知识螺旋将来自学研机构的绿色知识嵌入绿色技术中，再将绿色技术应用于绿色新产品开发，实现绿色技术产品化。

绿色知识扩散的一种常见形式是在技术市场上交易，这种交易能够检验绿色知识能够绿色技术化的程度。在技术市场中，绿色知识的提供者根据绿色知识转让带来的预期效益，以及绿色技术使用者的意愿选择合适的使用者。学术研究机构在绿色知识的创造和提供中起着至关重要的作用，而制造业企业则是依托于这些绿色知识的绿色技术的使用者。在绿色知识转移过程中，学研机构提供依托大量绿色知识的绿色技术，制造业企业购买所需要的绿色知识，中介机构则基于学研机构和制造业企业需求进行匹配，匹配成功则说明学研机构提供的绿色知识满足企业需求，即实现了绿色知识的技术化。若匹配失败，则没有实现绿色知识的技术化。绿色知识技术化是一个通过中介机构匹配绿色知识提供方和需求方的过程，如何有效匹配供需双方是绿色知识技术化的关键。

绿色技术产品化是一个复杂的绿色新产品的开发过程，需要强化顶层设计和系统布局。绿色新产品开发是一个集内部收益（声誉、成果、利润等）和外部收益（生态收益、社会收益等）于一体的创新活动。[①] 外部合作有助于制造业企业整合内外部技术资源，通过多方合作降低创新成本和风险，实现技术突破和企业战略目标。外部绿色供应链集成有助于企业整合内外部绿色技术资源，通过与绿色供应商和绿色客户合作，提高绿色新产品开发速度和质量，实现绿色新产品开发的个性化、多样化特征，满足绿色消费者动态化需求。外部绿色供应链集成（绿色供应商集成和绿色客户集成）、知识螺旋、绿色新产品开发（速度和质量）之间具有复杂的作用机理，而高层管理者是企业创新发展的决策者，掌握着企业长久发展的命脉，针对绿色新产品开发项目，制造业企业高层管理者在绿色新产品开发中起着重要作用。

---

① 曹东，吴晓波，周根贵，等. 制造企业绿色产品创新与扩散过程中的博弈分析［J］. 系统工程学报，2012，27（5）：617-625.

绿色知识技术化和绿色技术产品化相互融合，存在互动关系。绿色技术产品化是绿色知识技术化后的环节，是制造业企业持续性绿色新产品开发的保障，不同的绿色知识，其技术化过程和水平不同，进而影响绿色新产品的开发情况。

（三）产品推广阶段分析

多主体合作下制造业企业绿色产品推广阶段是在知识创造阶段、技术转化阶段后，制造业企业为获取创新所带来的效益对已经绿色技术产品化的绿色产品进行有效的销售和推广。这既有助于制造业企业获取经济效益并进一步开展绿色技术创新活动，又能检验绿色技术创新成果和优化绿色新产品的开发过程，提高绿色消费者的接受程度，进而促进制造业企业绿色制造和高质量发展。

绿色集成供应链企业间合作绿色产品销售的模式强调的是企业要根据绿色客户的要求生产产品，绿色客户占据着较大的主动权。绿色产品销售链包括从与绿色客户首次的联系到最终完成订货的整个过程，是为了绿色产品销售而服务的。随着绿色客户与制造业企业集成度的提高，绿色产品销售链会不断变短，越来越短的销售链在绿色产品竞争中起着关键作用，而绿色客户在短的销售链中占据着重要位置。基于绿色客户视角，制造业企业绿色技术产品的销售过程是绿色客户对绿色供应商的选择过程，绿色技术产品销售的影响因素也就是绿色供应商选择的关键因素，这些关键因素包括绿色产品水平、绿色商业运营能力、可持续合作潜力和绿色技术能力等因素。

制造业企业绿色技术产品的推广是在保增长和促减排的双重压力下，促进制造业高质量发展的过程，是多方利益主体彼此互动参与博弈的过程，即制造业企业、政府、下游制造商和绿色消费者共同推动的结果。政府的补贴和监管以及绿色产品附加（如基础设施建设）是制造业高质量发展的基础，绿色消费者的需求是制造业高质量发展的动力，制造业企业是制造业高质量发展的主体，下游制造商是制造业高质量发展的媒介。基于供给侧和需求侧视角，绿色技术产品的推广主要分为两方面：第一，绿色产品供给侧，假定制造业企业以生产绿色半成品或绿色原材料产品为主营业务，则下游制造商主要将这个半成品或原材料产品进行进一步生产，进而生产出绿色新产品；第二，绿色产品需求侧，假定制造业企业直接生产绿色产成品，此时也是将制造业企业和下游制造商看成一体，即制造业企业生产绿色技术产品销售给绿色消费者。政府规制下制造业企业绿色技术产品的推广是政府参与上述两种推广模式中，发挥政府职能，促进绿色半成品、绿色原材料产品、绿色产成品等绿色产品销售的过程。这有助于增强制造业企业绿色产品的销售绩效，为制造业企业继续开展绿色技术创新活动奠定经济基础。

绿色产品销售和推广相互融合，存在互动关系。绿色产品销售贯穿于绿色产品推广的全过程，是绿色产品推广的重要环节，绿色产品推广是绿色产品销售后的升级，是制造业企业绿色创新的扩散。

（四）创新绩效评价及分析

多主体合作下制造业企业绿色创新绩效评价是在知识创造阶段、技术转化阶段、产品推广阶段后，为了解多主体合作下的制造业企业绿色技术创新的效率和效果，对通过一系列绿色技术创新活动所取得的创新成果进行评估、总结与分析。多主体合作下制造业企业的绿色技术创新绩效评价是借助于绩效评价指标体系，对多主体合作下制造业企业实施的绿色技术创新活动是否产生了效益进行客观、公正和准确的综合评判，是对一系列绿色技术创新活动所取得的创新成果进行评估、总结与分析。

制造业企业绿色技术创新活动的阶段性、多样性、衔接性及多主体的合作性，决定了多主体合作下制造业企业绿色技术创新绩效评价指标体系的层次性。满足市场、用户的需要和环境的可持续性是保证绿色技术创新成功的首要条件，也是绿色技术创新过程的起点和归宿，成功的依托多主体合作进行绿色技术相关的新产品开发和工艺创新，将给制造业企业带来巨大的绿色经济效益。[①] 不仅如此，在增强技术创新能力、提高绿色核心竞争、改善社会环境等多方面亦具有重要价值。多主体合作下制造业企业绿色技术创新绩效评价指标包括绿色创新要素投入、绿色技术创新科技产出、绿色技术创新经济产出、绿色技术创新社会效应。创新要素投入与制造业企业绿色技术创新发展密切相关，主要以制造业企业主导的产学研合作绿色技术创新经费投入、人员投入及环境设备。制造业企业与学研方合作创新产出的绿色技术及其依据客户导向的技术应用主要体现的是绿色技术创新科技产出。创新经济产出是衡量制造业企业通过与学研方合作应用绿色技术实验，消费者积极购买绿色产品等合作方式而获取的创新收益。社会效应包括创新所带来的宏观经济、绿色社会、资源环境等效应。

（五）系统协同演化分析

多主体合作下制造业企业绿色技术创新系统协同演化是在知识创造阶段、技术转化阶段、产品推广阶段、绿色创新绩效评价后，为促进制造业企业与

---

① 雷善玉，王焕冉，张淑慧．环保企业绿色技术创新的动力机制：基于扎根理论的探索研究［J］．管理案例研究与评论，2014，7（4）：283-296.

多主体间合作下的绿色技术创新系统升级，需对多主体合作下制造业企业绿色技术创新系统协同演化的路径与影响因素进行总结与分析。这既有助于制造业企业管理者有效优化绿色技术创新活动的实施过程，又为政府部门环境规制政策的制定提供理论依据与实践指导。

多主体合作下制造业企业绿色技术创新系统包括绿色技术应用基础研究子系统、绿色技术开发研究子系统、绿色技术产品市场化子系统。在系统中，制造业企业、高等院校、科研机构、中介机构、下游企业及消费者等主体之间的非线性相互作用共同促进了系统从无序向有序状态的转化。在政府政策的支持下，多主体合作的制造业企业绿色技术创新系统内资源的积聚达到临界值时，系统从无序向有序转变，进而形成稳定结构。而多主体合作下制造业企业绿色技术创新系统的状态变量，即序参量，则对多主体合作下制造业企业绿色技术创新系统运转具有长期影响。多主体合作下制造业企业绿色技术创新系统存在着自组织运动，当控制变量达到阈值条件时，多主体合作下制造业企业绿色技术创新系统会向更高级的状态演化。从动态视角来看，绿色技术运营状态代表了多主体合作下制造业企业绿色技术创新系统的发展速度，在长时期内引导多主体合作下制造业企业绿色技术创新系统的演化。阈值条件下的绿色技术运营具备多主体合作下制造业企业绿色技术创新系统序参量的特征。伴随着合作深度的强化，成功的多主体合作下制造业企业绿色技术创新倾向于以复制惯例的方式保持组织记忆的连续性，因此绿色技术运营惯例是系统的序参量。

第四节　本章小结

本章从多主体合作下制造业企业绿色技术创新过程及其演化的相关概念、内涵入手，界定了多主体合作下制造业企业绿色技术创新过程及演化的内涵。同时，基于系统理论与创新价值链理论构建了绿色技术创新过程及演化的理论模型。在此基础上，构建了基于两论融合的多主体合作下制造业企业绿色技术创新过程及演化的理论模型，将多主体合作下制造业企业绿色技术创新过程及演化分为输入、处理、输出、反馈及系统升级五个过程，分别对应多主体合作下制造业企业绿色技术创新的知识创造、技术转化、产品推广、绩效评价及协同演化，为后续分析各个方面奠定了基础。

第三章

多主体合作下制造业企业绿色技术创新过程
的知识创造阶段分析

本章将主要解决第二章构建的模型中制造业企业绿色技术创新中学研合作伙伴的选择和产学研合作下合作模式的选择及绿色知识创造的问题。绿色创新学研伙伴的选择对绿色知识创造起着举足轻重的作用,有效的绿色创新学研伙伴有利于减少绿色创新的不确定性,促进产学研绿色创新深度融合,加强合作的深度和广度,快速反应市场需求并进行有效的绿色创新调整。合理的绿色创新合作模式是绿色知识创造的良好开端,对提高绿色知识创造的效率和效果具有重要的促进作用。在多主体合作下制造业企业绿色知识创造过程中,学研合作伙伴的选择及合作模式选择的合理性程度决定着多主体合作下制造业企业绿色技术创新的成败。为此,本章将多主体合作下制造业企业绿色技术创新过程的知识创造阶段分为学研合作伙伴选择、合作模式选择与绿色知识创造两个子阶段,分别重点分析制造业企业绿色技术创新中学研合作伙伴选择的方法和影响因素,以及产学研合作下制造业企业绿色技术创新中合作模式选择及绿色知识创造机制。具体如图3-1。

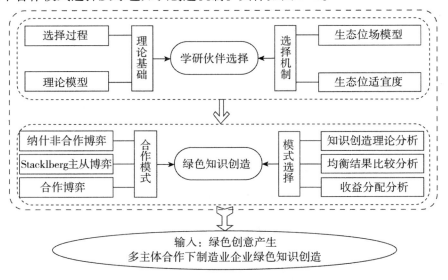

图3-1 多主体合作下制造业企业绿色知识创造的分析框架

第一节　基于生态位理论的合作绿色技术创新伙伴学研
选择评价体系构建

一、合作绿色技术创新学研伙伴选择的理论分析

制造业作为我国工业发展的中坚力量，是经济高质量发展的关键主体，然而当前传统制造业在发展过程中浪费了大量资源，造成了环境污染，绿色制造能力亟待提升。① 绿色创新对于提高制造业企业的绿色创新绩效起着重要的作用，并被认为是影响制造业企业绿色竞争优势和战略选择的关键因素之一。合作绿色创新是实现绿色创新的重要方式，有助于制造业企业整合内外部资源，通过多方合作降低创新成本和风险，实现技术突破和企业的战略目标。② 然而制造业企业面临着巨大的绿色创新压力，特别是在许多研发项目

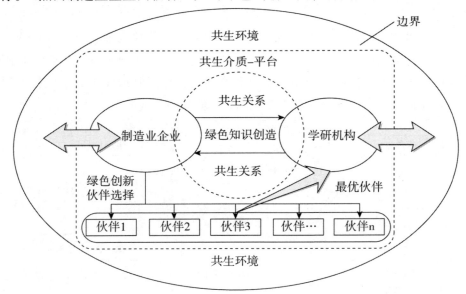

图 3-2　产学研协同绿色创新协同中绿色创新伙伴选择的理论模型

---

① 王旭，褚旭. 中国制造业绿色技术创新与融资契约选择 [J]. 科学学研究, 2019, 37 (2): 351-361.

② HAN G Y, CHEN W, FENG Z J, et al. Study on the method for selecting cooperative innovation partner in the enterprises [J]. Journal of Convergence Information Technology, 2012, 7 (21): 171-180.

中，绿色创新活动面临着巨大的投资压力。① 在现实中，越来越多的学研机构基于 R&D 项目开发了绿色技术。与绿色技术创新相关的问题可以通过构建制造业企业与学研机构协同绿色创新系统来解决。图 3-2 所示的产学研协同绿色创新系统中绿色创新伙伴选择理论模型展示了绿色创新伙伴选择的过程。

在系统中，制造业企业和学研机构是绿色创新的两大主体。制造业企业与学研机构之间的绿色知识和绿色技术交流有助于促进绿色创新，因为这种合作不仅结合了异质合作伙伴，更重要的是结合了异质知识。在绿色知识交流的过程中，制造业企业与学研机构之间逐渐形成互利共生关系，两者之间共享越来越多的绿色创新互补资源。制造业企业能否选择合适的合作伙伴，直接关系到互利共生关系的发展。在系统中，选择一个或多个学研机构作为协同绿色创新的合作伙伴尤为重要。

近年来，合作伙伴选择已成为专家学者研究的热点，国内外研究文献中包括较多合作研发、技术等伙伴选择概念，在研究主体、研究方法上进行了研究。② 而大多文献研究主体主要集中在虚拟企业，对制造业企业学研合作创新伙伴选择研究较少，基于合作绿色创新视角对制造业企业学研合作创新伙伴动态选择的研究则更少。大多文献研究方法主要关注在单一时间评价结果和选择备选合作伙伴，未考虑多时间评价结果和现有伙伴的退出；大多只考察备选合作伙伴本身，而且单从评价值最优选择合作伙伴，缺乏从合作伙伴选择主体的角度以及合作伙伴选择的合理性、匹配性等方面考察备选伙伴；此外，忽略了合作伙伴选择主体与伙伴间相互作用的连续性，很少把合作伙伴的选择过程作为一个连续的过程进行研究。

二、合作绿色技术创新学研伙伴选择评价体系的构建

许多学者强调了伙伴选择标准的重要性。技术合作伙伴的选择应考虑技术水平和经验。在战略联盟伙伴选择过程中，协调的目标、相应的风险水平、

---

① 黄志斌，张涛. 企业绿色技术创新及其阻碍因素析解 [J]. 自然辩证法研究，2018，34（8）：131-135.

② 王妮，孙建民，李凯，等. 一种基于聚类分析与熵权模糊评价的虚拟企业综合决策算法研究 [J]. 工业工程与管理，2016，21（3）：25-31；NIKGHADAM S, SADIGH B L, OZBAYOGLU A M, et al. A survey of partner selection methodologies for virtual enterprises and development of a goal programming based approach [J]. International Journal of Advanced Manufacturing Technology，2016，85（5）：1713-1734；SU W, HUANG S X, FAN Y S, et al. Integrated partner selection and production distribution planning for manufacturing chains [J]. Computers & Industrial Engineering，2015，84：32-42.

合作文化和互补的技能是必不可少的。学者们从环境、经济、市场、研发能力、抗风险能力、合作伙伴兼容性、合作伙伴声誉等方面提出了自己观点，同时合作伙伴态度、创新能力、合作目标、企业文化、社会诚信也得到了学者们的重视。①

虽然已有大量的研究对开放式创新的合作伙伴选择标准进行了一般性的研究，但对制造业企业绿色创新的学研合作伙伴选择标准进行专门研究的很少。在本研究中，引入生态位适宜度来反映学研机构的协同创新潜力。基于生态位理论的生态位适合度评价标准体系具有坚实的理论基础，充分结合了可持续发展理念，使制造业企业与伙伴间形成了良好的合作氛围，有利于创造更多的绿色科技成果，进而满足制造业企业可持续创新发展的要求。任何学研机构都具有基于生态位理论的态和势。态是一个有机体单位的状态，是过去生长、发展和与环境相互作用的结果，而势则是一个有机体单位对环境的实际影响或主导，反映其发展趋势。态和势的属性如图 3-3 所示。

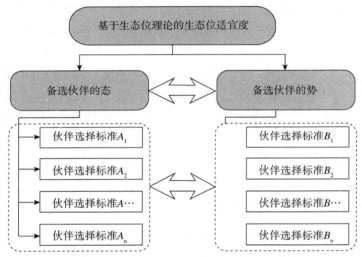

图 3-3　基于生态位理论的合作伙伴选择准则的理论框架

① WU W Y, SHIH H A, CHAN H C. The analytic network process for partner selection criteria in strategic alliances [J]. Expert Systems with Applications, 2009, 36 (3): 4646-4653; LI-OU J J H, TZENG G H, TSAI C Y, et al. A hybrid ANP model in fuzzy environments for strategic alliance partner selection in the airline industry [J]. Applied Soft Computing, 2011, 11 (4): 3515-3524; 王进富, 魏珍, 刘江南, 等. 以企业为主体的产学研战略联盟研发伙伴选择影响因素研究: 基于 3C 理论视角 [J]. 预测, 2013, (4): 70-74; 王发明, 刘丹. 产业技术创新中焦点企业合作共生伙伴选择研究 [J]. 科学学研究, 2016, 34 (2): 246-252.

　　从生态位理论的角度看，生态位强度和生态位重叠程度是生态位状态和潜力的核心内容。在产学研协同绿色创新系统中，生态位强度是学研机构的状态，是过去成长、发展与创新环境互动的结果；而生态位重叠程度则是学研机构对制造业企业的实际影响力或主导地位，反映了制造业企业的协同发展趋势。图3-4为基于上述理论框架的绿色创新学研伙伴选择的评价体系。

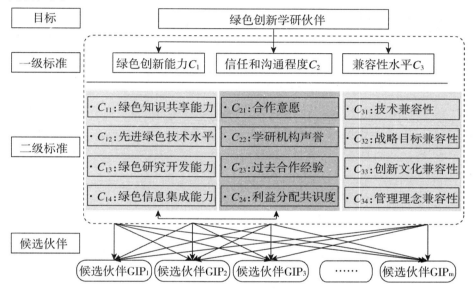

图3-4　基于生态位理论的绿色创新学研伙伴选择的评价体系

　　由图3-4可以看出，学研机构的特征和能力是生态位强度的核心内容。特征是基于学研机构的相关合作经验，如合作意愿、学研机构声誉、过去的合作经验、利益分配的共识程度等，具有相对稳定性。能力体现了学研机构的动态特征，如绿色知识共享能力、绿色技术先进水平、绿色创新研发能力、绿色信息集成能力等。技术兼容性、战略目标兼容性、创新文化兼容性和管理理念兼容性是制造业企业与学研机构生态位重叠程度的核心内容。基于以上分析，可以用绿色创新能力和信任沟通程度来反映生态位的强度；而相容性水平可以用来反映产学研协同绿色创新系统中生态位重叠的程度。

第二节 基于场理论的合作绿色技术创新学研伙伴选择模型构建及分析

一、基于前景理论和决策规则的生态位适应度评价方法

(一) 模糊集理论

随着模糊理论的发展，对事物的模糊性的描述和表达的要求越来越高。在众多模糊数中，三角模糊数（TFNs）应用越来越广泛和频繁，在控制、决策、评价等领域得到了广泛的应用。[1] 在本研究中，基于评价体系，采用TFNs来获取学研机构的合作意愿。基于上述分析，我们进行了如下定义[2]：

定义 1

设 $\tilde{A} = (a^L, a^M, a^R)$ 是一个典型的三角模糊数，其形式如下：

$$\mu_{\tilde{A}}(x) = \begin{cases} \dfrac{x - a^L}{a^M - a^L}, & a^L \leqslant x \leqslant a^M \\ 0, & otherwise \\ \dfrac{a^R - x}{a^R - a^M}, & a^M \leqslant x \leqslant a^R \end{cases} \qquad (3-1)$$

本研究采用表3-1所示的模糊语言变量来反映制造业企业对学研机构的评价。

表3-1 模糊语言变量

语言变量	缩写	三角模糊数
非常差	VP	(0.0, 0.0, 0.1)
差	P	(0.0, 0.1, 0.3)
一般差	MP	(0.1, 0.3, 0.5)

---

[1] TSENG M L, LIM M, WU K J, et al. A novel approach for enhancing green supply chain management using converged interval‑valued triangular fuzzy numbers‑grey relation analysis [J]. Resources, Conservation and Recycling, 2018, 128：122-133.

[2] TSENG M L, LIM M, WU K J, et al. A novel approach for enhancing green supply chain management using converged interval‑valued triangular fuzzy numbers‑grey relation analysis [J]. Resources, Conservation and Recycling, 2018, 128：122-133.

续表

语言变量	缩写	三角模糊数
好	M	(0.3, 0.5, 0.7)
一般好	MG	(0.5, 0.7, 0.9)
很好	G	(0.7, 0.9, 1.0)
非常好	VG	(0.9, 1.0, 1.0)

定义 2

一个三角模糊数 $\tilde{A} = (a^L,\ a^M,\ a^R)$ 被转换成一个清晰的实数，如下所示：

$$P(\tilde{A}) = \frac{1}{6}(a^L + a^M + a^R) \tag{3-2}$$

定义 3

假设两个三角模糊数 $\tilde{A} = (a^L,\ a^M,\ a^R)$ 和 $\tilde{B} = (b^L,\ b^M,\ b^R)$ ，则这两个模糊数之间的距离计算公式为：

$$d(\tilde{A},\ \tilde{B}) = \frac{\sqrt{3}}{3}\sqrt{(a^L - b^L)^2 + (a^M - b^M)^2 + (a^R - b^R)^2} \tag{3-3}$$

（二）前景理论

前景理论于 1979 年提出，并于 1992 年由 Tversky 和 Kahneman 进行了扩展，是一种反映直观感知效用的有效工具，已经被广泛应用于解决各种决策问题[1]。本研究引入模糊前景理论，帮助制造业企业盲目规避或喜好风险，使决策更加合理有效。基于上述分析，我们进行了如下定义[2]：

定义 4

如果候选伙伴是奇数，则以中位数为参考点，如果是偶数个备选情报，则以中间两个模糊数的均值作为参考点。设准则 c_1 中状态 S_1 下的准则值参考点为 Y_{jh} ，基于两个模糊数的距离公式和与 Y_{jh} 的比较结果可确定前景价值函数：

$$v(y_{ijh}) = \begin{cases} [d(y_{ijh},\ Y_{jh})]^{\alpha} & y_{ijh} \geqslant Y_{jh} \\ -\lambda [d(y_{ijh},\ Y_{jh})]^{\beta} & y_{ijh} < Y_{jh} \end{cases} \tag{3-4}$$

---

[1]　龚承柱，李兰兰，卫振锋，等. 基于前景理论和隶属度的混合型多属性决策方法 [J]. 中国管理科学，2014，22（10）：122-128.

[2]　龚承柱，李兰兰，卫振锋，等. 基于前景理论和隶属度的混合型多属性决策方法 [J]. 中国管理科学，2014，22（10）：122-128.

其中，α，β 为风险态度系数，α，$\beta \in [0, 1]$ ，取值越大越倾向冒险，$\alpha = \beta = 1$ 时，视决策者为风险中立者，这里定义 $\alpha = \beta = 0.88$；λ 为损失规避系数并定义 $\lambda = 2.25$。由于决策权重与客观概率联系紧密，故将发生概率为 p 的权重与确定性权重之比作为收益和损失的决策权重，分别为：

$$\pi(p_j) \begin{cases} \pi^+(p_j) = p_j^\gamma / [p_j^\gamma + (1 - p_j)^\gamma]^{1/\gamma} \\ \pi^-(p_j) = p_j^\delta / [p_j^\delta + (1 - p_j)^\delta]^{1/\delta} \end{cases} \quad (3-5)$$

其中，γ 为风险收益态度系数，δ 为风险损失态度系数，这里定义 $\gamma = 0.61$，$\delta = 0.69$，则综合前景值为：

$$v(a_{ij}) = \sum_{h=1, v(y_{ih}) \geq 0}^{l} v(y_{ijh}) \pi^+(p_j) ? \quad + \sum_{h=1, t(y_{ih}) < 0}^{l} v(y_{ijh}) \pi^-(p_j) ,$$

前景矩阵为 $V = [v(a_{ij})]_{m \times n}$。

（三）熵权法

定义 5

熵权法是一种客观确定权重的方法，根据信息论基本原理，信息是整个系统的一个有序度量，而熵是整个系统的一个无序度量。在综合评价中，指标的信息熵越小，该指标所代表的信息量就越大，权重就越高，反之则相反，具体步骤如下[①]：

步骤 1：根据下式对原始决策矩阵进行标准化：

$$r_{ij} = \begin{cases} x_{ij}^L / \max_i x_{ij}^R, \; x_{ij}^M / \max_i x_{ij}^M, \; x_{ij}^R / \max_i x_{ij}^L \wedge 1 \\ \min_i x_{ij}^L / x_{ij}^R, \; \min_i x_{ij}^M / x_{ijh}^M, \; \min_i x_{ij}^R / x_{ij}^L \wedge 1 \end{cases} \quad (3-6)$$

步骤 2：不同准则的熵的计算公式为：

$$e_j = -\frac{1}{\ln m} \sum_{i=1}^{m} p_{ij} \ln p_{ij}, \; p_{ij} = \frac{r_{ij}}{\sum_{i=1}^{m} r_{ij}}, \; 0\ln 0 = 0 \quad (3-7)$$

步骤 3：标准化后的权重计算公式为：

$$w_j = (1 - e_j) / \sum_{j=1}^{n} (1 - e_j) \quad (3-8)$$

（四）VIKOR 方法

定义 6

VIKOR 方法是补偿决策方法的典型代表，是一种基于正理想解和负理想解权衡的多准则决策方法。正理想解是各评价准则中所有备选方案中最好的，

---

① 孙振清，陈文倩，兰梓睿. 基于熵权 TOPSIS 法的区域绿色创新能力研究 [J]. 企业经济，2019，38（2）：20-26.

负理想解是各评价准则中所有备选方案中最差的。VIKOR 方法的测量标准是由折中规划方法的函数形式发展而来的，可以有效解决伙伴选择过程的不确定性和决策过程的模糊性。[①]

步骤 1：设 f_j^+ 为属性的正理想点，f_j^- 为属性的负理想点，则有

$$f_j^+ = \{ \max_i \quad v(a_{i1}) , \max_i \quad v(a_{i2}) , \cdots , \max_i \quad v(a_{im}) \}$$
$$f_j^- = \{ \min_i v(a_{i1}) , \min_i v(a_{i2}) , \cdots , \min_i v(a_{im}) \} \quad (3-9)$$

步骤 2：计算群体效用值 S_i 和个体遗憾值 R_i，则有：

$$S_i = \sum_{j=1}^{l} w_j \left(\frac{f_j^+ - v(a_{ij})}{f_j^+ - f_j^-} \right) , \quad R_i = \max_j \left\{ w_j \left(\frac{f_j^+ - v(a_{ij})}{f_j^+ - f_j^-} \right) \right\} \quad (3-10)$$

步骤 3：价值 Q_i 的计算公式如下：

$$Q_i = \theta \times \frac{S_i - \min_i S_i}{\max_i \ S_i - \min_i S_i} + (1 - \theta) \frac{R_i - \min_i R_i}{\max_i \ R_i - \min_i R_i} \quad (3-11)$$

其中，θ 为决策机制系数。

（五）改进的 ELECTRE 法

ELECTRE 法是罗伊 1968 年首次提出的一种决策方法，采用的是一致性和不一致性指标，是非补偿决策方法的典型代表。本研究采用基于非补偿决策规则的改进的 ELECTRE 方法，根据 VIKOR 方法计算的结果进行进一步排序。[②]

定义 7

改进 ELECTRE 方法有如下步骤：

步骤 1：归一化矩阵由式（3-6）计算，加权归一化矩阵由 $v_{ij} = w_j r_{ij}$ 计算。

步骤 2：确定一致性集和非一致性集，一致性集 C_{kl} 定义如下：

$$C_{kl} = \{ j | v_{kj} \geqslant v_{lj} \} , \ 1 \leqslant k, \ l \leqslant m \quad (3-12)$$

非一致性集 D_{kl} 定义如下：

$$D_{kl} = \{ j | v_{kj} < v_{lj} \} , \ 1 \leqslant k, \ l \leqslant m \quad (3-13)$$

步骤 3：计算和谐指数 c_{kl} 和非和谐指数 d_{kl}，和谐指数为：

---

① 李柏洲，尹士，罗小芳. 集成供应链企业合作创新伙伴动态选择研究 [J]. 工业工程与管理，2018，23（3）：123-131.

② MICALE R，LA FATA C M，LA SCALIA G. A combined interval-valued ELECTRE TRI and TOPSIS approach for solving the storage location assignment problem [J]. Computers & Industrial Engineering，2019，135：199-210.

$$c_{kl} = \sum w_j / \sum_{j=1}^{n} w_j \tag{3-14}$$

非和谐指数代表 $GIP_k \rightarrow GIP_l$ 的不一致程度，计算方式如下：

$$d_{kl} = \max_{j \in D_u} |w_j(v_{kl} - v_{lj})| / \max |w_j(v_{kl} - v_{lj})| \tag{3-15}$$

步骤 4：修正后的加权总和矩阵计算方式如下：

$$e_{kl} = c_{kl}(1 - d_{kl}) \tag{3-16}$$

步骤 5：净优势值 adv_k 反映了候选伙伴 GIP_k 的生态位适宜度，其计算方式如下：

$$adv_k = \sum_{i=1, i \neq k}^{m} e_{ki} - \sum_{j=1, j \neq k}^{m} e_{jk} \tag{3-17}$$

二、合作绿色技术创新学研伙伴选择生态位场模型的构建

（一）生态位场模型的概念和定义

生态位是生态学中一个极其重要的概念，是生态学的重要基础理论之一。不同的生态位具有不同的水平，即生态位适宜度，本研究中的生态位适宜度分为四个水平：高生态位适宜度、中生态位适宜度、低生态位适宜度和零生态位适宜度。

当市场机会出现时，制造业企业作为生态位场的源头，最先应对这一机遇。制造业企业首先利用自身绿色创新资源来占用资源空间，当自身的资源不足以充分占据资源空间，或者资源不能满足市场机会的需求时，企业就不得不寻求合作伙伴在绿色创新上进行合作。① 从资源互补的角度，基于生态位场模型中制造业企业和学研机构的绿色创新资源水平，构建以绿色创新为目标的互补矩阵。引入生态位场来反映由所有绿色创新资源组成的资源空间，场源 O 代表首先对一定市场机会做出反应的制造业企业。学研机构的生态位适宜性可以转化为基于生态位适宜性的生态位场半径，即 R 反映制造业企业与学研机构之间的生态位适宜距离。在生态位领域，学研机构的合力是由学研机构的引力和阻力之间的相互作用决定的，即 F_a 和 F_r。随着时间的推移，R、F_a 和 F_r 的价值会发生动态的变化，这时就要动态地选择或淘汰绿色创新伙伴。在本研究中，我们建立了考虑资源互补的生态位场模型，为制造业企业绿色创新选择最佳的学研机构提供参考。

---

① 田俊峰，王闯杰. 虚拟企业伙伴选择的信任场模型 [J]. 系统工程理论与实践，2014，34（12）：3250-3259.

（二）生态位适宜度质量

制造业企业和学研机构的生态位适宜度反映了其自身的绿色创新资源，并由资源向量和资源利用率决定。在 N 维资源空间，制造业企业资源向量用 $P = (p_1, p_2, \cdots, p_n)$ 来表示，n 表示资源空间的维度，任意一项资源 $p_i \in [0, 1]$，$p_i = 1$ 表示该项绿色创新资源满足合作创新需求，反之 $p_i = 0$ 表示不满足。资源利用率用 Y 表示，$Y = (y_1, y_2, \cdots, y_n)$，$y_i \in [0, 1]$ 表示 p_i 的可利用程度[1]。受市场需求等因素变化影响，绿色创新资源供给在不同时间会发生动态变化，由此引入时间向量 $T = (t_1, t_2, \cdots, t_n)$，则制造业企业的生态位适宜度质量为：

$$M_T = P_T \times Y_T = \sum_{i=1}^{n} p_i y_{1i} \tag{3-18}$$

学研机构的资源向量用 $Q = (q_1, q_2, \cdots, q_n)$ 表示，为体现备选学研机构伙伴与制造业企业绿色创新资源的互补性，引入资源空间饱和向量 $P_m = \overbrace{(1, 1, \cdots, 1)}^{n}$ 和资源需求向量 $\overline{P}$，则学研机构的生态位适宜度质量的计算公式为：

$$m_T = ((P_m \oplus P) \cap Q) = \sum_{i=1}^{n} [(1 \ominus p_i) \wedge q_i] y_{2i} \tag{3-19}$$

（三）场强与引力

生态位场的场强描述了在候选伙伴学研机构生态位场的某处所受场源制造业企业影响的强度，越靠近场源，场强越大，反之则越小。场强 E 由备选伙伴指向场源，场强的计算公式为：

$$E_T = \delta K \frac{M_T}{R_T^2} \tag{3-20}$$

其中，δ 表示影响生态位场环境的参数，$\delta \in [0, 1]$；K 表示制造业企业与备选伙伴合作产生的绿色创新效应，描述当前绿色创新环境下，备选合作伙伴加盟后，单位绿色创新资源带来合作创新质量的增加量，设增加量为 Z_T，则有：

$$K_T = \frac{Z_T}{M_T + m_T} \tag{3-21}$$

学研机构的引力描述场源对场中的备选伙伴合作绿色创新能力的认可或吸引程度，则引力计算公式为：

---

① 王海龙，连晓宇，林德明．绿色技术创新效率对区域绿色增长绩效的影响实证分析［J］．科学学与科学技术管理，2016，37（6）：80-87.

$$F_{rT} = E_T \times m_T = \frac{Z_T M_T m_T}{R_T^2 (M_T + m_T)} \tag{3-22}$$

（四）生态位场半径

生态位场半径反映了制造业企业与科研院所之间生态位适宜度的距离。半径的计算关系到学研机构的特征、能力和兼容性。特征是相对稳定，反映学研机构的相关合作经验；能力则反映学研机构的动态特征；相容性是制造业企业与学研机构生态位重叠程度的核心内容。

设场源制造业企业的特征、能力和兼容性为 C_f，备选合作伙伴学研机构的品质和能力为 C，则生态位场半径为：

$$R_T = 1 + C_f - C, \quad C \in [0, 1] \tag{3-23}$$

定义 R_1 处特征、能力和兼容性为 C_1，则 $C_f \in [C_1, 1]$。制造业企业有理由认为自身的品质和能力为 1，即 $C_f = 1$，生态位场半径为：$R_r = 2 - C$。为方便讨论而且不失一般性，将生态位场按照半径的大小划分为不同的圈层，分别为 $(0, R_1]$ 强生态位适宜度，$(R_1, R_2]$ 中生态位适宜度，$(R_2, R_3]$ 弱生态位适宜度，$(R_3, \infty]$ "0" 生态位适宜度，如图 3-5 所示。

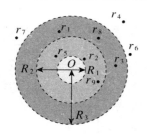

图 3-5 基于生态位理论和场理论的生态位场模型

学研机构的意愿阻力是备选合作伙伴加入产学研绿色协同创新系统的机会和风险成本，设 D_1 为机会成本，D_2 为风险成本，则备选伙伴意愿阻力为：

$$F_r = D_1 + D_2 \tag{3-24}$$

（五）生态位场动态性分析

在产学研协同绿色创新系统形成和发展过程中，为了提高绿色创新能力，制造业企业应该淘汰一个或多个不符合特征、能力、兼容性、资源互补性标准的学研机构，选择一个或多个符合其要求的合作伙伴。[①] 同时，生态位适宜

---

① 王海龙，连晓宇，林德明. 绿色技术创新效率对区域绿色增长绩效的影响实证分析 [J]. 科学学与科学技术管理，2016，37（6）：80-87.

度、场强和半径也发生了变化。

1. 设 Q_t 表示 t 时刻退出产学研协同绿色创新系统的伙伴质量，此时质量可以表示为：

$$M_{t+1} = M_t + m_t - Q_t \tag{3-25}$$

2. 生态位场的场强发生了变化，可以表示为：

$$E_{t+1} = K_{t+1} \frac{M_t + m_t - Q_t}{R_{t+1}^2} \tag{3-26}$$

同时，生态位场的圆密度也发生了变化，如图 3-6 所示。

图 3-6 基于生态位的生态位场变化

3. 对处于系统中高绿色创新能力的伙伴，通过绿色创新系统的资源供给、资源整合以及不断的相互学习吸收，促进伙伴合作绿色创新能力进一步提升，提高了伙伴综合实力，伙伴的合作意愿阻力可能会发生改变，甚至成倍增加，此时，意愿阻力 $F_{(t+1)W} = \eta M_{t+1}$；对于产学研协同绿色创新系统外部备选伙伴，也受到合作绿色创新能力引力 F_{TG} 与意愿阻力 F_{TW} 相互作用的影响，如图 3-7 所示。

图 3-7 产学研协同绿色创新系统内外部受力图

备选伙伴学研机构处于半径圈层需满足小于半径阈值 ε_T，即 $R_T \leq \varepsilon_T$，且满足引力 F_{TG} 大于引力阈值 ζ_T 及其大于意愿阻力 F_{TW}，即 $F_{TG} \geq \zeta_T$，$F_{TG} \geq F_{TW}$，这也是备选伙伴学研机构进入退出产学研协同绿色创新系统的触发点。

（六）生态位场模型求解过程

生态位场模型包括以下步骤：

步骤 1：采用基于决策规则的综合模糊前景理论、熵权法、VIKOR 及改进

ELECTRE 方法（PT-EW-VIKOR-IELECTRE），得到学研机构的生态位适宜度。

步骤 2：通过式（3-18）—（3-24）计算制造业企业和学研机构的生态位适宜度质量，以及基于生态位适宜度的场强、引力、半径和阻力。

步骤 3：根据专家意见和引力实验，分别计算半径阈值和引力阈值。

步骤 4：根据触发点，剔除一个或多个伙伴；根据合力对剩余的伙伴进行排序，选择一个或多个伙伴进入产学研协同绿色创新系统。

三、合作绿色技术创新学研伙伴选择的算例分析

（一）基本信息

1. 应用背景

制造业企业 HQ 成立于 2006 年，位于哈尔滨市，是一家建筑材料生产企业，具有生产供热和热能设备的特殊资质。公司主要业务包括电加热设备、电膜地暖、水暖锅炉、管道、散热器等领域，业务遍及中国、韩国、日本、俄罗斯等国家。目前，在政府的指导下，建筑材料生产已经制定了碳减排目标，对于 HQ，如何减少建筑材料的碳排放，提高绿色竞争力和利润是一个重要的问题。因此，HQ 将致力于采暖通风空调技术（HVACT）的开发与实践，以绿色产品创新和提供绿色建材为发展目标。

目前，HQ 需要从一些学研机构中选择一个匹配的创新伙伴来开展 HVACT 的创新活动。近年来，开展 HVACT 创新活动的学研机构有 7 家，制造业企业 HQ 需要选择其中一家作为合作伙伴进行 HVACT 创新，这些学研机构都愿意与 HQ 共同开展 HVACT 创新活动。建筑材料企业 HQ 虽然在选择合作伙伴方面具有一定的经验，但如何从多家学研机构中选择最佳的 HVACT 创新合作伙伴仍然是一个难题。用于 HVACT 创新的互补资源逐渐受到总部专家的重视，成为影响 HVACT 创新成功率的重要因素，必须深入研究资源互补问题。此外，在以往用于评价绿色创新能力的评价方法中，给候选伙伴定义实数很难准确描述候选伙伴的真实情况，这可能导致决策结果与实际情况不一致。此外，补偿性决策规则和非补偿性决策规则并没有被纳入以前的评价方法中。本文提出了一种基于补偿和非补偿决策规则的语言三角模糊数下 PT-EW-VIKOR-IELECTRE 评价方法。基于生态位场理论，将资源互补、合作伙伴选择的合理性和匹配性充分考虑到 HVACT 创新合作伙伴选择过程中。

2. 评价标准开发

为了评价候选 HVACT 创新伙伴的生态位适应度，在评价指标体系中引入

生态位理论，该理论具有坚实的理论基础，能够满足 HVACT 创新和可持续发展的要求。生态位适应度评价的标准通常来自生态位强度和生态位重叠程度。在产学研协同绿色创新系统中，生态位强度是过去增长、发展以及与创新环境互动的结果；生态位重叠程度则是学研机构对制造业企业的实际影响力或主导地位，反映了制造业企业的协同发展趋势。所建立的评价体系如图 3-4 所示。

3. 数据和场景

从技术创新、绿色建筑技术、企业合作、HVACT、HVAC 制造领域等 5 个相关领域随机抽取 10 名成员组成决策专家小组。这些专家被分成两个专家小组。其中，5 个成员专注于传统绿色建筑技术（GGBT）合作创新，另外 5 个成员专注于 HVACT 合作创新。用来评价学研机构综合水平的语言变量如表 3-1 所示。由 GGBT 专家提供的学研机构评价矩阵如表 3-2 所示。HVACT 专家提供的学研机构评价矩阵见表 3-3。

表 3-2 GGBT 专家提供的学研机构评价矩阵

GGBT	C_{11}	C_{12}	C_{13}	C_{14}	C_{21}	C_{22}	C_{23}	C_{24}	C_{31}	C_{32}	C_{33}	C_{34}
GIP_1	M	MP	G	MP	VP	M	G	VG	MG	M	P	MP
GIP_2	G	VP	VG	G	M	MP	M	MP	MG	P	MP	G
GIP_3	MP	G	MP	MG	P	M	MG	G	VG	MG	VP	M
GIP_4	M	MP	VP	G	MG	VG	MP	M	P	MG	M	MP
GIP_5	G	M	MP	MG	M	MG	VP	P	G	MP	G	M
GIP_6	MG	G	VP	M	G	MP	M	P	VG	M	MP	MG
GIP_7	P	MP	M	MG	VG	P	M	G	VP	MG	M	G

此外，企业 HQ 与备选 HVACT 创新合作伙伴的 HVACT 创新资源相关情况如表 3-4 所示，其中，"1"表示 HVACT 创新资源拥有情况，"0"表示 HVACT 创新资源缺乏情况，"（ ）"表示资源利用率。C_{11}—C_{14}、C_{21}—C_{24} 和 C_{31}—C_{34} 表示 12 个子标准；GIP_1—GIP_7 代表 7 个候选伙伴（学研机构），$GBTsR_1$—$GBTsR_8$ 代表制造业企业与学研机构 HVACT 创新方面互补资源。

表 3-3 HVACT 专家提供的学研机构评价矩阵

HVACT	C_{11}	C_{12}	C_{13}	C_{14}	C_{21}	C_{22}	C_{23}	C_{24}	C_{31}	C_{32}	C_{33}	C_{34}
GIP_1	MG	M	G	MP	P	MG	M	MG	VG	M	VP	MP
GIP_2	MP	MP	G	VG	MG	M	MP	P	MG	VP	M	G
GIP_3	M	MG	VP	MG	P	MP	VG	G	M	M	P	MG
GIP_4	G	MP	MG	G	MG	VG	MP	M	P	MG	MP	MG

续表

HVACT	C_{11}	C_{12}	C_{13}	C_{14}	C_{21}	C_{22}	C_{23}	C_{24}	C_{31}	C_{32}	C_{33}	C_{34}
GIP_5	VG	MG	P	M	MG	MP	VP	MP	MG	M	MG	M
GIP_6	M	VG	P	MP	M	MG	G	M	MG	MP	G	MP
GIP_7	MP	P	MG	MP	G	VP	M	MG	P	M	MP	VG

表 3-4　HVACT 创新资源现状

	$GBTsR_1$	$GBTsR_2$	$GBTsR_3$	$GBTsR_4$	$GBTsR_5$	$GBTsR_6$	$GBTsR_7$	$GBTsR_8$
HQ	0 (0.65)	1 (0.85)	0 (0.35)	0 (0.45)	1 (0.90)	1 (0.95)	0 (0.60)	1 (0.75)
GIP_1	1 (0.65)	0 (0.25)	1 (0.80)	1 (0.85)	0 (0.20)	1 (0.80)	0 (0.15)	1 (0.95)
GIP_2	1 (0.55)	0 (0.25)	1 (0.65)	1 (0.85)	0 (0.35)	0 (0.55)	1 (0.95)	0 (0.50)
GIP_3	0 (0.15)	1 (0.45)	0 (0.35)	1 (0.95)	1 (0.65)	1 (0.40)	0 (0.35)	1 (0.75)
GIP_4	1 (0.80)	1 (0.65)	1 (0.75)	0 (0.60)	1 (0.45)	0 (0.65)	1 (0.95)	1 (0.65)
GIP_5	0 (0.80)	1 (0.65)	1 (0.65)	0 (0.45)	1 (0.25)	1 (0.85)	0 (0.15)	1 (0.90)
GIP_6	0 (0.65)	1 (0.75)	1 (0.80)	0 (0.20)	1 (0.90)	1 (0.45)	1 (0.85)	1 (0.25)
GIP_7	1 (0.85)	1 (0.70)	0 (0.25)	1 (0.95)	0 (0.40)	1 (0.75)	0 (0.50)	1 (0.85)

4. 比较分析

为了验证生态位场模型的有效性和科学性，基于 PT 的 VIKOR 法、TOPSIS 方法和基于熵的组合权重（EA）法和 AHP 法比较分析选择的 HVACT 创新伙伴，合作伙伴评价和选择的结果用不同的方法进行比较分析。表 3-5 显示了 12 个特定子标准的组合权重。

表 3-5　12 个特定子标准的组合权重

方法	C_{11}	C_{12}	C_{13}	C_{14}	C_{21}	C_{22}	C_{23}	C_{24}	C_{31}	C_{32}	C_{33}	C_{34}	总和
Entropy	0.039	0.089	0.143	0.051	0.112	0.077	0.101	0.063	0.103	0.064	0.123	0.034	1.000
AHP	0.085	0.169	0.254	0.042	0.021	0.156	0.078	0.052	0.085	0.028	0.017	0.012	1.000
EA	0.062	0.129	0.199	0.046	0.067	0.116	0.090	0.058	0.094	0.046	0.070	0.023	1.000

（二）结果与讨论

1. 学研机构生态位适宜度评价

步骤 1：根据表 3-2、式（3-2）、式（3-6），将 GGBT 专家和 HVACT 专家给出的两个矩阵转化为去模糊化矩阵，矩阵如表 3-6 和表 3-7 所示。

表 3-6 GGBT 专家下去模糊化矩阵

	C_{11}	C_{12}	C_{13}	C_{14}	C_{21}	C_{22}	C_{23}	C_{24}	C_{31}	C_{32}	C_{33}	C_{34}
GIP_1	0.1292	0.0950	0.2943	0.0650	0.0045	0.1470	0.2453	0.2607	0.1602	0.1418	0.0443	0.0742
GIP_2	0.2287	0.0053	0.3275	0.1905	0.1350	0.0880	0.1393	0.0800	0.1602	0.0328	0.1140	0.2145
GIP_3	0.0778	0.2788	0.1000	0.0755	0.0315	0.1470	0.1942	0.2345	0.2252	0.1982	0.0063	0.1195
GIP_4	0.1292	0.0950	0.0055	0.1905	0.1890	0.2892	0.0832	0.1330	0.0268	0.1982	0.1900	0.0742
GIP_5	0.2287	0.1580	0.1000	0.0755	0.1350	0.2060	0.0047	0.0313	0.2022	0.0850	0.3357	0.1195
GIP_6	0.1810	0.2788	0.0055	0.1080	0.2385	0.0880	0.1942	0.0313	0.2252	0.1418	0.1140	0.1558
GIP_7	0.0303	0.0950	0.1668	0.0755	0.2655	0.0340	0.1393	0.2345	0.0038	0.1982	0.1900	0.2145

表 3-7 HVACT 专家下去模糊化矩阵

	C_{11}	C_{12}	C_{13}	C_{14}	C_{21}	C_{22}	C_{23}	C_{24}	C_{31}	C_{32}	C_{33}	C_{34}
GIP_1	0.1692	0.1388	0.2572	0.0760	0.0313	0.2000	0.1442	0.1890	0.2438	0.1650	0.0058	0.0690
GIP_2	0.0728	0.0832	0.2572	0.2498	0.1878	0.1430	0.0868	0.0315	0.1738	0.0055	0.1762	0.2042
GIP_3	0.1210	0.1942	0.0048	0.1780	0.0313	0.0860	0.2833	0.0756	0.1738	0.1650	0.0410	0.1618
GIP_4	0.2138	0.0832	0.2040	0.2247	0.1878	0.2812	0.0868	0.2205	0.0290	0.2310	0.1058	0.1618
GIP_5	0.2380	0.1942	0.0338	0.1270	0.1878	0.0860	0.0048	0.0810	0.1738	0.1650	0.2470	0.1152
GIP_6	0.1210	0.2733	0.0338	0.0760	0.1340	0.2000	0.2550	0.2205	0.1738	0.0990	0.3120	0.0690
GIP_7	0.0728	0.0325	0.2040	0.0760	0.2367	0.0048	0.1442	0.1890	0.0290	0.1650	0.1058	0.2272

步骤 2：根据 GGBT 专家和 HVACT 专家给出的去模糊化矩阵计算合并矩阵。计算过程基于以下规则：GGBT 专家和 HVACT 专家给出的矩阵中 C_{11}—C_{14} 的权重分别为（0.5，0.5）；C_{21}—C_{24} 的权重分别为（0.6，0.4）；C_{31}—C_{34} 的权重分别为（0.4，0.6）。合并后的矩阵如表 3-8 所示。

然后利用式（3-3）—（3-5）计算合并矩阵的前景值矩阵，权重矩阵由公式（3-6）—（3-8）计算，结果见表 3-9 和表 3-10。

表 3-8 基于去模糊化矩阵的合并矩阵。

	C_{11}	C_{12}	C_{13}	C_{14}	C_{21}	C_{22}	C_{23}	C_{24}	C_{31}	C_{32}	C_{33}	C_{34}
GIP_1	0.1492	0.1169	0.2758	0.0705	0.0152	0.1682	0.2049	0.2320	0.2104	0.1557	0.0212	0.0711
GIP_2	0.1508	0.0443	0.2923	0.2202	0.1561	0.1100	0.1183	0.0606	0.1684	0.0164	0.1513	0.2083
GIP_3	0.0994	0.2365	0.0524	0.1268	0.0314	0.1226	0.2298	0.1709	0.1944	0.1783	0.0271	0.1449
GIP_4	0.1715	0.0891	0.1048	0.2076	0.1885	0.2860	0.0846	0.1680	0.0281	0.2179	0.1395	0.1268
GIP_5	0.2333	0.1761	0.0669	0.1013	0.1561	0.1580	0.0047	0.0512	0.1852	0.1330	0.2825	0.1169
GIP_6	0.1510	0.2761	0.0197	0.0920	0.1967	0.1328	0.2185	0.1070	0.1944	0.1161	0.2328	0.1037
GIP_7	0.0516	0.0638	0.1854	0.0758	0.2540	0.0223	0.1413	0.2163	0.0189	0.1783	0.1395	0.2221

表 3-9 合并矩阵的前景价值矩阵

	C_{11}	C_{12}	C_{13}	C_{14}	C_{21}	C_{22}	C_{23}	C_{24}	C_{31}	C_{32}	C_{33}	C_{34}
GIP_1	-0.0070	0.0000	0.1778	-0.0954	-0.3642	0.0445	0.0745	0.0749	0.0330	0.0000	-0.3122	-0.1609
GIP_2	0.0000	-0.2033	0.1929	0.1292	0.0000	-0.0733	-0.0737	-0.2868	-0.0560	-0.3605	0.0169	0.0927
GIP_3	-0.1498	0.1298	-0.1523	0.0333	-0.3271	-0.0361	0.0997	0.0050	0.0136	0.0299	-0.2984	0.0247
GIP_4	0.0278	-0.0874	0.0000	0.1171	0.0411	0.1614	-0.1633	0.0000	-0.4006	0.0730	0.0000	0.0000
GIP_5	0.0937	0.0699	-0.1145	0.0000	0.0000	0.0330	-0.3542	-0.3087	0.0000	-0.0731	0.1519	-0.0351
GIP_6	0.0006	0.1669	-0.2336	-0.0331	0.0501	0.0000	0.0884	-0.1743	0.0136	-0.1192	0.1043	-0.0740
GIP_7	-0.2673	-0.1545	0.0918	-0.0809	0.1088	-0.2940	0.0000	0.0585	-0.4212	0.0299	0.0000	0.1063

表 3-10 合并矩阵的权重矩阵

准则	w_j	准则	w_j	准则	w_j
C_{11}	0.1212	C_{11}	0.3176	C_{11}	0.3181
C_{12}	0.2761	C_{12}	0.2172	C_{12}	0.1977
C_{13}	0.4452	C_{13}	0.2865	C_{13}	0.3791
C_{14}	0.1574	C_{14}	0.1787	C_{14}	0.1051
总和	1	Total	1	Total	1

步骤 3：运用公式（3-9）—（3-11），基于 VIKOR 方法对 3 个主要准则进行计算，结果如表 3-11 所示。

表 3-11 三个主要准则确定的计算结果

	SC_1	RC_1	QC_1	SC_2	RC_2	QC_2	SC_3	RC_3	QC_3
GIP_1	0.3315	0.1574	0.0390	0.3893	0.3176	0.7080	0.5175	0.3791	1.0000
GIP_2	0.3076	0.2761	0.2062	0.4629	0.1684	0.4401	0.3757	0.1977	0.5192
GIP_3	0.5370	0.3604	0.7273	0.4195	0.2927	0.6881	0.4332	0.3678	0.8688
GIP_4	0.4216	0.2014	0.2626	0.2463	0.1660	0.1332	0.4696	0.3037	0.8151
GIP_5	0.4838	0.3209	0.5718	0.5995	0.2865	0.9228	0.1453	0.0666	0.0000
GIP_6	0.5903	0.4452	0.9617	0.2396	0.1161	0.0000	0.2110	0.0876	0.1218
GIP_7	0.6137	0.2397	0.6429	0.2877	0.2172	0.3176	0.4619	0.3181	0.8277

步骤 4：将加权矩阵作为改进 ELECTRE 方法的输入，采用式（3-6）—（3-8）法进行计算，权值矩阵为（0.2882，0.3682，0.3436）。修正后的加权聚合矩阵由式（3-6）和式（3-12）—（3-16）计算，则矩阵可建立如下：

$$e_{kl} = \begin{pmatrix} NaN & 0.5042 & 0.0000 & 0.4951 & 0.1901 & 0.0846 & 0.0000 \\ 0.0000 & NaN & 0.0000 & 0.0369 & 0.0014 & 0.0000 & 0.0000 \\ 0.2227 & 1.0000 & NaN & 1.0000 & 0.4489 & 0.5245 & 1.0000 \\ 0.0000 & 0.0000 & 0.0000 & NaN & 0.0000 & 0.1099 & 0.0000 \\ 0.0000 & 0.0000 & 0.0000 & 0.0240 & NaN & 0.2464 & 0.0000 \\ 0.0000 & 0.0737 & 0.0000 & 0.0000 & 0.0000 & NaN & 0.0000 \\ 0.0502 & 0.4054 & 0.0000 & 1.0000 & 0.1369 & 0.4422 & NaN \end{pmatrix}$$

然后通过式（3-17）得到各备选学研机构的生态位适宜度，结果如表 3-12 所示。

表 3-12 候选学研机构的生态位适宜度

学研机构	GIP_1	GIP_2	GIP_3	GIP_4	GIP_5	GIP_6	GIP_7
生态位适宜度	1.0013	-1.9450	4.1960	-2.4462	-0.5069	-1.3340	1.0346
排名	3	6	1	7	4	5	2

2. 基于生态位场模型的合作伙伴选择

步骤 1：采用评价模糊 PT-EW-VIKOR-IELECTRE 方法，得到表 3-12 所

示的学研机构的生态位适宜度。

步骤 2：对制造业企业和备选合作伙伴的 HVACT 创新资源利用率向量进行标准化，通过式（3-18）和式（3-19）计算制造业企业和学研机构的生态位适宜度质量，运用式（3-20）—（3-24）计算场强度、引力、半径和阻力，其中，$K = 0.5$ 和 $\delta = 0.5$。阻力与自身拥有的资源数量成正比，占 HVACT 创新互补资源的 5%。上述计算结果如表 3-13 所示。

表 3-13 生态位质量、场强、吸引力、半径和阻力

	HQ		GIP_1	GIP_2	GIP_3	GIP_4	GIP_5	GIP_6	GIP_7
M	0.6273	m	0.8710	0.6452	0.7901	0.6364	0.6489	0.7320	0.7810
E	∞	E	0.3177	0.1393	0.6321	0.1273	0.1780	0.1744	0.2868
F_a	∞	F_a	0.1993	0.0874	0.3965	0.0798	0.1116	0.1094	0.1799
R	1.0000	R	1.4810	1.9245	1.0000	2.0000	1.7080	1.8325	1.4760
F_r	0.0000	F_r	0.0435	0.0323	0.0395	0.0318	0.0324	0.0366	0.0390
F	∞	F	0.1557	0.0552	0.3570	0.0480	0.0792	0.0728	0.1408
排名			2	6	1	7	4	5	3

步骤 3：根据专家意见和引力实验，分别计算半径阈值和引力阈值。在本案例研究中，半径的 4 个级别包括：高生态位适宜度、中生态位适宜度、低生态位适宜度和零生态位适宜度。根据 GGBT 专家和 HVACT 专家的建议，将半径阈值 ε_T 设置为 1.5，将引力阈值设置为 0.1882，结果基于计算最大引力值 $F_{a\max} = 0.3045$ 的实验，其中 $K = 0.8$、$M = 0.87$、$m = 0.63$、$C = 0.8$，然后基于黄金分割计算阈值 $\zeta_T = 0.3045 \times 0.618 = 0.1882$。

步骤 4：根据触发点，剔除部分合作伙伴。根据合力对剩余的伙伴进行排序，并选择几个伙伴进入产学研协同绿色创新系统。半径圈内的 HVACT 创新伙伴必须小于半径阈值 ε_T，即 $R_T \leq \varepsilon_T$，学研机构的引力大于生态位场内的吸引阈值 ζ_T 和伙伴的阻力，即 $F_r \geq \zeta_T$ 和 $F_r \geq F_a$，这也是学研机构进入和退出产学研协同绿色创新系统的触发点。

（i）基于半径阈值的第一轮选择。制造业企业 HQ 和候选 HVACT 创新伙伴（学研机构）的层次结构如图 3-8 所示。

从图 3-8 中可以看出，只有 GIP_1、GIP_3 和 GIP_7 半径属于中生态位适宜度层次（1，1.5]，均小于半径阈值 $\varepsilon_T = 1.5$。因此，GIP_2、GIP_4、GIP_5 和 GIP_6 被剔除。

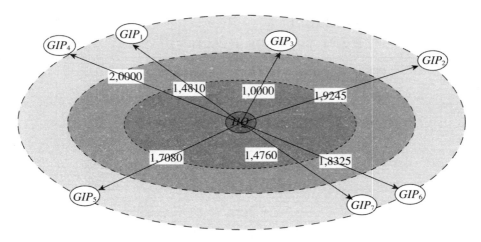

图 3-8 制造业企业和学研机构的层次结构

（ii）基于引力阈值进行第二轮评选。GIP_1、GIP_3 和 GIP_7 引力分别为 0. 1993、0. 3965 和 0. 1799，见表 3-13。根据吸引力阈值 0. 1882，伙伴 GIP_7 被淘汰。

（iii）最后一轮根据合力进行选择。GIP_1 和 GIP_3 的引力大于阻力，即满足 $F_r \geqslant \zeta_T$ 和 $F_r \geqslant F_a$。以生态位场模型对 HVACT 创新学研机构进行排名，GIP_3 是企业 HQ 最佳的 HVACT 创新合作伙伴。HVACT 创新伙伴的动态选择过程如图 3-9 所示。

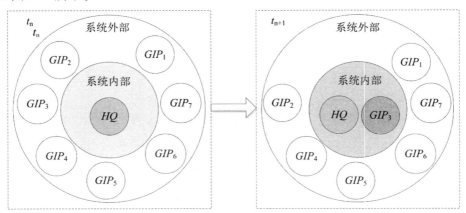

图 3-9 HVACTs 创新伙伴的动态选择过程

3. 不同方法对结果进行比较分析

为了验证模型的有效性和科学性，我们分别采用基于 PT 的 VIKOR 方法、TOPSIS 方法和 EA 方法计算候选合作伙伴的排序顺序；分别采用模糊 PT-EW-VIKOR-IELECTRE 方法和生态位场模型对上述合作伙伴选择方法进行了综合比较，见表 3-14 和图 3-10。

表 3-14　模糊 PT-EW-VIKOR-IELECTRE 方法的结果比较分析

	TOPSIS 和 PT	排序	VIKOR 和 PT	排序	集成方法	排序
GIP$_1$	0.4960	5	0.6156	2	1.0013	3
GIP$_2$	0.5092	4	0.3999	6	−1.9450	6
GIP$_3$	0.4563	7	0.7615	1	4.1960	1
GIP$_4$	0.5377	3	0.4048	5	−2.4462	7
GIP$_5$	0.6108	2	0.5045	4	−0.5069	4
GIP$_6$	0.6216	1	0.3190	7	−1.3340	5
GIP$_7$	0.4866	6	0.5867	3	1.0346	2

从表 3-14 中可以看出，很明显 7 个合作伙伴的排名和选择结果存在差异。基于 PT 的 TOPSIS 法评价值的总偏差为 0.0631，而基于 PT 的 VIKOR 法的总偏差为 0.1527。由于逆序问题，总偏差越小，可能会导致决策过程中的误差。如果从资源互补的角度来解决合作伙伴选择的问题，上述方法存在一定的局限性。

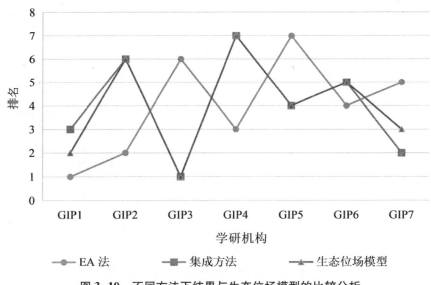

图 3-10　不同方法下结果与生态位场模型的比较分析

从图 3-10 中可以明显看出，7 个合作伙伴的排名和选择结果存在差异。采用模糊 PT-EW-VIKOR-IELECTRE 方法和生态位场模型进行排序，其结果的差异在于候选 GIP_1 和 GIP_7 生态位场模型的排序。候选合作伙伴 GIP_1 提供的 3 个单位互补 HVACT 创新资源用于制造业企业 HQ 的绿色创新活动，候选合作伙伴 GIP_7 只有提供的 2 个单位互补资源用于创新活动。因此，这意味着 GIP_1 比 GIP_7 具有绝对优势。我们利用 EA 方法和生态位场模型对排序结果的差异进行了相同的实现步骤。虽然候选合作伙伴 GIP_1 提供的 3 个单元互补资源用于创新活动，但其生态位适宜度仅为 1.0013，GIP_3 的生态位适宜度为 4.1960。因此，GIP_3 总是排名第一。

基于上述分析，本研究不仅提出了基于生态位理论的适宜度评价体系，而且基于生态位理论建立了一个新的制造业企业绿色创新学研合作伙伴选择管理的生态位场模型。首先，运用模糊集理论，根据评价体系，获得学研机构的合作意愿。引入模糊前景理论，帮助制造业企业盲目规避风险或喜好风险，使决策更加合理。其次，将 VIKOR 方法与改进的考虑补偿和非补偿决策规则的 ELECTRE 方法相结合，结合熵度量法计算的准则权重，对学研机构的生态位适宜度进行评价。在此基础上，提出了一种考虑资源互补性的生态位场模型，用以选择最优的学研机构。最后，通过一个案例研究的结果表明，该评价体系和生态位场模型可以应用于实际的制造业企业绿色创新学研合作伙伴选择中，并产生与现实一致的选择结果。

本研究提出了基于生态位强度和生态位重叠程度的生态位适应度评价体系，并将绿色创新能力（绿色知识共享能力、绿色技术先进水平、绿色创新研发能力、绿色信息集成能力）、信任与沟通程度（合作意愿、学研机构声誉、过去的合作经验、利益分配的共识程度）、兼容性水平（技术兼容性、战略目标兼容性、创新文化兼容性和管理理念兼容性）合理纳入评价体系的理论框架，这些因素对制造业企业选择绿色创新学研合作伙伴具有重要的参考价值。此外，本研究还从理论上拓展了资源互补、模糊语言信息相关的理论在协同绿色创新范式中的应用。

第三节 产学研合作下制造业企业绿色知识创造的
微分博弈模型构建

一、产学研合作下绿色知识创造的理论分析

随着信息技术的发展，知识已成为企业长久发展的关键。创新基础源于知识创造，在知识创造基础上，将知识转变为技术，技术转变为产品，进而

完成产品影响过程。由此，知识创造在创新中的地位可见一斑，多主体合作下制造业企业绿色技术创新源于产学研合作下绿色知识创造。近年来，一些学者运用博弈论方法探究了合作创新下知识创造问题，如骆品亮和殷华祥依据博弈理论，探究了知识共享的影响因素，指出道德意识、利益风险是影响知识共享的重要因素。① 朱卫未和施琴芬运用博弈论方法研究指出显性知识共享和隐性知识共享在博弈均衡中有不同策略，受到的影响因素也不同。② 蒋樟生和胡珑瑛研究了以企业为主导的多主体合作下创新联盟知识共享问题，认为主体间博弈行为对知识共享有显著的促进作用。③ 此外，Bandyopadhyay 和 Pathak 以博弈论为基础，探究了项目中成员间的知识共享问题，指出知识共享受成员间信任机制的影响。④ Li 等以社群为研究对象，基于博弈理论探究了知识创造问题，指出知识共享积极影响知识创造。⑤ Ho 等针对组织内部成员间的知识共享进行研究，指出知识共享的博弈过程是成员间知识交互的过程，有助于创造新的知识。⑥

制造业企业绿色知识创造是企业围绕绿色发展战略，在运用现有的先验绿色知识的基础上，获取、消化、分享外部绿色知识，并通过应用新绿色知识实现价值增值的过程。⑦ 产学研合作下制造业企业知识创造则更强调外部绿色知识源于学研机构。基于已有的研究成果，本文认为产学研合作下制造业企业绿色技术创新中的绿色知识创造过程是通过产学研主体间绿色知识共享、绿色知识获取、绿色知识消化最终实现绿色知识增值的过程，这个过程中绿色知识共享是实现绿色知识创造的开端，终端是实现绿色知识增值。为此本书将从产学研绿色知识共享出发，以实现价值增值为目标，探究产学研合作

① 骆品亮，殷华祥. 知识共享的利益博弈模型分析及其激励框架 [J]. 研究与发展管理，2009，21（2）：24-30.
② 朱卫未，施琴芬. 隐性知识转移过程中个体间的博弈纳什均衡 [J]. 研究与发展管理，2011，23（5）：128-134.
③ 蒋樟生，胡珑瑛. 技术创新联盟知识转移决策的主从博弈分析 [J]. 科研管理，2012，33（4）：41-47.
④ BANDYOPADHYAY S, PATHAK P. Knowledge sharing and cooperation in outsourcing projects：A game theoretic analysis [J]. Decision Support Systems，2007，43（2）：349-358.
⑤ LI Y M, JHANG-LI J H. Knowledge sharing in communities of practice：A game theoretic analysis [J]. European Journal of Operational Research，2010，207（1）：1052-1064.
⑥ HO S P, LIN Y H E. Model for knowledge-sharing strategies：A game theory analysis [J]. Engineering Project Organization Journal，2011，1（1）：53-65.
⑦ BELLUCCI A, PENNACCHIO L. University knowledge and firm innovation：Evidence from European countries [J]. Journal of Technology Transfer，2016，41（4）：730-752.

下制造业企业绿色技术创新中的绿色知识创造机制。

二、产学研合作下绿色知识创造的微分博弈模型的构建

本书设定为学研机构和制造业企业构成的绿色知识协同创新系统，制造业企业是系统的主导方，学研机构是系统的合作方。基于此，本书定义如下变量，后续研究中会对这些变量进行详细分析，如表3-15所示。

表3-15 变量含义说明

命名		$P_{(t)}$	绿色知识创造的总收益
		$\beta_{(t)}$	努力水平的边际收益系数
R	学研机构	$\theta_{(t)}$	绿色水平的边际收益系数
B	制造业企业	$\varphi_{(t)}$	绿色创新的政府补贴系数
t	时间	$f_3(L_{(t)})$	绿色水平的增量
E (t)	绿色知识创造的努力水平	$\zeta(t)$	金融机构绿色信贷支持系数
$c(t)E(t)^2/2$	绿色知识创造的总成本	$f_1(E_R(t))$	制造业企业绿色知识创造成本
c (t)	成本系数	$\psi(t)$	绿色创新税收减免系数
L (t)	绿色知识的创造量	$f_2(E_R(t))$	学研机构绿色知识创造成本
a (t)	绿色知识创造能力系数	$\upsilon(t)$	学研机构的收益分配系数
γ	绿色水平的衰减系数	$\tau(t)$	绿色知识创造的补贴
z (t)	标准维纳过程	$\varepsilon(L(t))$	随机干扰因素

学研机构与制造业企业开展绿色知识创造活动，在这个过程中，我们设系统的绿色知识创新量 $L(t)$ 的动态演化方程为：

$$\begin{cases} dL(t) = [\alpha_R(t)E_R(t) + \alpha_B(t)E_B(t) - \gamma L(t)]dt + \varepsilon(L(t))dz(t) \\ L(0) = L_0 \geqslant 0 \end{cases} \quad (3-27)$$

其中，$\gamma \in (0, 1]$。

本文将包括政府补贴、金融机构的信贷支持和税收减免的激励机制引入产学研协同绿色创新系统中。政府补贴是在绿色创新的过程中政府提供给产学研协同绿色创新主体。金融机构的信贷支持和税务部门的税收减免可以通过整合绿色知识，将绿色知识技术化并进一步产品化来实现。这样有助于产学研合作下制造业企业的绿色知识创造。因此，总收益函数可由下式计算：

$$\begin{aligned} P(t) = &\beta_R(t)E_R(t) + \beta_B(t)E_B(t) + \zeta(t)f_1(E_R(t)) + \\ &\psi(t)f_2(E_R(t)) + \theta(t)L(t) + \varphi(t)f_3(L(t)) \end{aligned} \quad (3-28)$$

其中，$\theta(t)$、$\varphi(t)$、$\zeta(t)$ 和 $\psi(t)$ 的范围均是 $[0, 1]$。

在产学研协同绿色创新系统中，制造业企业通过与学研机构合作可以获得创造较多的绿色知识，其中，制造业企业需要为绿色知识创造支付更多的额外费用，额外费用是制造业企业给予学研机构的补贴。学研机构和制造业企业的目标函数的偏微分方程如下：

$$J_R = \int_0^\infty e^{-\rho t} \left[\upsilon(t) P(t) - (1 - \iota(t)) \frac{c_R(t)}{2} E_R(t)^2 \right] dt \qquad (3-29)$$

$$J_B = \int_0^\infty e^{-\rho t} \left[\begin{array}{c} (1 - \upsilon(t)) P(t) - \dfrac{c_B(t)}{2} E_B(t)^2 \\ - \dfrac{c_R(t)}{2} \iota(t) E_R(t)^2 \end{array} \right] dt \qquad (3-30)$$

其中，ρ 是学研机构和制造业企业的折现率，$\rho \in (0, 1]$，$\upsilon(t) \in [0, 1]$。

在产学研协同绿色创新系统中，绿色水平的增量与系统在 t 时刻的绿色知识创新有关。为了简单起见，假设存在 $f_3(L(t)) = L(t)$，$f_1(E_R(t)) = f_2(E_R(t)) = E_R(t)$。此外，反馈控制在经济模型分析中得到越来越广泛的应用，与开环控制策略相比，反馈控制策略具有更好的控制性能[1]。因此，反馈控制策略可以用来分析产学研协同绿色创新系统中制造业企业绿色知识创造的随机微分对策。

第四节　产学研合作下绿色知识创造的微分博弈模型求解与分析

一、纳什非合作博弈模型

在纳什非合作博弈的过程中，学研机构和制造业企业将同时独立地选择绿色知识创造的最优努力水平来实现利润最大化。

（一）纳什非合作博弈求解

命题 1

如果满足上述条件，则其反馈纳什均衡为：

---

[1]　赵黎明，孙健慧，张海波．基于微分博弈的军民融合协同创新体系技术共享行为研究 [J]．管理工程学报，2017，31（3）：183-191.

$$E_R^N = \frac{\upsilon\left[(\beta_R + \psi + \xi)(\rho + \gamma) + \alpha_R(\theta + \varphi)\right]}{c_R(\rho + \gamma)} \tag{3-31a}$$

$$E_B^N = \frac{(1 - \upsilon)\left[\beta_B(\rho + \gamma) + \alpha_B(\theta + \varphi)\right]}{c_B(\rho + \gamma)} \tag{3-31b}$$

其中，E_R^N 和 E_B^N 分别是学研机构和制造业企业绿色知识创造的最优努力水平。

$$V_R^N = \frac{\upsilon(\theta + \varphi)}{\rho + \gamma}L + \frac{\upsilon^2\eta_2}{2\rho c_R(\rho + \gamma)^2} + \frac{\upsilon(1 - \upsilon)\eta_1}{\rho c_B(\rho + \gamma)^2} \tag{3-32a}$$

$$V_B^N = \frac{(1 - \upsilon)(\theta + \varphi)}{\rho + \gamma}L + \frac{(1 - \upsilon)^2\eta_1}{2\rho c_B(\rho + \gamma)^2} + \frac{\upsilon(1 - \upsilon)\eta_2}{\rho c_R(\rho + \gamma)^2} \tag{3-32b}$$

其中，V_R^N 和 V_B^N 分别是学研机构和制造业企业绿色知识创造的最优收益函数，$\eta_1 = \left[\beta_B(\rho + \gamma) + \alpha_B(\theta + \varphi)\right]^2$，$\eta_2 = \left[(\beta_R + \psi + \xi)(\rho + \gamma) + \alpha_R(\theta + \varphi)\right]^2$。

证明：根据充分条件均衡静态反馈，存在一个绿色知识创造的最优收益函数，函数是一个连续可微函数。最优收益函数通过 Hamilton—Jacobi—Bellman（HJB）方程计算：

$$\rho V_R(L) = \max_{E_R} \left\{ \upsilon\left[(\beta_R + \psi + \xi)E_R + \beta_B E_B + (\theta + \varphi)L\right]\right.$$

$$\left. - (1 - \iota)\frac{c_R}{2}(E_R)^2 + V_R^{'}(L)(\alpha_R E_R + \alpha_B E_B - \gamma L) + \frac{\varepsilon^2(L)}{2}V_R^{''}(L) \right\} \tag{3-33a}$$

$$\rho V_B(L) = \max_{E_B} \left\{ (1 - \upsilon)\left[(\beta_R + \psi + \xi)E_R + \beta_B E_B + (\theta + \varphi)L\right] - \frac{c_B}{2}(E_B)^2 \right.$$

$$\left. - \frac{c_R}{2}\iota(E_R)^2 + V_B^{'}(L)(\alpha_R E_R + \alpha_B E_B - \gamma L) + \frac{\varepsilon^2(L)}{2}V_B^{''}(L) \right\} \tag{3-33b}$$

为了使利润最大化，存在着 $\iota^* = 0$。绿色知识创造的最优收益函数可以通过设定一阶偏导为 0 进行计算，则绿色知识创造的最优收益函数可以进一步表示如下：

$$E_R^N = \frac{\upsilon(\beta_R + \psi + \xi) + \alpha_R V_R^{'}(L)}{c_R} \tag{3-34a}$$

$$E_B^N = \frac{(1 - \upsilon)\beta_B + \alpha_B V_B^{'}(L)}{c_B} \tag{3-34b}$$

将式（3-34a）和式（3-34b）代入式（3-33a）和式（3-33b）中，则有：

$$\rho V_R(L) = \max_{E_R} \left\{ \left[\upsilon(\theta + \varphi) - \gamma V_R^{'}(L)\right]L + \frac{\left[\upsilon(\beta_R + \psi + \xi) + \alpha_R V_R^{'}(L)\right]^2}{2c_R} + \right.$$

$$\frac{[\upsilon\beta_B + \alpha_B V'_R(L)]\,[(1-\upsilon)\beta_B + \alpha_B V'_B(L)]}{c_B} + \frac{\varepsilon^2(L)}{2}V''_B(L)\Big\} \qquad (3\text{-}35a)$$

$$\rho V_B(L) = \max_{E_B}\left\{ \begin{array}{l} [(1-\upsilon)(\theta+\varphi) - \gamma V'_B(L)]\,L + \\[2mm] \dfrac{[(1-\upsilon)\beta_B + \alpha_B V'_B(L)]^2}{2c_B} + \\[2mm] \dfrac{[(1-\upsilon)(\beta_R+\psi+\xi) + \alpha_R V'_B(L)]\,[\upsilon(\beta_R+\psi+\xi) + \alpha_R V'_R(L)]}{c_R} \\[2mm] + \dfrac{\varepsilon^2(L)}{2}V''_B(L) \end{array}\right\} \qquad (3\text{-}35b)$$

HJB 方程的解是一个一元函数，自变量为 L，设

$$V_B(L) = dV_B(L)/dL = a_1, \quad V_R(L) = dV_R(L)/dL = a_2 \qquad (3\text{-}36)$$

其中，a_1、b_1、a_2 和 b_2 均为常数。将式（3-36）代入式（3-35a）和式（3-35b）中，则有：

$$\rho(a_1 L + b_1) = [\upsilon(\theta+\varphi) - \gamma a_R]\,L + \frac{[\upsilon(\beta_R+\psi+\xi) + \alpha_R a_1]^2}{2c_R} +$$

$$\frac{[\upsilon\beta_B + \alpha_B a_1]\,[(1-\upsilon)\beta_B + \alpha_B a_2]}{c_B} \qquad (3\text{-}37a)$$

$$\rho(a_2 L + b_2) = [(1-\upsilon)(\theta+\varphi) - \gamma a_B]\,L + \frac{[(1-\upsilon)\beta_B + \alpha_B a_2]^2}{2c_B} +$$

$$\frac{[(1-\upsilon)(\beta_R+\psi+\xi) + \alpha_R a_2]\,[\upsilon\beta_R + \alpha_R a_1]}{c_R} \qquad (3\text{-}37b)$$

设 $L \geqslant 0$，公式（3-36）中的参数值计算可得：

$$a_1 = \frac{\upsilon(\theta+\varphi)}{\rho+\gamma}, \quad b_1 = \frac{\upsilon^2\,[(\beta_R+\psi+\xi)(\rho+\gamma) + \alpha_R(\theta+\varphi)]^2}{2\rho c_R(\rho+\gamma)^2} +$$

$$\frac{\upsilon(1-\upsilon)\,[\beta_B(\rho+\gamma) + \alpha_B(\theta+\varphi)]^2}{\rho c_B(\rho+\gamma)^2} \qquad (3\text{-}38a)$$

$$a_2 = \frac{(1-\upsilon)(\theta+\varphi)}{\rho+\gamma}, \quad b_2 = \frac{(1-\upsilon)^2\,[\beta_B(\rho+\gamma) + \alpha_B(\theta+\varphi)]^2}{2\rho c_B(\rho+\gamma)^2} +$$

$$\frac{\upsilon(1-\upsilon)\,[(\beta_R+\psi+\xi)(\rho+\gamma) + \alpha_R(\theta+\varphi)]^2}{\rho c_R(\rho+\gamma)^2} -$$

$$\frac{\iota\upsilon^2\,[(\beta_R+\psi+\xi)(\rho+\gamma) + \alpha_R(\theta+\varphi)]^2}{2\rho c_R(1-\iota)^2(\rho+\delta)^2} \qquad (3\text{-}38b)$$

学研机构和制造业企业绿色知识创造的最优努力水平和最优收益函数可

以通过将 a_1、b_1、a_2 和 b_2 代入方程（3-34a）、（3-34b）和（3-36）中获得。

纳什均衡的结果表明：金融机构的信贷支持和税收部门的税收减免与学研机构绿色知识创造的努力水平成正比；学研机构和制造业企业绿色知识创造的最优努力水平与政府补贴和绿色创新能力成正比，但与成本和贴现率成反比；绿色知识创造的收益与绿色水平边际收入、信贷支持和税收减免成正比。

（二）期望和方差的极限

学研机构和制造业企业的收益与绿色知识增量有关，然而，这个增量受到各种随机干扰因素的影响。因此，有必要研究期望和方差的极限。

将式（3-31a）和式（3-31b）代入式（3-27）可得：

$$\begin{cases} dL(t) = [\mu - \gamma L(t)] \, dt + \varepsilon(L(t)) \, dz(t) \\ L(0) = L_0 \geqslant 0 \end{cases} \qquad (3-39)$$

其中，$\mu = \dfrac{\alpha_R v \left[(\beta_R + \psi + \xi)(\rho + \gamma) + \alpha_R(\theta + \varphi) \right]}{c_R(\rho + \gamma)} +$

$\dfrac{\alpha_B(1 - v) \left[\beta_B(\rho + \gamma) + \alpha_B(\theta + \varphi) \right]}{c_B(\rho + \gamma)}$。

为进一步分析，令 $\varepsilon(L(t)) \, dz(t) = \varepsilon\sqrt{L} \, dz(t)$ ，命题 2 可定义为：

命题 2

纳什非合作博弈反馈均衡的期望和方差的极限满足：

$$E(L_1(t)) = \frac{\mu}{\gamma} + e^{-\gamma t}\left(L_0 - \frac{\mu}{\gamma} \right), \quad \lim_{t \to \infty} E(L_1(t)) = \frac{\mu}{\gamma} \qquad (3-40a)$$

$$D(L_1(t)) = \frac{\varepsilon^2 \left[\mu - 2(\mu - \gamma L_0) e^{-\gamma t} + (\mu - 2\gamma L_0) e^{-2\gamma t} \right]}{2\gamma^2},$$

$$\lim_{t \to \infty} D(L_1(t)) = \frac{\varepsilon^2 \mu}{2\gamma^2} \qquad (3-40b)$$

其中，$\mu = \dfrac{\alpha_R v \left[(\beta_R + \psi + \xi)(\rho + \gamma) + \alpha_R(\theta + \varphi) \right]}{c_R(\rho + \gamma)} +$

$\dfrac{\alpha_B(1 - v) \left[\beta_B(\rho + \gamma) + \alpha_B(\theta + \varphi) \right]}{c_B(\rho + \gamma)}$。

证明：Ito 引理是在 Ito 微积分中用来求随机过程的时间相关函数的微分的恒等式，如果 $f(x)$ 是二次连续微分的函数，$t \in \forall$ 满足 Ito 方程：

$$f(B(t)) = f(0) + \int_0^t f'(B(s)) \, dB(s) + \frac{\int_0^t f''(B(s)) \, ds}{2} \qquad (3-41)$$

其中，$B(t)$ 为布朗运动。将式（3-39）代入式（3-41）中，则有：

$$
\begin{cases}
d\,(L(t))^2 = [(2\mu + \varepsilon^2)\,L - 2\gamma L^2]\,dt + 2L\varepsilon\sqrt{L}\,dz(t) \\
(L(0))^2 = (L_0)^2
\end{cases}
\tag{3-42}
$$

因此，$E(L(t))$ 和 $E(L(t))^2$ 满足以下非齐次线性微分方程：

$$
\begin{cases}
dE(L(t)) = [\mu - \gamma E(L)]\,dt \\
E(L(0)) = L_0
\end{cases}
\tag{3-43a}
$$

$$
\begin{cases}
dE(L(t))^2 = [(2\mu + \varepsilon^2)\,E(L) - 2\gamma E(L^2)]\,dt \\
E(L(0))^2 = (L_0)^2
\end{cases}
\tag{3-43b}
$$

通过求解上述非齐次线性微分方程，可以得到期望和方差的极限：

$$
E(L(t)) = \frac{\mu}{\gamma} + e^{-\gamma t}\left(L_0 - \frac{\mu}{\gamma}\right), \quad \lim_{t\to\infty} E(L(t)) = \frac{\mu}{\gamma}
\tag{3-44a}
$$

$$
D(L(t)) = \frac{\varepsilon^2[\mu - 2(\mu - \gamma L_0)\,e^{-\gamma t} + (\mu - 2\gamma L_0)\,e^{-2\gamma t}]}{2\gamma^2}
$$

$$
\lim_{t\to\infty} D(L(t)) = \frac{\varepsilon^2 \mu}{2\gamma^2}
\tag{3-44b}
$$

其中，$\mu = \dfrac{\alpha_R v\,[(\beta_R + \psi + \xi)\,(\rho + \gamma) + \alpha_R(\theta + \varphi)]}{c_R(\rho + \gamma)} +$

$\dfrac{\alpha_B(1 - v)\,[\beta_B(\rho + \gamma) + \alpha_B(\theta + \varphi)]}{c_B(\rho + \gamma)}$。

二、Stacklberg 主从博弈模型

为了促进产学研协同绿色创新系统的绿色知识创造，制造业企业设定最优努力水平和最优补贴水平，学研机构根据制造业企业的策略选择最优努力水平。

（一）Stacklberg 主从博弈求解

命题 3

如果满足上述条件，其反馈的 Stacklberg 主从均衡是：

$$
E_R^s = \frac{(2 - v)\,[(\beta_R + \psi + \xi)\,(\rho + \gamma) + \alpha_R(\theta + \varphi)]}{2c_R(\rho + \gamma)}
\tag{3-45a}
$$

$$
E_B^s = \frac{(1 - v)\,[\beta_B(\rho + \gamma) + \alpha_B(\theta + \varphi)]}{c_B(\rho + \gamma)}
\tag{3-45b}
$$

$$
\iota = \begin{cases}
\dfrac{2 - 3v}{2 - v}, & 0 \leq v \leq \dfrac{2}{3} \\
0, & otherwise
\end{cases}
\tag{3-45c}
$$

其中，E_R^S 和 E_B^S 分别是学研机构和制造业企业绿色知识创造的最优努力水平。

$$V_R^S = \frac{\upsilon(\theta + \varphi)}{\rho + \gamma} L + \frac{\upsilon(1 - \upsilon)\eta_1}{\rho c_B (\rho + \gamma)^2} + \frac{\upsilon(2 - \upsilon)\eta_2}{4\rho c_R (\rho + \gamma)^2} \quad (3\text{-}46a)$$

$$V_B^S = \frac{(1 - \upsilon)(\theta + \varphi)}{\rho + \gamma} L + \frac{(2 - \upsilon)^2 \eta_2}{8\rho c_R (\rho + \gamma)^2} + \frac{(1 - \upsilon)^2 \eta_1}{2\rho c_B (\rho + \gamma)^2} \quad (3\text{-}46b)$$

其中，V_R^S 和 V_B^S 分别是学研机构和制造业企业绿色知识创造的最优收益函数，$\eta_1 = [\beta_B(\rho + \gamma) + \alpha_B(\theta + \varphi)]^2$，$\eta_2 = [(\beta_R + \psi + \xi)(\rho + \gamma) + \alpha_R(\theta + \varphi)]^2$。

证明：为了获得 Stacklberg 博弈均衡，存在一个绿色知识创造最优的收益函数，函数是一个连续可微函数。最优收益函数 $V_R(L)$ 满足 HJB 方程：

$$\rho V_R(L) = \max \quad \{\upsilon[(\beta_R + \psi + \xi)E_R + \beta_B E_B + (\theta + \varphi)L] -$$
$$(1 - \iota)\frac{c_R}{2}(E_R)^2 + V_R^{'}(L)(\alpha_R E_R + \alpha_B E_B - \gamma L) + \frac{\varepsilon^2(L)}{2}V_R^{''}(L)\} \quad (3\text{-}47)$$

绿色知识创造的最优绿色水平可以通过设定一阶偏导为 0 进行计算，绿色知识创造的最优收益函数可以进一步表示如下：

$$E_R = \frac{\upsilon(\beta_R + \psi + \xi) + \alpha_R V_R^{'}(L)}{(1 - \iota)c_R} \quad (3\text{-}48)$$

最优收益函数 $V_B(L)$ 满足 HJB 方程：

$$\rho V_B(L) = \max_{E_B} \left\{ (1 - \upsilon)[(\beta_R + \psi + \xi)E_R + \beta_B E_B + (\theta + \varphi)L] - \frac{c_B}{2}(E_B)^2 \right.$$
$$\left. - \frac{c_R}{2}\iota(E_R)^2 + V_B^{'}(L)(\alpha_R E_R + \alpha_B E_B - \gamma L) + \frac{\varepsilon^2(L)}{2}V_B^{''}(L) \right\} \quad (3\text{-}49)$$

最优收益函数可进一步表示为：

$$\rho V_B(L) = \max_{E_B}\left\{ (1 - \upsilon)\left[\begin{array}{c} \dfrac{(\beta_R + \psi + \xi)[\upsilon(\beta_R + \psi + \xi) + \alpha_R V_R^{'}(L)]}{(1 - \iota)c_R} \\ + \beta_B E_B + (\theta + \varphi)L \end{array} \right] \right.$$
$$- \frac{c_B}{2}(E_B)^2 - \frac{c_R}{2}\iota\left(\frac{\upsilon(\beta_R + \psi + \xi) + \alpha_R V_R^{'}(L)}{(1 - \iota)c_R} \right)^2$$
$$\left. + V_B^{'}(L)\left(\frac{\alpha_R[\upsilon(\beta_R + \psi + \xi) + \alpha_R V_R^{'}(L)]}{(1 - \iota)c_R} + \alpha_B E_B - \gamma L \right) + \frac{\varepsilon^2(L)}{2}V_B^{''}(L) \right\}$$
$$(3\text{-}50)$$

设一阶偏导数为零即可计算，E_B 和 ι 结果可表示为：

$$E_B = \frac{(1 - \upsilon)\,\beta_B + \alpha_B V_B'(L)}{c_B} \qquad (3\text{-}51a)$$

$$\iota = \frac{(\beta_R + \psi + \xi)(2 - 3\upsilon) + \alpha_R[2V_B'(L) - V_R'(L)]}{(\beta_R + \psi + \xi)(2 - \upsilon) + \alpha_R[2V_B'(L) + V_R'(L)]} \qquad (3\text{-}51b)$$

将式（3-48）、式（3-51a）和式（3-51b）代入式（3-47）式（3-49）中，则有：

$$\rho V_R(L) = [\upsilon(\theta + \varphi) - \gamma V_R'(L)]\,L + [\upsilon(\beta_R + \psi + \xi) + \alpha_R V_R'(L)]\,E_R$$
$$- (1 - \iota)\frac{c_R}{2}(E_R)^2 + [\upsilon\beta_B + \alpha_B V_R'(L)]\,E_B + \frac{\varepsilon^2(L)}{2}V_R''(L) \qquad (3\text{-}52a)$$

$$\rho V_B(L) = [(1-\upsilon)(\theta + \varphi) - \gamma V_B'(L)]\,L + [(1-\upsilon)(\beta_R + \psi + \xi) + \alpha_R V_B'(L)]\,E_R$$
$$- \frac{c_R}{2}\iota(E_R)^2 + [(1 - \upsilon)\beta_B + \alpha_B V_B'(L)]\,E_B - \frac{c_B}{2}(E_B)^2 + \frac{\varepsilon^2(L)}{2}V_B''(L)$$
$$(3\text{-}52b)$$

式（3-52a）和式（3-52b）模型求解方式与式（3-35a）和式（3-35b）相似，结果如下：

$$a_1 = \frac{\upsilon(\theta + \varphi)}{\rho + \gamma},\quad b_1 = \frac{\upsilon^2[(\beta_R + \psi + \xi)(\rho + \gamma) + \alpha_R(\theta + \varphi)]^2}{2\rho c_R(1 - \iota)(\rho + \gamma)^2} +$$
$$\frac{\upsilon(1 - \upsilon)[\beta_B(\rho + \gamma) + \alpha_B(\theta + \varphi)]^2}{\rho c_B(\rho + \gamma)^2} \qquad (3\text{-}53a)$$

$$a_2 = \frac{(1 - \upsilon)(\theta + \varphi)}{\rho + \gamma},\quad b_2 = \frac{(1 - \upsilon)^2[\beta_B(\rho + \gamma) + \alpha_B(\theta + \varphi)]^2}{2\rho c_B(\rho + \gamma)^2} +$$
$$\frac{\upsilon(1 - \upsilon)[(\beta_R + \psi + \xi)(\rho + \gamma) + \alpha_R(\theta + \varphi)]^2}{\rho c_R(1 - \iota)(\rho + \gamma)^2} -$$
$$\frac{\iota\upsilon^2[(\beta_R + \psi + \xi)(\rho + \gamma) + \alpha_R(\theta + \varphi)]^2}{2\rho c_R(1 - \iota)^2(\rho + \gamma)^2} \qquad (3\text{-}53b)$$

相似的，学研机构和制造业企业绿色知识创造的最优努力水平和最优收益函数可以分别获得。

（二）期望和方差的极限

学研机构和制造业企业的收益与绿色知识增量有关，然而，这个增量受到各种随机干扰因素的影响。因此，有必要研究期望和方差的极限。

将式（3-45a）和式（3-45b）代入式（3-27）可得：

$$\begin{cases} dL(t) = [\tau - \gamma L(t)]\,dt + \varepsilon(L(t))\,dz(t) \\ L(0) = L_0 \geqslant 0 \end{cases} \qquad (3\text{-}54)$$

其中，$\tau = \dfrac{\alpha_R(2-v)\left[(\beta_R+\psi+\xi)(\rho+\gamma)+\alpha_R(\theta+\varphi)\right]}{2c_R(\rho+\gamma)} +$

$\dfrac{\alpha_B(1-v)\left[\beta_B(\rho+\gamma)+\alpha_B(\theta+\varphi)\right]}{c_B(\rho+\gamma)}$。

为进一步分析，令 $\varepsilon(L(t))\,dz(t) = \varepsilon\sqrt{L}\,dz(t)$，命题4可定义为：

命题4

Stackelberg 主从博弈反馈均衡的期望和方差的极限满足：

$$E(L(t)) = \frac{\tau}{\gamma} + e^{-\gamma t}\left(L_0 - \frac{\tau}{\gamma}\right), \quad \lim_{t\to\infty} E(L(t)) = \frac{\tau}{\gamma} \qquad (3\text{-}55\text{a})$$

$$D(L(t)) = \frac{\varepsilon^2\left[(\tau) - 2(\tau-\gamma L_0)e^{-\gamma t} + (\tau-2\gamma L_0)e^{-2\gamma t}\right]}{2\gamma^2}$$

$$\lim_{t\to\infty} D(L(t)) = \frac{\varepsilon^2\tau}{2\gamma^2} \qquad (3\text{-}55\text{b})$$

其中，$\tau = \dfrac{\alpha_R(2-v)\left[(\beta_R+\psi+\xi)(\rho+\gamma)+\alpha_R(\theta+\varphi)\right]}{2c_R(\rho+\gamma)} +$

$\dfrac{\alpha_B(1-v)\left[\beta_B(\rho+\gamma)+\alpha_B(\theta+\varphi)\right]}{c_B(\rho+\gamma)}$。

证明：命题4的证明与命题2相似，证明过程在这里不重复。

三、合作博弈模型

在合作博弈的过程中，学研机构和制造业企业将选择绿色知识创造最优的努力水平和收入的函数且最大化他们的总收入。在产学研协同绿色创新系统中，学研机构和制造业企业合作创新，系统知识水平得以提高。

（一）合作博弈求解

命题5

如果满足上述条件，则其合作博弈均衡为：

$$E_R^C = \frac{(\beta_R+\psi+\xi)(\rho+\gamma)+\alpha_R(\theta+\varphi)}{c_R(\rho+\gamma)} \qquad (3\text{-}56\text{a})$$

$$E_B^C = \frac{\beta_B(\rho+\gamma)+\alpha_B(\theta+\varphi)}{c_B(\rho+\gamma)} \qquad (3\text{-}56\text{b})$$

其中，E_R^C 和 E_B^C 分别是学研机构和制造业企业绿色知识创造的最优努力水平。

$$V^C = \frac{\theta + \varphi}{\rho + \gamma} L + \frac{[(\beta_R + \psi + \xi)(\rho + \gamma) + \alpha_R(\theta + \varphi)]^2}{2\rho c_R (\rho + \gamma)^2} +$$

$$\frac{[\beta_B(\theta + \varphi) + \alpha_B(\theta + \varphi)]^2}{2\rho c_B (\rho + \gamma)^2} \qquad (3-57)$$

其中，V^C 是学研机构和制造业企业绿色知识创造的最优收益函数，$\eta_1 = [\beta_B(\rho + \gamma) + \alpha_B(\theta + \varphi)]^2$，$\eta_2 = [(\beta_R + \psi + \xi)(\rho + \gamma) + \alpha_R(\theta + \varphi)]^2$。

证明：在合作博弈过程中，收益函数满足如下方程：

$$\rho V^C(L) =$$

$$\max_{E_R, E_B} \left\{ J = J_R + J_B = \int_0^\infty e^{-\rho t} \left[P(t) - \frac{c_B(t)}{2} E_B(t)^2 - \frac{c_R(t)}{2} E_R(t)^2 \right] dt \right\} \quad (3-58)$$

为了获得合作均衡，存在一个最优绿色知识创造的收益函数，函数是一个连续可微函数。最优收益函数满足如下 HJB 方程：

$$\rho V^C(L) = \max_{E_R, E_B} \left\{ [(\beta_R + \psi + \xi) E_R + \beta_B E_B + (\theta + \varphi) L] - \frac{c_B}{2}(E_B)^2 \right.$$

$$\left. - \frac{c_R}{2}(E_R)^2 + V'(L)(\alpha_R E_R + \alpha_B E_B - \gamma L) + \frac{\varepsilon^2(L)}{2} V''(L) \right\} \quad (3-59)$$

绿色知识创造的最优努力水平可以通过计算设置一阶偏导数等于零，则最优的努力水平可以表示如下：

$$E_R^C = \frac{\beta_R + \psi + \xi + \alpha_R V'(L)}{c_R} \qquad (3-60a)$$

$$E_B^C = \frac{\beta_B + \alpha_B V'(L)}{c_B} \qquad (3-60b)$$

将式（3-60a）和式（3-60b）代入式（3-59）中，则有：

$$\rho V^C(L) = \max_{E_R, E_B} \left\{ \begin{array}{l} [(\theta + \varphi) - \gamma V'(L)] L + \frac{(\beta_R + \psi + \xi + \alpha_R V'(L))^2}{2c_R} \\ + \frac{(\beta_B + \alpha_B V'(L))^2}{2c_B} + \frac{\varepsilon^2(L)}{2} V''(L) \end{array} \right\} \quad (3-61)$$

方程（3-61）求解与式（3-35a）相似，结果如下：

$$a_1 = \frac{\theta + \varphi}{\rho + \gamma}, \quad b_1 = \frac{[(\beta_R + \psi + \xi)(\rho + \gamma) + \alpha_R(\theta + \varphi)]^2}{2\rho c_R (\rho + \gamma)^2} +$$

$$\frac{[\beta_B(\rho + \gamma) + \alpha_B(\theta + \varphi)]^2}{2\rho c_B (\rho + \gamma)^2} \qquad (3-62)$$

同样，学研机构和制造业企业绿色知识创造最优努力水平和最优收益函数可获得。

（二）期望和方差的极限

学研机构和制造业企业的收益与绿色知识增量有关，然而，这个增量受到各种随机干扰因素的影响。因此，有必要研究期望和方差的极限。

将式（3-56a）和式（3-56b）代入式（3-27）可得：

$$\begin{cases} dL(t) = [w - \gamma L(t)] \, dt + \varepsilon(L(t)) \, dz(t) \\ L(0) = L_0 \geqslant 0 \end{cases} \tag{3-63}$$

其中，$w = \dfrac{\alpha_R [(\beta_R + \psi + \xi)(\rho + \gamma) + \alpha_R(\theta + \varphi)]}{c_R(\rho + \gamma)} +$

$\dfrac{\alpha_B [\beta_B(\rho + \gamma) + \alpha_B(\theta + \varphi)]}{c_B(\rho + \gamma)}$。

为进一步分析，令 $\varepsilon(L(t)) \, dz(t) = \varepsilon\sqrt{L} \, dz(t)$，命题 6 可定义为：

命题 6

合作博弈反馈均衡的期望和方差的极限满足：

$$E(L_2(t)) = \frac{w}{\gamma} + e^{-\gamma t}\left(L_0 - \frac{w}{\gamma}\right), \quad \lim_{t \to \infty} E(L_2(t)) = \frac{w}{\gamma} \tag{3-64a}$$

$$D(L_2(t)) = \frac{\varepsilon^2 [w - 2(w - \gamma L_0) e^{-\gamma t} + (w - 2\gamma L_0) e^{-2\gamma t}]}{2\gamma^2}$$

$$\lim_{t \to \infty} D(L_2(t)) = \frac{\varepsilon^2 w}{2\gamma^2} \tag{3-64b}$$

其中，$w = \dfrac{\alpha_R [(\beta_R + \psi + \xi)(\rho + \gamma) + \alpha_R(\theta + \varphi)]}{c_R(\rho + \gamma)} +$

$\dfrac{\alpha_B [\beta_B(\rho + \gamma) + \alpha_B(\theta + \varphi)]}{c_B(\rho + \gamma)}$。

证明：命题 6 的证明与命题 2 相似，证明过程在这里不重复。

四、合作模式选择及绿色知识创造机制分析

（一）均衡结果比较分析

命题 7

在学研机构和制造业企业合作博弈中，两者绿色知识创造的努力水平高于其他两种博弈下的努力水平。也就是说，即 $E_R^C \geqslant E_R^S \geqslant E_R^N$ 和 $E_B^C \geqslant E_B^S = E_B^N$ 成立。

证明：从命题 1、命题 3、命题 5 可以看出

$$E_R^C - E_R^S = \frac{\upsilon\left[(\beta_R + \psi + \xi)(\rho + \gamma) + \alpha_R(\theta + \varphi)\right]}{2c_R(\rho + \gamma)} \quad (3\text{-}65\text{a})$$

$$E_R^S - E_R^N = \frac{(2 - 3\upsilon)\left[(\beta_R + \psi + \xi)(\rho + \gamma) + \alpha_R(\theta + \varphi)\right]}{2c_R(\rho + \gamma)} \quad (3\text{-}65\text{b})$$

$$E_B^C - E_B^S = \frac{\vartheta\left[\beta_R(\rho + \gamma) + \alpha_R(\theta + \varphi)\right]}{c_B(\rho + \delta)} \quad (3\text{-}65\text{c})$$

因此，依据公式（3-45c），可以得到 $E_R^C \geqslant E_R^S$，$E_R^S \geqslant E_R^N$ 和 $E_B^C \geqslant E_B^S$。

命题 7 说明绿色创新下政府补贴是一种促进学研机构和制造业企业绿色知识创造的长期激励机制。

命题 8

对于 $L \geqslant 0$，存在 $V_R^S \geqslant V_R^N$ 和 $V_B^S \geqslant V_B^N$。

证明：从命题 1、命题 3 可以看出

$$\Delta V_R = V_R^S - V_R^N = \frac{\upsilon(2 - 3\upsilon)\left[(\beta_R + \psi + \xi)(\rho + \gamma) + \alpha_R(\theta + \varphi)\right]^2}{4\rho c_R(\rho + \gamma)^2} \quad (3\text{-}66\text{a})$$

$$\Delta V_B = V_B^S - V_B^N = \frac{(2 - 3\upsilon)^2\left[(\beta_R + \psi + \xi)(\rho + \gamma) + \alpha_R(\theta + \varphi)\right]^2}{\rho c_R(\rho + \gamma)^2} \quad (3\text{-}66\text{b})$$

因此，依据 $\upsilon \in (0, 2/3)$ 可以得到 $V_R^S \geqslant V_R^N$ 和 $V_B^S \geqslant V_B^N$。

命题 8 说明制造业企业给予学研机构的合作创新补贴能够促进两者的绿色知识创造。

命题 9

在产学研协同绿色创新系统中，针对 3 种博弈的总收益存在 $V^C \geqslant V^S \geqslant V^N$。

证明：从命题 1、命题 3、命题 5 可以看出

$$V^S = V_R^S + V_B^S$$

$$= \frac{\theta + \varphi}{\rho + \gamma}L + \frac{(4 - \upsilon^2)\left[(\beta_R + \psi + \xi)(\rho + \gamma) + \alpha_R(\theta + \varphi)\right]^2}{8\rho c_R(\rho + \gamma)^2} \quad (3\text{-}67\text{a})$$

$$+ \frac{(1 - \upsilon^2)\left[\beta_B(\rho + \gamma) + \alpha_B(\theta + \varphi)\right]^2}{2\rho c_B(\rho + \gamma)^2}$$

$$V^C - V^S = \frac{\upsilon^2\left[(\beta_R + \psi + \xi)(\rho + \gamma) + \alpha_R(\theta + \varphi)\right]^2}{8\rho c_R(\rho + \gamma)^2}$$

$$+ \frac{\upsilon^2\left[\beta_B(\rho + \gamma) + \alpha_B(\theta + \varphi)\right]^2}{2\rho c_B(\rho + \gamma)^2} \quad (3\text{-}67\text{b})$$

因此，依据 $\upsilon \in (0, 2/3)$ 可以得到 $V^C \geqslant V^S$，且存在

$$V^S - V^N = (V_R^S + V_B^S) - (V_R^N + V_B^N) = (V_R^S - V_R^N) + (V_B^S - V_B^N) \tag{3-68}$$

基于命题 8，可以得到 $V_R^S \geqslant V_R^N$ 和 $V_B^S \geqslant V_B^N$。

命题 10

在产学研协同绿色创新系统中，合作博弈的稳定性高于 Stacklberg 主从博弈的稳定性，高于纳什非合作博弈的稳定性。也就是说存在

$$\begin{cases} E(L_2(t)) > E(L(t)) > E(L_1(t)) , \lim_{t\to\infty}E(L_2(t)) > \lim_{t\to\infty}E(L(t)) \\ > \lim_{t\to\infty}E(L_1(t)) \\ D(L_2(t)) > D(L(t)) > D(L_1(t)) , \lim_{t\to\infty}D(L_2(t)) > \lim_{t\to\infty}D(L(t)) \\ > \lim_{t\to\infty}D(L_1(t)) \end{cases} \tag{3-69}$$

证明：从命题 2、命题 4、命题 6 可以看出

$$E(L_2(t)) - E(L(t)) = \frac{w}{\gamma} + e^{-\gamma t}\left(L_0 - \frac{w}{\gamma}\right) - \left[\frac{\tau}{\gamma} + e^{-\gamma t}\left(L_0 - \frac{\tau}{\gamma}\right)\right]$$

$$= \frac{w - \tau}{\gamma}(1 - e^{-\gamma t}) > 0 \tag{3-70a}$$

同样，存在

$$E(L(t)) - E(L_1(t)) > 0 \tag{3-70b}$$

$$\lim_{t\to\infty}E(L_2(t)) - \lim_{t\to\infty}E(L(t)) = \frac{w - \tau}{\gamma} > 0 \tag{3-71a}$$

$$\lim_{t\to\infty}E(L(t)) - \lim_{t\to\infty}E(L_1(t)) > 0 \tag{3-71b}$$

$$\lim_{t\to\infty}D(L_2(t)) - \lim_{t\to\infty}D(L(t)) = \frac{\varepsilon^2(w - \tau)}{2\gamma^2} > 0 \tag{3-72a}$$

$$\lim_{t\to\infty}D(L(t)) - \lim_{t\to\infty}D(L_1(t)) > 0 \tag{3-72b}$$

$$D(L_2(t)) - D(L(t)) = \frac{\varepsilon^2(w - \tau)}{\gamma}(1 - 2e^{-\gamma t} + e^{-2\gamma t}) \tag{3-73}$$

对于 $t \in (0, \infty)$，公式 $1 - 2e^{-\gamma t} + e^{-2\gamma t}$ 的一阶偏导大于 0。当 $t\to 0$，则有 $1 - 2e^{-\gamma t} + e^{-2\gamma t} = 0$，则可得 $D(L_2(t)) > D(L(t))$。同样，存在 $D(L(t)) > D(L_1(t))$。

命题 10 说明合作博弈下比其他两种博弈下的学研机构能够创造更多的绿色知识。然而，绿色知识的增量受到各种随机干扰因素的影响，命题 10 也表明在产学研协同绿色创新系统中学研机构需要承担更大的风险来创造更多的绿色知识。

（二）收益分配机制分析

命题 11

为了协调绿色知识创造实现帕累托最优，产学研协同绿色创新系统的收益分配系数的范围可以表示为：

$$
\upsilon = \begin{cases} \left[\dfrac{2c_R\eta_1}{4c_R\eta_1 + c_B\eta_2}, \dfrac{4c_R\eta_1}{4c_R\eta_1 + c_B\eta_2} \right), & \dfrac{4c_R\eta_1}{4c_R\eta_1 + c_B\eta_2} < \dfrac{2}{3} \\[4mm] \left[\dfrac{2c_R\eta_1}{4c_R\eta_1 + c_E\eta_2}, \dfrac{2}{3} \right), & \dfrac{4c_R\eta_1}{4c_R\eta_1 + c_B\eta_2} \geq \dfrac{2}{3} \end{cases}
\tag{3-74}
$$

其中，$\eta_1 = [\beta_B(\rho + \gamma) + \alpha_B(\theta + \varphi)]^2$，$\eta_2 = [(\beta_R + \psi + \xi)(\rho + \gamma) + \alpha_R(\theta + \varphi)]^2$。

证明：根据命题 9，绿色知识创造系统的帕累托最优在合作博弈模型可以实现，为了促进绿色知识创造，存在

$$
(1 - \upsilon)V^C(L) \geq V_B^N(L)，\ \upsilon V^C(L) \geq V_R^N(L)
\tag{3-75}
$$

$$
(1 - \upsilon)V^C(L) \geq V_B^S(L)，\ \upsilon V^C(L) \geq V_R^S(L)
\tag{3-76}
$$

基于命题 8，$V_B^S(L) > V_B^N(L)$ 和 $V_R^S(L) > V_R^N(L)$，则有：

$$
\begin{cases} \dfrac{\eta_1}{c_B} + \dfrac{\eta_2}{c_R} - \dfrac{2\eta_1(1 - \upsilon)}{c_B} - \dfrac{\eta_2(2 - \upsilon)}{2c_R} \geq 0 \\[4mm] \dfrac{(1 - \upsilon)\eta_1}{c_B} + \dfrac{(1 - \upsilon)\eta_2}{c_R} - \dfrac{\eta_1(1 - \upsilon)^2}{c_B} - \dfrac{\eta_2(2 - \upsilon)^2}{4c_R} \geq 0 \end{cases}
\tag{3-77}
$$

其中，$\eta_1 = [\beta_B(\rho + \gamma) + \alpha_B(\theta + \varphi)]^2$，$\eta_2 = [(\beta_R + \psi + \xi)(\rho + \gamma) + \alpha_R(\theta + \varphi)]^2$。

方程式（3-77）也可写成：

$$
\frac{2c_R\eta_1}{4c_R\eta_1 + c_B\eta_2} \leq \upsilon \leq \frac{4c_R\eta_1}{4c_R\eta_1 + c_B\eta_2}
\tag{3-78}
$$

由于 $\upsilon \in (0, 2/3)$，则有：

$$
0 < \frac{2c_R\eta_1}{4c_R\eta_1 + c_B\eta_2} < \frac{2}{3}
\tag{3-79}
$$

然后只需要讨论 2/3 和 $4c_R\eta_1/(4c_R\eta_1 + c_B\eta_2)$ 之间的大小关系。因此，存在

$$
\upsilon = \begin{cases} \left[\dfrac{2c_R\eta_1}{4c_R\eta_1 + c_B\eta_2}, \dfrac{4c_R\eta_1}{4c_R\eta_1 + c_B\eta_2} \right), & \dfrac{4c_R\eta_1}{4c_R\eta_1 + c_B\eta_2} < \dfrac{2}{3} \Rightarrow 0 < \dfrac{c_R\eta_1}{c_B\eta_2} < \dfrac{1}{2} \\[4mm] \left[\dfrac{2c_R\eta_1}{4c_R\eta_1 + c_E\eta_2}, \dfrac{2}{3} \right), & \dfrac{4c_R\eta_1}{4c_R\eta_1 + c_B\eta_2} \geq \dfrac{2}{3} \Rightarrow \dfrac{c_R\eta_1}{c_B\eta_2} \geq \dfrac{1}{2} \end{cases}
$$

$$
\tag{3-80}
$$

（三）总结分析

本研究试图在不确定的环境下和产学研协同绿色创新系统中，建立一个绿色知识创造的随机微分对策模型。笔者考虑了随机干扰因素（如不确定的外部环境和决策者的情绪），分别分析了基于纳什非合作博弈模型、Stacklberg博弈模型和合作博弈模型的合作过程。

这3个博弈模型的均衡结果显示：金融机构的信贷支持和政府部门的税收减免与学研机构绿色知识创造的努力水平成正比；学研机构和制造业企业绿色知识创造的努力水平与政府绿色创新补贴和绿色技术创新能力成正比，与创造成本和贴现率成反比；绿色知识创造的收益与绿色水平的边际收益、信贷支持和税收减免水平成正比。上述因素是影响产学研合作下制造业企业绿色知识创造的关键因素。当条件变化时，学研方与制造业企业在绿色知识创造上的努力程度也会发生变化，因而为提高学研方与制造业企业的绿色知识创造水平，制造业企业应积极采取相关措施以降低绿色知识创造成本，提高绿色知识能力，增加绿色知识边际收益。

均衡结果的比较分析表明：绿色创新的政府补贴是一种长期激励机制，可以促进产学研合作下制造业企业绿色知识创造；与纳什非合作博弈、Stacklberg主从博弈相比，在合作博弈中，学研机构可以创造更多的绿色知识，同时合作博弈需要承担更多的风险，才能在绿色创新体系的产学研合作中获得更高的收益。结果还表明合作博弈中绿色知识水平增量的稳定性优于Stacklberg主从博弈，也优于非合作博弈的稳定性。

需要强调的是，产学研合作下制造业企业绿色知识创造系统的帕累托最优可在合作博弈下得到，绿色知识创造的成本分担是一种帕累托优化机制，有助于实现学研方和制造业企业收益的共同增长，促进产学研合作下制造业企业绿色知识创造系统总收益的增加。合作情形下，学研方和制造业企业以整体收益最大化为目标开展活动，产学研合作下制造业企业绿色知识创造系统整体收益优于其他两种情形。但假如收益分配不合理，会导致学研方和制造业企业非合作最优收益高于合作收益，那么理性的参与主体会选择不合作。因而为了产学研合作下制造业企业绿色知识创造系统的协调发展并达到帕累托最优，产学研合作过程中应基于收益分配约定，设定合理的收益分配系数。

本研究结果不仅能够帮助制造企业和学研机构为自己选择一个合适的合作方式，也从激励机制、随机因素、利润分配和合同设计等方面促进产学研合作下制造业企业绿色知识创造系统的绿色知识创造。基于动态框架本书研究了产学研合作下制造业企业绿色知识创造系统的绿色知识创造，将随机干扰因素考虑到 3 种博弈模型中。这保证了博弈均衡结果的稳定性，为促进绿色知识创新的顺利实施提供了重要的理论支持。

第五节　本章小结

本章研究了产学研合作下制造业企业绿色技术创新中学研合作伙伴的选择和绿色知识创造的问题。首先，笔者理论分析了绿色创新学研伙伴选择过程，设计了绿色创新学研伙伴选择的理论模型；其次，构建了基于生态位理论的合作绿色创新伙伴评价体系和基于场理论的合作绿色创新伙伴选择模型，分析了学研合作伙伴选择及关键影响因素；再次，回顾了产学研合作下知识创造相关文献，构建了产学研合作下绿色知识创造的纳什非合作博弈模型、Stacklberg 博弈模型、合作博弈模型；最后，通过对 3 种微分博弈模型均衡结果比较和收益分配的推导及计算，分析了合作模式选择及绿色知识创造机制。

第四章

多主体合作下制造业企业绿色技术创新过程的技术转化阶段分析

本章将主要解决第二章构建的模型中多主体合作下制造业企业绿色知识技术化和绿色技术产品化的问题。在绿色知识创造阶段后，制造业企业为将绿色知识应用到绿色新产品开发中，需通过绿色知识螺旋将来自学研机构的绿色知识嵌入到绿色技术中，再将绿色技术应用于绿色新产品开发，实现绿色知识到绿色技术再到绿色产品的过程。这个过程既有助于制造业企业有效整合绿色知识，灵活生产高质量绿色产品，动态化和个性化的满足消费者需求，又能检验绿色知识成果和优化产学研绿色知识创造过程，提高绿色创新的质量，增强制造业企业绿色技术能力。为此，本章将多主体合作下制造业企业绿色技术创新过程的技术转化阶段分为绿色知识供需双边匹配及技术化、绿色技术产品化两个子阶段，分别重点分析绿色知识技术化的匹配机制及关键影响因素，以及绿色集成供应链合作下绿色技术产品化过程机理。具体如图4-1。

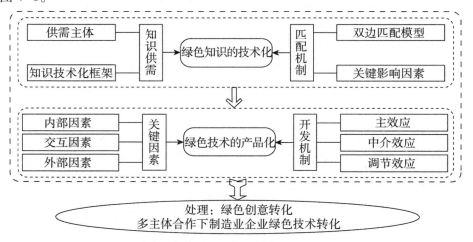

图4-1　多主体合作下制造业企业绿色技术转化的分析框架

第一节　技术中介合作下绿色知识技术化的
供需双边匹配模型构建

一、绿色知识供需双边匹配及技术化的理论分析

近年来，传统制造业对环境产生了严重的污染，也给居民的健康带来了各种疾病和严重的危害。制造业企业面临着传统技术绿色改造的压力，选择合适的绿色技术已成为制造业企业开发绿色新产品的一个重要因素。[①] 随着技术研发周期的缩短和环境保护要求的增加，制造业企业仅依靠内部绿色技术来开发绿色新产品的难度越来越大。这些绿色技术所依托的绿色知识在产学研中的扩散对促进制造业和低碳经济的发展具有重要作用。绿色知识将生态环境保护的价值理念融入技术知识运用过程中，改造现有技术知识的"绿色化"，使保护生态环境、促进人和自然和谐发展成为技术知识的基本理念和价值追求。绿色知识充分体现在产品的设计、生产、包装、使用、修理、回收、再造、销毁过程中，在这些阶段内均呈现了环保节能效果。[②] 大量研究表明，最有效、最便捷的方式是通过绿色知识扩散促进制造业的发展，越来越多的制造业企业依靠绿色知识的扩散来提高盈利能力，确保行业的竞争优势。[③]

绿色知识扩散的一种常见形式是在技术市场上交易，这种交易能够检验绿色知识绿色技术化的程度。学术研究机构在绿色知识的创造和提供中起着至关重要的作用，而制造业企业则是依托这些绿色知识的绿色技术的使用者。虽然学术研究机构产生了大量未能经济化的绿色知识，制造业企业一直在积极寻找合适的绿色技术，但学术研究机构的绿色知识通过技术中介转移到了制造业企业，且这些绿色知识得到企业认可存在着一定的障碍。为促进绿色技术的扩散，各国政府制定了激励政策和法规，以减少提供者和使用者之间的壁垒，并且形成了一个重要的中间服务体系，即技术中介市场。在促进制

---

① 何枫，祝丽云，马栋栋，等. 中国钢铁企业绿色技术效率研究 [J]. 中国工业经济，2015，(7)：84-98.

② 毕克新，申楠. 制造业绿色创新系统知识溢出的传导机制 [J]. 学术交流，2016，(4)：122-128.

③ 殷宝庆，肖文，刘洋. 绿色研发投入与"中国制造"在全球价值链的攀升 [J]. 科学学研究，2018，36 (8)：1395-1403，1504.

造业企业绿色知识供需匹配的过程中，技术中介作为独立的经济主体，通常对不同的技术匹配有自己的偏好。技术中介一般包括技术中介机构等营利性组织和政府主导的技术服务中心等非营利性组织。作为一个以利润为导向的机构，中介公司更愿意推出费用较高的配对产品，这是可以理解的；作为一个非营利性组织，中介公司更愿意推动绿色知识从学研机构向制造业企业转移。

在绿色知识转移过程中，学研机构提供依托大量绿色知识的绿色技术，制造业企业购买所需要的绿色知识，中介机构则基于学研机构和制造业企业需求进行匹配，匹配成功，说明学研机构提供的绿色知识满足企业需求，即实现了绿色知识的技术化，若匹配失败，则没有实现绿色知识的技术化。基于上述分析，本书认为绿色知识技术化是一个通过中介机构匹配绿色知识提供方和需求方的过程。因此，如何有效匹配供需双方是绿色知识技术化的关键。此外，考虑到绿色发展的正外部性且以政府主导的绿色技术服务中心较多，所以在本书中，技术中介是一个非营利性的绿色技术交易组织。

设 $\Upsilon: S \rightarrow D$ 是一个双边匹配准则，用来反映 S_i 对 D_j 和 D_j 对 S_i 的评价值。对于 $\forall S_i \in S$，$\forall D_j \in D$，如果 $\Upsilon(S_i) = D_j$，即 S_i 和 D_j 在 Υ 下的双边匹配，则 Υ 和 (S_i, D_j) 分别定义为双边匹配和绿色知识供需匹配对，即绿色知识技术化。如果 (S_i, D_j) 是一个在 Υ 下的匹配对，则 (D_j, S_i) 也是一个在 Υ 下的匹配对。$\Upsilon(S_i) = S_i$ 和 $\Upsilon(D_j) = D_j$ 代表在 Υ 下 S_i 和 D_j 没有实现绿色知识技术化。基于上述分析，这种相互关系也可以在图 4-2 中描述。从图 4-2 可以看出，学术研究机构的评估对象为 S_1、S_2、$\cdots$、S_m，制造业企业机构的评估对象为 D_1、D_2、$\cdots$、D_n。绿色知识的提供者和绿色技术的需求者之间的有向虚线分别表示制造业企业对学术研究机构所提供绿色知识的意愿和学术研究机构对制造业企业的意愿。同时，箭头线表示绿色知识的提供者和绿色技术的需求者之间的关系。例如，在图 4-2 中，S_1 与 D_2 在 Υ 下匹配，表明 S_1 的绿色知识可以被 D_2 技术化。在此框架下，学术研究机构将通过左侧匹配意愿（C_1，C_2，$\cdots$，C_p）来衡量制造业企业，而制造业企业将通过右侧匹配意愿（B_1，B_2，$\cdots$，B_q）来衡量学术研究机构。

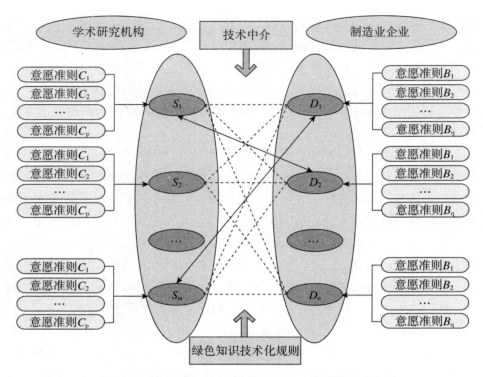

图4-2 基于绿色知识双边匹配的绿色知识技术化框架

二、绿色知识技术化的供需双边匹配模型的构建

（一）直觉模糊集及假设

基于文献①有如下定义：

定义1

设 $X = \{x_1, x_2, \cdots, x_n\}$ 是一个给定的集合，一个直觉模糊数有如下形式：

$$A = \{\langle x_i, t_A(x_i), f_A(x_i) \rangle \mid x_i \in X\} \tag{4-1}$$

其中 $t_A: x \rightarrow [0, 1]$，$f_A: x \rightarrow [0, 1]$。$t_A$ 表示因素的隶属度，f_A 表示因素的非隶属度。

---

① ATANASSOV K, GARGOV G. Interval valued intuitionistic fuzzy sets [J]. Fuzzy Sets and Systems, 1989, 31 (3)：343-349；XU Z S, YAGER R R. Dynamic intuitionistic fuzzy multi-attribute decision making [J]. International Journal of Approximate Reasoning, 2008, 48 (1)：246-262；YU D J. Intuitionistic fuzzy geometric Heronian mean aggregation operators [J]. Applied Soft Computing, 2013, 13 (2)：1235-1246.

当 $0 \leqslant t_A(x_i) + f_A(x_i) \leqslant 1$，$\forall x_i \in X$ 对于任意一直觉模糊数 A 在 X 中，设 $\pi_A(x_i) = 1 - t_A(x_i) - f_A(x_i)$ ，则称上式为犹豫度，其中 $\pi_A: x \rightarrow [0, 1]$ 。

定义 2

设 $a = \langle t_A(x), f_A(x) \rangle$，其中 $a_1 = \langle t_{A1}(x), f_{A1}(x) \rangle$ 和 $a_2 = \langle t_{A2}(x), f_{A2}(x) \rangle$ 是两个直觉模糊数，且 $\lambda > 0$。则相关基础运算法则如下：

① $\lambda a = \langle 1 - (1 - t_A(x))^{\lambda}, f_A(x)^{\lambda} \rangle$；

② $a^{\lambda} = \langle t_A(x)^{\lambda}, 1 - (1 - f_A(x))^{\lambda} \rangle$；

③ $a_1 \oplus a_2 = \langle t_{A1}(x) + t_{A2}(x) - t_{A1}(x) t_{A2}(x), f_{A1}(x) f_{A2}(x) \mid \forall x \in X \rangle$；

④ $a_1 \otimes a_2 = \langle t_{A1}(x) t_{A2}(x), f_{A1}(x) + f_{A2}(x) - f_{A1}(x) f_{A2}(x) \mid \forall x \in X \rangle$。

定义 3

设 $p \geqslant 0$，$q \geqslant 0$，p 和 q 不同时为 0，$a_i(i = 1, 2, \cdots, n)$ 是一组非负数。如果

$$GHM^{p,\, q}(a_1, a_2, \cdots, a_n) = \frac{1}{p + q}\Big(\prod_{i = 1, j = 1}^{n} (pa_i + qa_j)^{\frac{2}{n < n+1 >}} \Big) \tag{4-2}$$

则称上式为几何 Heronian 平均算子（GHM）。

定义 4

设 $\beta_{ij} = ([t_{\beta_{ij}}, f_{\beta_{ij}}])(i, j = 1, 2, \cdots, n)$ 是一个直觉模糊数，则 β_{ij} 被定义为：

$$\overset{n}{\underset{i = 1, j = 1}{\otimes}} \beta_{ij}^{\frac{2}{n < n+1 >}} = \Big(\prod_{i = 1, j = 1}^{n} t_{\beta_{ij}}^{\frac{2}{n < n+1 >}}, 1 - \prod_{i = 1, j = 1}^{n} (1 - f_{\beta_{ij}})^{\frac{2}{n < n+1 >}} \Big) \tag{4-3}$$

定义 5

对于直觉模糊数 $a = \langle t_A(x), f_A(x) \rangle$，其得分函数为：

$$h_{\hat{a}} = t_A(x) - f_A(x) \tag{4-4}$$

假设 1：设绿色知识技术化的匹配问题中供给者和需求者的集合分别用 $S = \{S_1, S_2, \cdots, S_m\}(m \geqslant 2)$ 和 $D = \{D_1, D_2, \cdots, D_n\}(n \geqslant 2)$ 表示，i^{th} 表示第 i 个绿色知识提供者，j^{th} 表示第 j 个绿色技术需求者。绿色知识提供者和绿色技术需求者通常根据期望标准来评估潜在的匹配伙伴。设 $C = \{C_1, C_2, \cdots, C_p\}$ 表示供给者评价潜在需求者的意愿准则，k^{th} 表示第 k 个意愿准则。a_{ijk} 表示对于需求者 D_j 对应着意愿准则 C_k 下 S_i 的评价值。$\omega = (\omega_1, \omega_2, \cdots, \omega_p)^T$ 是一个权重向量，满足 $0 \leqslant \omega_p \leqslant 1$ 和 $\sum_{p=1}^{n} \omega_p = 1$。则对于 D_j 的 S_i 的评价值可以表示为：

$$A = \sum_{k=1}^{p} c_{ijk}\omega_k \tag{4-5}$$

假设 2：设 $B = \{B_1, B_2, \cdots, B_q\}$ 表示需求者评价潜在供给者的意愿准则，l^{th} 表示第 l 个意愿准则。b_{ijl} 表示对于供给者 S_i 对应着意愿准则 B_l 下 D_j 的评价值。$\varphi = (\varphi_1, \varphi_2, \cdots, \varphi_q)^T$ 是一个权重向量，满足 $0 \leqslant \varphi_q \leqslant 1$ 和 $\sum_{q=1}^{n} \varphi_q = 1$。则对于 S_i 的 D_j 的评价值可以表示为：

$$B = \sum_{l=1}^{q} b_{ijl} \varphi_l \qquad (4-6)$$

（二）匹配意愿集成

1. 考虑意愿准则间相互作用的 IFGWHM 算子

通过 IFGWHM 算子可以将大量的意愿准则转化为集成的意愿，设 $\tilde{a}_i = \langle a_i, b_i \rangle (i = 1, 2, \cdots, n)$ 是一组直觉模糊数，其中 $p \geqslant 0$ 和 $q \geqslant 0$，如果

$$\text{IFGHM}^{p,q}(\tilde{a}_1, \tilde{a}_2, \cdots, \tilde{a}_n) = \frac{1}{p+q}(\mathop{\otimes}_{i=1, j=1}^{n} ((p\tilde{a}_i \oplus q\tilde{a}_j)^{\frac{2}{n(n+1)}})) \qquad (4-7)$$

则上式被称为直觉模糊几何 Heronian 平均算子（IFGHM）。

依据公式（4-2）和直觉模糊计算规则，则有：

$$p\tilde{a}_i \oplus q\tilde{a}_j = [1 - (1 - a_i)^p (1 - a_j)^q, (b_i)^p (b_j)^q] \qquad (4-8)$$

分别用 β_{ij}、$t_{\beta_{ij}}$ 和 $f_{\beta_{ij}}$ 代替 $p\tilde{a}_i \oplus q\tilde{a}_j$、$1 - (1 - a_i)^p (1 - a_j)^q$ 和 $(b_i)^p (b_j)^q$，计算公式如下：

$$\mathop{\otimes}_{i=1, j=1}^{n} (p\tilde{a}_i \oplus q\tilde{a}_j)^{\frac{2}{n(n+1)}} =$$

$$\left[\prod_{i=1, j=1}^{n} (1 - (1 - a_i)^p (1 - a_j)^q)^{\frac{2}{n(n+1)}}, \right.$$

$$\left. 1 - \prod_{i=1, j=1}^{n} (1 - (b_i)^p (b_j)^q)^{\frac{2}{n(n+1)}} \right] \qquad (4-9)$$

则上式可以写成：

$$\text{IFGHM}^{p,q}(\tilde{a}_1, \tilde{a}_2, \cdots, \tilde{a}_n) = \frac{1}{p+q}(\mathop{\otimes}_{i=1, j=1}^{n} ((p\tilde{a}_i \oplus q\tilde{a}_j)^{\frac{2}{n(n+1)}}))$$

$$= \left(1 - \left(1 - \prod_{i=1, j=1}^{n} (1 - (1 - a_i)^p (1 - a_j)^q)^{\frac{2}{n(n+1)}} \right)^{\frac{1}{p+q}}, \right.$$

$$\left. 1 - \left(1 - \prod_{i=1, j=1}^{n} (1 - (b_i)^p (b_j)^q)^{\frac{2}{n(n+1)}} \right)^{\frac{1}{p+q}} \right) \qquad (4-10)$$

设 $\tilde{a}_i = \langle a_i, b_i \rangle (i = 1, 2, \cdots, n)$ 是一组直觉模糊数，其中 $p \geqslant 0$ 和 $q \geqslant 0$，$w = (w_1, w_2, \cdots, w_n)^T$ 是一个权重向量，满足 $0 \leqslant w_j \leqslant 1$ 和 $\sum_{j=1}^{n} w_j = 1$。

则使用 IFGWHM 算子的综合匹配意愿也是一个区间直觉模糊数，可以表示为①：

$$\text{IFGWHM}^{p,\,q}(\tilde{a}_1,\ \tilde{a}_2,\ \cdots,\ \tilde{a}_n)$$
$$= \frac{1}{p+q}\Big(\overset{n}{\underset{i=1,\,j=1}{\otimes}}\big(\big((p\tilde{a}_i)^{w_i}\oplus(q\tilde{a}_j)^{w_j}\big)^{\frac{2}{n<n+1>}}\big)\Big) \tag{4-11}$$

同理，可以推导出 IFGWHM 算子如下：

$$\text{IFGWHM}^{p,\,q}(\tilde{a}_1,\ \tilde{a}_2,\ \cdots,\ \tilde{a}_n)=$$
$$\frac{1}{p+q}\Big(\overset{n}{\underset{i=1,\,j=1}{\otimes}}\big(\big((p\tilde{a}_i)^{w_i}\oplus(q\tilde{a}_j)^{w_j}\big)^{\frac{2}{n<n+1>}}\big)\Big)$$
$$= \Big(1-\big(1-\prod_{i=1,\,j=1}^{n}\big(1-(1-(a_i)^{w_i})^{p}(1-(a_j)^{w_j})^{q}\big)^{\frac{2}{n<n+1>}}\big)^{\frac{1}{p+q}},$$
$$\big(1-\prod_{i=1,\,j=1}^{n}\big(1-(1-(1-b_i)^{w_i})^{p}(1-(1-b_j)^{w_j})^{q}\big)^{\frac{2}{n<n+1>}}\big)^{\frac{1}{p+q}}\Big) \tag{4-12}$$

2. 意愿准则的权重向量

在概率论的基础上，利用直觉模糊熵的方法得到期望准则的权重向量。该方法可以减少主观权重对不确定信息的影响，更科学合理地度量直觉模糊信息，定义为②：

$$E_j = \frac{1}{m}\sum_{i=1}^{m}\Big\{1-\sqrt{(1-\pi_{ij}^{\ 2})-t_{ij}(x)f_{ij}(x)}\Big\} \tag{4-13}$$

设 ω_j 是一个匹配意愿准则向量，准则权重向量模型可表示为：

$$\begin{cases} \min \sum_{j=1}^{n}\omega_j^{\ 2}E_j \\ s.\,t.\ \sum_{j=1}^{n}\omega_j = 1 \end{cases} \tag{4-14}$$

通过 Lagrange 函数可得 $L(\omega_j,\ \delta)=\sum_{j=1}^{n}\omega_j^2 E_j+2\delta\big(\sum_{j=1}^{n}\omega_j-1\big)$，求解偏导，则匹配准则权向量模型可修改如下：

$$\begin{cases} \dfrac{\partial L(\omega_j,\ \delta)}{\partial \omega_j}=2\omega_j E_j+2\delta=0 \\ \dfrac{\partial L(\omega_j,\ \delta)}{\partial \delta}=2\big(\sum_{j=1}^{n}\omega_j-1\big)=0 \end{cases} \tag{4-15}$$

---

① Yu D J. Intuitionistic fuzzy geometric Heronian mean aggregation operators [J]. Applied Soft Computing, 2013, 13 (2): 1235-1246.

② Yu D J. Intuitionistic fuzzy geometric Heronian mean aggregation operators [J]. Applied Soft Computing, 2013, 13 (2): 1235-1246.

则准则权重向量可由下式求得：

$$\omega_j = \frac{(E_j)^{-1}}{\sum_{j=1}^{n} (E_j)^{-1}} \qquad (4-16)$$

（三）基于匹配期望的双边匹配决策模型

集成意愿的综合信息反映了绿色知识的供给者和绿色技术的需求者在直觉模糊环境下的期望匹配和期望准则之间的交互。该综合信息可以作为绿色知识技术化下供需双边匹配的基本决策输入。

首先，基于集成的匹配意愿，利用式（4-4）可以计算得分矩阵。引入 0 和 1 变量 x_{ij}，其中 $x_{ij} = [\{1, \varphi(S_i) = D_j\} \{0, \varphi(S_i) \neq D_j\}]$，则建立矩阵 $X = [x_{ij}]_{m \times n}$。在一对一条件下，可以建立绿色知识技术化下供需双边匹配模型（M-1）如下：

$$(\text{M}-1) \begin{cases} \max \quad Z_{S_i} = \sum_{i=1}^{m} a_{ij} x_{ij}, \ i = 1, 2, \cdots, m \\ \max \quad Z_{D_j} = \sum_{j=1}^{n} b_{ij} x_{ij}, \ j = 1, 2, \cdots, n \\ s.t. \sum_{j=1}^{n} x_{ij} = 1, \ j = 1, 2, \cdots, n; \ \sum_{i=1}^{m} x_{ij} \leqslant 1, \\ i = 1, 2, \cdots, m; \ x_{ij} \in \{0, 1\}, \ i = 1, 2, \\ \cdots, m; \ j = 1, 2, \cdots, n \end{cases} \qquad (4-17)$$

其中 a_{ij} 和 b_{ij} 分别为绿色知识的供给者和绿色技术的需求者的综合匹配得分。

对于模型（M-1），基于供需匹配公平性和综合匹配期望矩阵 $\Omega = [V_{ij}]_{m \times n}$，绿色知识技术化下供需双边匹配的单目标模型可以扩展为模型（M-2）如下：

$$(\text{M}-2) \begin{cases} \max \quad Z = \sum_{j=1}^{n} \sum_{i=1}^{m} (a_{ij} + b_{ij}) x_{ij} V_{ij} \\ s.t. \sum_{j=1}^{n} x_{ij} = 1, \ j = 1, 2, \cdots, n; \ \sum_{i=1}^{m} x_{ij} \leqslant 1, \\ i = 1, 2, \cdots, m; \ x_{ij} \in \{0, 1\}, \ i = 1, 2, \\ \cdots, m; \ j = 1, 2, \cdots, n \end{cases} \qquad (4-18)$$

为确定模型（M-2）中供给者和需求者的匹配意愿系数 V_{ij}，分析中结合绝对值的差异 $|a_{ij} - b_{ij}| = \mu_{ij} \geqslant 0$。如果 μ_{ij} 变得越来越大，那么绿色知识技术

化下供需双边匹配的成功率就会降低，因为供给者和需求者之间的满意度差异也越来越大。考虑偏差函数是反映差异程度的一个重要指标，为了方便起见，假设 $1/\mu_{ij}$ 是 μ_{ij} 的倒数。如果 $1/\mu_{ij}$ 越大，则绿色知识技术化的匹配成功率越大，匹配意愿系数越大。同样，如果 $1/\mu_{ij}$ 变得越来越大，V_{ij} 就会变得越来越小。① 因此，对于 D_j 下 S_i 的总倒数差可以表示为 $\sum_{j=1}^{n} V_{ij}/\mu_{ij}$。为了解决 μ_{ij} $= 0$ 的情况，引入了基于函数单调性的总倒数差 $\theta^{\mu_{ij}}(\theta \geqslant e)$。因此，总倒数差可以表示为：

$$G = \sum_{i=1}^{m} \sum_{j=1}^{n} \frac{V_{ij}}{\theta^{\mu_{ij}}} \qquad (4\text{-}19)$$

将绿色知识技术化下供需匹配意愿矩阵的单目标匹配模型（M-3）扩展为：

$$(\text{M} - 3) \begin{cases} \max \quad G = \sum_{i=1}^{m} \sum_{j=1}^{n} \frac{V_{ij}}{\theta^{\mu_{ij}}} \\ s.t. \sum_{i=1}^{m} \sum_{j=1}^{n} V_{ij}^2 = 1; \ 0 < V_{ij} < 1 \\ i = 1, \ 2, \ \cdots, \ m; \ j = 1, \ 2, \ \cdots, \ n \end{cases} \qquad (4\text{-}20)$$

在模型（M-3）中，为确定匹配意愿系数 V_{ij}，结合 Lagrange 函数，则有：

$$F = \sum_{i=1}^{m} \sum_{j=1}^{n} \frac{V_{ij}}{\theta^{\mu_{ij}}} - \frac{\vartheta}{2} \Big(\sum_{i=1}^{m} \sum_{j=1}^{n} V_{ij}^2 - 1 \Big) \qquad (4\text{-}21)$$

分别求取 V_{ij} 和 ϑ 的一阶偏导，将一阶偏导数设为零计算匹配意愿系数为：

$$V_{ij}^* = \frac{1}{\Big(\sum_{i=1}^{m} \sum_{j=1}^{n} \frac{1}{\theta^{2\mu_{ij}}} \Big)^{\frac{1}{2}} \mu_{ij}} \qquad (4\text{-}22)$$

依据公式（4-11）可以建立绿色知识技术化的匹配意愿矩阵 $\Omega^{**} = [V_{ij}^{**}]_{m \times n}$，其中 $V_{ij}^{**} = V_{ij}^* /\mu_{ij} \sum_{i=1}^{m} \sum_{j=1}^{n} 1/\theta^{2\mu_{ij}}$。绿色知识技术化的供需匹配意愿矩阵的匹配模型可推广为模型（M-4）如下：

---

① 乐琦. 直觉模糊环境下考虑匹配意愿的双边匹配决策 [J]. 中国管理科学, 2017, 25 (6)：161-168.

$$(\text{M}-4)\begin{cases} \max \quad Z = \sum_{j=1}^{n} \sum_{i=1}^{m} (a_{ij} + b_{ij}) \, x_{ij} V_{ij}^{**} \\ s.t. \sum_{j=1}^{n} x_{ij} = 1, \ j = 1, 2, \cdots, n; \ \sum_{i=1}^{m} x_{ij} \leqslant 1, \\ i = 1, 2, \cdots, m; \ x_{ij} \in \{0, 1\}, \ i = 1, 2, \\ \cdots, m; \ j = 1, 2, \cdots, n \end{cases} \quad (4\text{-}23)$$

针对绿色知识技术化的供需匹配意愿矩阵的匹配模型（M-4），求解该模型的可行解。绿色知识技术化的最优匹配矩阵 $O = [x_{ij}^*]_{m \times n}$ 可以通过软件 Lingo、Cplex 和 Win QB2.0. 获得，模型（M-4）的最优解是存在的，因为可行域是非空的。

（四）绿色知识技术化的步骤

根据上述讨论，绿色知识技术化中供需双边匹配方法的求解过程总结如下：

步骤 1：根据绿色知识供给方和绿色技术需求方的意愿，技术中介组织绿色技术项目经理、从业人员和技术相关领域专家利用式（4-1）确定评价矩阵 C 和 B。

步骤 2：根据式（4-16），得到绿色知识供给方和绿色技术需求方评价矩阵 C 和 B 的意愿准则权重向量；利用式（4-12）和准则权重向量集成匹配意愿的综合信息。

步骤 3：按式（4-4）计算匹配意愿的得分矩阵；基于得分矩阵，运用式（4-17）建立绿色知识技术化的供需匹配意愿矩阵的多目标优化模型。

步骤 4：利用式（4-22）根据得分矩阵计算供给方和需求方的匹配期望矩阵，并建立新的匹配期望矩阵；将式（4-23）中的多目标优化模型按照加权平均法和匹配意愿矩阵转化为单目标优化模型。

步骤 5：求解式（4-23）的优化模型，得到绿色知识供给方和绿色技术需求方的最优匹配对，绿色知识技术化分析。

第二节　技术中介合作下绿色知识技术化匹配模型的应用分析

一、应用背景

E 技术服务中心是以政府为主导的非营利性组织，是节能技术供需匹配的代表性中介机构。中心的服务范围涉及新产品开发的节能、节能材料及产品的技术评估和咨询、节能设计咨询、绿色技术咨询、节能技术支持和其他领域。服务中心的目标是为政府、企业和社会公众提供全面的技术供需服务，为企业节能发展提供强有力的技术支持。

目前，我国绿色发展理念逐渐得到重视，政府为我国企业设定了碳减排目标。如果企业的碳排放总量超过政府规定的上限，那么企业将面临政府部门的巨额罚款。当前，一方面，学术研究机构拥有大量科研成果，如科技论文、专利技术等，并没有在业中得到广泛的应用来实现其效益。另一方面，东北地区许多企业一直在积极寻求这些绿色知识来应对碳减排的压力。学研机构大量绿色知识亟须转化为具有现实生产力的绿色技术，目前匹配严重影响了绿色知识的转化，绿色知识的供给者和绿色技术的需求者亟须解决匹配问题，学研机构的绿色知识技术化有助于制造业企业减少碳排放。同时，非营利性中介机构收集了大量的学研机构绿色知识的相关数据，且掌握着制造业企业绿色技术的需求信息，这些数据为制定和实施促进制造业绿色发展的政策提供了有力的依据。

二、绿色知识技术化模型的应用分析

为配合制造业企业（需求者）和学研机构（供给者）的需要，E 中心一直积极收集有关绿色技术相关的供求资料。大多数管理者和实践者对匹配准则的理解都处于模糊状态，专家打分法使提出的方法更具有现实性和实用性。因此，IFS 理论适用于评价制造业企业和学研机构的绿色技术供求意愿准则。目前，技术服务中心收到 4 家建筑企业和 5 家学术研究机构对绿色屋顶技术的匹配要求，分别表示为 $(S_1, S_2, \cdots, S_5)$ 和 $(D_1, D_2, \cdots, D_4)$。5 家绿色知识供给者依据绿色屋顶技术转让收益（C_1）、绿色屋顶技术转让速度（C_2）、制造业企业绿色屋顶技术水平（C_3）、制造业企业绿色理念（C_4）4 个标准对 4 家制造业企业进行评估。4 家制造业企业对 5 家绿色知识供给者的绿色屋顶技术进行评价，评价标准有 5 个：绿色屋顶技术的发展水平（B_1）、屋顶技术的绿色程度（B_2）、绿色屋顶技术的市场前景（B_3）、潜在的绿色经济净价值（B_4）与现有屋顶技术的匹配程度（B_5）。通过收集学研机构和制造业企业的意愿信息，包括 5 个绿色知识供给者评估 4 个制造业企业的意愿的信息，4 个制造业企业评估 5 个绿色知识供给者的意愿的信息。

步骤 1：利用式（4-1），给出绿色知识供给者评估制造业企业的意愿如表 4-1 所示，制造业企业评估绿色知识供给者的意愿如表 4-2 所示。

表 4-1　绿色知识供给者对制造业企业的意愿

C	S/D	S_1	S_2	S_3	S_4	S_5
C_1	D_1	[0.5, 0.4]	[0.3, 0.2]	[0.6, 0.2]	[0.7, 0.2]	[0.5, 0.4]
	D_2	[0.4, 0.3]	[0.5, 0.4]	[0.7, 0.1]	[0.5, 0.3]	[0.5, 0.2]
	D_3	[0.5, 0.4]	[0.6, 0.2]	[0.6, 0.3]	[0.4, 0.2]	[0.5, 0.4]
	D_4	[0.6, 0.3]	[0.5, 0.2]	[0.3, 0.2]	[0.5, 0.4]	[0.5, 0.4]
C_2	D_1	[0.3, 0.5]	[0.2, 0.4]	[0.3, 0.4]	[0.4, 0.5]	[0.5, 0.4]
	D_2	[0.5, 0.3]	[0.5, 0.1]	[0.6, 0.3]	[0.1, 0.8]	[0.4, 0.6]
	D_3	[0.6, 0.4]	[0.3, 0.1]	[0.4, 0.6]	[0.6, 0.2]	[0.7, 0.2]
	D_4	[0.1, 0.4]	[0.4, 0.5]	[0.6, 0.4]	[0.5, 0.4]	[0.3, 0.5]
C_3	D_1	[0.4, 0.2]	[0.4, 0.5]	[0.2, 0.3]	[0.5, 0.2]	[0.4, 0.6]
	D_2	[0.5, 0.5]	[0.6, 0.4]	[0.6, 0.4]	[0.2, 0.5]	[0.2, 0.5]
	D_3	[0.4, 0.6]	[0.4, 0.3]	[0.4, 0.4]	[0.4, 0.4]	[0.4, 0.5]
	D_4	[0.4, 0.1]	[0.6, 0.3]	[0.5, 0.3]	[0.3, 0.6]	[0.3, 0.6]
C_4	D_1	[0.3, 0.5]	[0.6, 0.4]	[0.2, 0.4]	[0.4, 0.5]	[0.5, 0.3]
	D_2	[0.5, 0.2]	[0.3, 0.1]	[0.5, 0.2]	[0.1, 0.2]	[0.3, 0.5]
	D_3	[0.4, 0.4]	[0.4, 0.2]	[0.4, 0.1]	[0.4, 0.4]	[0.2, 0.6]
	D_4	[0.6, 0.4]	[0.3, 0.5]	[0.6, 0.3]	[0.4, 0.4]	[0.4, 0.5]

表 4-2　制造业企业对绿色知识供给者的意愿

B	D/S	D_1	D_2	D_3	D_4
B_1	S_1	[0.3, 0.5]	[0.2, 0.3]	[0.2, 0.4]	[0.6, 0.3]
	S_2	[0.2, 0.3]	[0.4, 0.5]	[0.4, 0.1]	[0.7, 0.2]
	S_3	[0.5, 0.4]	[0.2, 0.4]	[0.3, 0.3]	[0.5, 0.4]
	S_4	[0.4, 0.5]	[0.4, 0.3]	[0.2, 0.3]	[0.2, 0.1]
	S_5	[0.3, 0.4]	[0.2, 0.6]	[0.5, 0.4]	[0.4, 0.5]
B_2	S_1	[0.1, 0.2]	[0.2, 0.7]	[0.4, 0.1]	[0.6, 0.3]
	S_2	[0.5, 0.3]	[0.3, 0.5]	[0.3, 0.3]	[0.5, 0.2]
	S_3	[0.1, 0.4]	[0.4, 0.3]	[0.2, 0.5]	[0.3, 0.3]
	S_4	[0.3, 0.4]	[0.2, 0.4]	[0.5, 0.4]	[0.5, 0.2]
	S_5	[0.2, 0.5]	[0.3, 0.2]	[0.6, 0.1]	[0.6, 0.3]

续表

B	D/S	D_1	D_2	D_3	D_4
B_3	S_1	[0.4, 0.4]	[0.2, 0.6]	[0.6, 0.3]	[0.4, 0.2]
	S_2	[0.2, 0.3]	[0.4, 0.5]	[0.5, 0.5]	[0.5, 0.1]
	S_3	[0.3, 0.2]	[0.2, 0.1]	[0.4, 0.2]	[0.6, 0.3]
	S_4	[0.4, 0.1]	[0.5, 0.2]	[0.3, 0.1]	[0.4, 0.4]
	S_5	[0.2, 0.3]	[0.1, 0.3]	[0.3, 0.2]	[0.5, 0.5]
B_4	S_1	[0.3, 0.5]	[0.4, 0.2]	[0.4, 0.1]	[0.3, 0.6]
	S_2	[0.3, 0.4]	[0.5, 0.4]	[0.4, 0.3]	[0.7, 0.3]
	S_3	[0.5, 0.3]	[0.5, 0.2]	[0.5, 0.1]	[0.6, 0.3]
	S_4	[0.5, 0.5]	[0.6, 0.3]	[0.1, 0.3]	[0.3, 0.2]
	S_5	[0.6, 0.3]	[0.4, 0.3]	[0.2, 0.5]	[0.6, 0.4]
B_5	S_1	[0.4, 0.4]	[0.5, 0.5]	[0.6, 0.4]	[0.2, 0.5]
	S_2	[0.1, 0.5]	[0.5, 0.4]	[0.5, 0.1]	[0.1, 0.4]
	S_3	[0.3, 0.3]	[0.3, 0.2]	[0.3, 0.1]	[0.5, 0.2]
	S_4	[0.2, 0.3]	[0.4, 0.1]	[0.5, 0.3]	[0.4, 0.3]
	S_5	[0.3, 0.5]	[0.2, 0.8]	[0.3, 0.4]	[0.3, 0.2]

步骤2：在综合评价的基础上，分别确定绿色知识供给者和绿色技术需求者评价矩阵的意愿准则权重向量，如表4-3和表4-4所示。

表4-3　绿色知识供给者的匹配意愿权重向量

	C_1	C_2	C_3	C_4
S_1	0.2715	0.2424	0.2148	0.2713
S_2	0.2739	0.2231	0.2821	0.2209
S_3	0.2831	0.2479	0.2303	0.2387
S_4	0.2573	0.3052	0.2649	0.1726
S_5	0.2425	0.2518	0.2393	0.2664

表4-4　绿色技术需求者的匹配意愿权重向量

	B_1	B_2	B_3	B_4	B_5
D_1	0.2153	0.1689	0.1684	0.2381	0.2093

续表

	B_1	B_2	B_3	B_4	B_5
D_2	0.2089	0.2148	0.1549	0.2290	0.1924
D_3	0.1928	0.2325	0.1799	0.1932	0.2016
D_4	0.1733	0.2273	0.2097	0.1994	0.1903

表4-5 绿色知识供给者的综合匹配意愿

S/D	S_1	S_2	S_3	S_4	S_5
D_1	[0.7782, 0.1276]	[0.7674, 0.1145]	[0.7417, 0.0941]	[0.8363, 0.1073]	[0.8297, 0.1325]
D_2	[0.8282, 0.0940]	[0.8280, 0.0817]	[0.8800, 0.0706]	[0.6563, 0.1834]	[0.7590, 0.1475]
D_3	[0.8274, 0.1390]	[0.8046, 0.0578]	[0.8184, 0.1127]	[0.8202, 0.0841]	[0.7974, 0.1380]
D_4	[0.7738, 0.0921]	[0.8178, 0.1113]	[0.8288, 0.0857]	[0.8051, 0.1437]	[0.7782, 0.1611]

将这些值和权重向量代入式（4-12），绿色知识供给者和绿色技术需求者的综合匹配意愿如表4-5和表4-6所示。

表4-6 绿色技术需求者的综合匹配意愿

D/S	D_1	D_2	D_3	D_4
S_1	[0.7745, 0.1038]	[0.7755, 0.1243]	[0.8360, 0.0612]	[0.8281, 0.0967]
S_2	[0.7417, 0.0890]	[0.8379, 0.1160]	[0.8356, 0.0609]	[0.8395, 0.0550]
S_3	[0.7938, 0.0760]	[0.7912, 0.0578]	[0.7953, 0.0624]	[0.8631, 0.0692]
S_4	[0.8097, 0.0948]	[0.8291, 0.0629]	[0.7763, 0.0678]	[0.8118, 0.0568]
S_5	[0.7906, 0.0985]	[0.7454, 0.1293]	[0.8152, 0.0777]	[0.8604, 0.0939]

步骤3：将集成的匹配意愿代入式（4-4），计算得分矩阵如表4-7、表4-8所示。

表4-7 绿色知识供给者的得分矩阵

S/D	S_1	S_2	S_3	S_4	S_5
D_1	0.6507	0.6529	0.6476	0.7291	0.6972
D_2	0.7342	0.7463	0.8093	0.4729	0.6115
D_3	0.6884	0.7468	0.7057	0.7361	0.6594
D_4	0.6817	0.7065	0.7431	0.6615	0.6171

表 4-8　绿色技术需求者的得分矩阵

D/S	S_1	S_2	S_3	S_4	S_5
D_1	0.6708	0.6527	0.7178	0.7148	0.6921
D_2	0.6512	0.7219	0.7333	0.7662	0.6161
D_3	0.7748	0.7747	0.7329	0.7085	0.7374
D_4	0.7315	0.7844	0.7938	0.7550	0.7664

根据绿色知识供给者和绿色技术需求者的得分矩阵，可以构建式（4-17）中的多目标优化模型如下：

$$
(M-5)\begin{cases}
\max \quad Z_{S_i} = \sum_{i=1}^{5} a_{ij}x_{ij},\ i=1,\ 2,\ \cdots,\ 5 \\[2mm]
\max \quad Z_{D_j} = \sum_{j=1}^{4} b_{ij}x_{ij},\ j=1,\ 2,\ \cdots,\ 4 \\[2mm]
s.t. \sum_{j=1}^{4} x_{ij} = 1,\ j=1,\ 2,\ \cdots,\ 4;\ \sum_{i=1}^{5} x_{ij} \leqslant 1, \\[2mm]
i=1,\ 2,\ \cdots,\ 5;\ x_{ij} \in \{0,\ 1\},\ i=1,\ 2,\ \cdots,\ 5;\ j=1,\ 2,\ \cdots,\ 4
\end{cases}
\quad (4-24)
$$

步骤 4：根据供给者和需求者的得分矩阵，并设 $\theta = e$，构建式（4-22）中绿色知识技术化的匹配意愿矩阵如表 4-9 所示。

表 4-9　绿色知识技术化的匹配意愿矩阵

	S_1	S_2	S_3	S_4	S_5
D_1	0.0521	0.0531	0.0495	0.0524	0.0529
D_2	0.0489	0.0519	0.0493	0.0396	0.0529
D_3	0.0487	0.0517	0.0517	0.0517	0.0492
D_4	0.0506	0.0492	0.0505	0.0484	0.0458

将式（4-24）转化为式（4-23）中基于匹配意愿矩阵的单目标优化模型，采用加权平均法，则单目标优化模型可扩展为：

$$
(M-6)\begin{cases}
\max \quad Z = \sum_{j=1}^{4} \sum_{i=1}^{5} (a_{ij} + b_{ij})\ x_{ij} V_{ij}^{**} \\[2mm]
s.t. \quad \sum_{j=1}^{4} x_{ij} = 1,\ j=1,\ 2,\ \cdots,\ 4;\ \sum_{i=1}^{5} x_{ij} \leqslant 1, \\[2mm]
i=1,\ 2,\ \cdots,\ 5;\ x_{ij} \in \{0,\ 1\},\ i=1,\ 2, \\[2mm]
\cdots,\ 5;\ j=1,\ 2,\ \cdots,\ 4
\end{cases}
\quad (4-25)
$$

步骤5：使用Lingo、Matlab13.0等不同软件包求解式（4-25）中具有匹配意愿的优化模型，得到匹配结果如表4-10所示。

表4-10　绿色知识技术化匹配结果

	S_1	S_2	S_3	S_4	S_5
D_1	0	0	0	0	1
D_2	0	1	0	0	0
D_3	0	0	0	1	0
D_4	0	0	1	0	0

表4-10中绿色屋顶技术的绿色知识技术化匹配结果表明，所有制造业企业都与一个绿色知识提供者匹配，(S_2, D_2)、(S_3, D_4)、(S_4, D_3)和(S_5, D_1)，且为4个匹配对，即绿色知识技术化匹配。事实上，以前成功匹配的配对都没有有效开展绿色知识技术化活动，供给者1现在不能与任何用户匹配，虽然供给者2、3、4、5仍然可以与制造业企业匹配，但是他们的匹配伙伴与之前的解决方案不同，没有匹配供给者和需求者的愿望。技术服务中心E的目标是将5个学研机构的专利与4家制造业企业进行匹配，但未能为供给者1找到匹配的合作伙伴，该供给者的绿色知识未能技术化，这种不匹配严重影响了绿色知识的技术化。本书提出的方法被E技术服务中心用于处理4家建筑企业和5家专利所有人对绿色屋顶技术的匹配要求。目前，基于后续调查的匹配结果显示，许多绿色屋顶技术已经被转化为应用技术，并得到了广泛采用，许多与绿色屋顶技术相关的合同已经签订，实现了绿色知识技术化。基于本书提出的绿色知识技术化的匹配方法对绿色知识供给和绿色技术的需求进行匹配管理，可以为学研机构带来巨大的商业价值，提高制造业企业的绿色竞争优势。

基于上述研究与分析，本研究提出了一种基于直觉模糊集和考虑期望准则之间相互作用的绿色知识技术化供需匹配管理的高效实用的匹配决策方法。首先，建立绿色知识技术化的双边匹配框架，在此框架下，运用直觉模糊集理论表达学研机构和制造业企业的匹配意愿。其次，利用考虑意愿准则之间的相互作用的IFGWHM算子，将多个意愿转化为综合意愿，在此基础上，提出一种基于集成意愿的得分矩阵的双边匹配模型。再次，用线性加权方法将模型转化为单目标优化模型。最后，通过一个案例研究表明，该方法可以应用于实际的绿色知识技术化中，得到与实际情况更加一致的匹配结果。本研究对绿色知识技术化供需匹配管理的分析，有助于政策制定者采取合适的匹配措施，提高绿色知识技术化的成功率，从而促进绿色知识从学术研究机构向制造业企业的转移。此外，本研究证明了技术转让收益、技术转让速度、技术水平、企业绿色理念 4 个标准是学研机构主要关注的重要因素；技术的发展水平、技术的绿色程度、技术的市场前景、潜在的绿色经济价值、与现有技术的匹配程度是制造业企业关注的重要因素。

从政策含义的角度来看，针对那些没有将绿色知识技术化的供给者或需求者。在宏观层面，国家和地方政府应采取适当的法规和政策，加强学研机构与制造业企业之间的合作。学研机构可以根据制造业企业的需要，创造出易于转让的绿色知识，制造业企业也可以获得自己感兴趣的绿色技术。在微观层面，绿色知识的供给者和绿色技术的需求者应该更好地理解其他各方的意愿诉求，供给者应该提供更多实用的绿色知识；需求者应当对绿色新产品开发提出技术要求。此外，建立更加便捷的绿色知识技术化平台，减少绿色知识的供给者和绿色技术的需求者之间的壁垒，有助于促进制造业企业绿色发展。

第三节 绿色集成供应链合作下绿色技术产品化的理论分析与研究假设

一、绿色技术产品化的理论分析

随着公民环保意识的增强，在需求动态化的环境下，研发和制定出个性化、多样化的绿色新产品已成为制造业企业面临的难题。[1] 生产者要在市场中获得竞争优势，就必须努力开发出绿色新产品。绿色技术产品化是一个复杂的绿色新产品的开发过程，需要强化顶层设计和系统布局。外部合作有助于制造业企业整合内外部技术资源，通过多方合作降低创新成本和风险，实现技术突破和企业的战略目标。[2] 外部绿色供应链集成有助于企业整合内外部绿色技术资源，通过与绿色供应商和绿色客户合作，学习和吸收两者的先进经

---

① SHARMA A, LYER G R. Resource-constrained product development: Implications for green marketing and green supply chains [J]. Industrial Marketing Management, 2012, 41 (4): 599-608.

② YU W, CHAVEZ R, FENG M, et al. Integrated green supply chain management and operational performance [J]. Supply Chain Management, 2014, 19 (5/6): 683-696.

验，提高绿色新产品的开发速度和质量，实现绿色新产品开发的个性化、多样化特征，满足绿色消费者动态化需求。① 随着供应链与互联网、物联网的深度融合，通过外部绿色供应链集成使绿色技术产品化已成为制造业企业顺应绿色浪潮、赢得市场竞争、开发绿色新产品的重要途径。

　　如何有效通过外部绿色供应链集成增强绿色新产品的开发速度和质量，提高绿色技术产品化水平是当前制造业企业迫切需要解决的问题。国内外研究均默认了绿色供应链集成在绿色技术产品化中的正面作用，其理论研究亦成为绿色技术产品化领域的研究热点。在外部环境方面，Driessen 和 Hillebrand 研究指出利益相关者对企业开发绿色新产品具有重要影响。② De Medeiros 等研究认为利益相关者对企业关注程度越高，越积极地进行绿色新产品开发活动，开发的绿色新产品会更具有市场竞争力。③ Weng 等研究发现客户、供应商、竞争者等不同的利益相关者对企业绿色创新活动产生差异化影响。④ 在内部条件方面，廖中举和程华研究指出企业自身性质和特征对绿色创新有显著性作用。⑤ Shu 等认为管理者的绿色管理比渐进式产品创新更有可能导致根本性的产品创新。⑥ Lin 和 Chen 研究认为企业绿色调节能力受知识共享能力的影响。⑦ Albort-Morant 等研究认为企业绿色创新受知识获取的影响，不同的获取

① YAN Y K, YAZDANIFARD R. The concept of green marketing and green product development on consumer buying approach [J]. Global Journal of Commerce & Management Perspective, 2014, 3 (2): 33-38.

② DRIESSEN P H, HILLEBRAND B. Integrating multiple stakeholder issues in new product development: An exploration [J]. Journal of Product Innovation Management, 2013, 30 (2): 364-379.

③ DE MEDEIROS J F, RIBEIRO J L D, CORTIMIGLIA M N. Success factors for environmentally sustainable product innovation: A systematic literature review [J]. Journal of Cleaner Production, 2014, 65: 76-86.

④ WENG H H, CHEN J S, CHEN P C. Effects of green innovation on environmental and corporate performance: A stakeholder perspective [J]. Sustainability, 2015, 7 (5): 4997-5026.

⑤ 廖中举, 程华. 企业环境创新的影响因素及其绩效研究: 基于环境政策和企业背景特征的视角 [J]. 科学学研究, 2014, 32 (5): 792-800.

⑥ SHU C L, ZHOU K Z, XIAO Y Z, et al. How green management influences product innovation in China: The role of institutional benefits [J]. Journal of Business Ethics, 2016, 133 (3): 471-485.

⑦ LIN Y H, CHEN Y S. Determinants of green competitive advantage: The roles of green knowledge sharing, green dynamic capabilities, and green service innovation [J]. Quality & Quantity, 2017, 51 (4): 1663-1685.

方式和知识类型对绿色创新影响程度不同。① Tang 等在不考虑对环境的管理关注的情况下，绿色产品开发对企业绩效有积极影响。② Song 等发现环境领导、文化、环境能力等内部来源能够促进绿色新产品开发。③ 为此，本文认为未来的研究成果不仅需要证明绿色供应链集成对绿色新产品开发的影响，而且需要从知识管理角度揭示其提升绿色新产品的开发速度和质量的具体路径与机理，此外，绿色技术产品化水平的提升亦迫切需要明确绿色供应链集成和建设的优化方向。

为弥补现有研究缺陷，本文建立了一个外部绿色供应链集成、绿色知识螺旋、绿色新产品开发和高管环保意识的统一研究框架，运用结构方程模型和层次分析法探究绿色供应链集成对绿色新产品开发的影响，揭示其提升绿色新产品的开发速度和质量，促进绿色技术产品化的具体路径与机理。

二、理论模型与研究假设

（一）外部绿色供应链集成对知识螺旋和绿色新产品开发的积极影响

绿色新产品开发的实质是企业的绿色知识创造，在这个过程中，企业不仅需要高效运用企业内部知识，更需要吸收来自企业外部的知识，通过知识融合实现新的绿色知识创造。④ 外部绿色知识整合为企业带来了丰富数量和多样性的知识，增加了知识重新组合的可能性。随着竞争环境的日益增强，获取、整合来自企业外部的绿色知识对促进企业新产品开发具有重要影响。⑤ 与客户相比，绿色供应商与企业产品创新方面关联性更强，企业获取绿色供应商的绿色知识可以促进企业的绿色新产品开发，促进绿色新产品的开发质量

---

① ALBORT-MORANT G, LEAL-RODRÍGUEZ A L, DE MARCHI V. Absorptive capacity and relationship learning mechanisms as complementary drivers of green innovation performance [J]. Journal of Knowledge Management, 2018, 22 (2): 432-452.

② TANG M F, WALSH G, LERNER D, et al. Green innovation, managerial concern and firm performance: An empirical study [J]. Business Strategy and the Environment, 2018, 27 (1): 39-51.

③ SONG W H, REN S, YU J. Bridging the gap between corporate social responsibility and new green product success: The role of green organizational identity [J]. Business Strategy and the Environment, 2019, 28 (1): 88-97.

④ OZER M, TANG J W. Understanding the trade-off between familiarity and newness in product innovation [J]. Industrial Marketing Management, 2019, 77: 116-128.

⑤ LEE K H, KIM J W. Integrating suppliers into green product innovation development: An empirical case study in the semiconductor industry [J]. Business Strategy and the Environment, 2011, 20 (8): 527-538.

和速度的提升。① 绿色供应商与企业在材料供给等方面紧密相连，能够帮助企业在绿色新产品初始设计开发中实现飞跃性创新，此外，在后续的产品制造过程也具有一定优化角色的作用。② 关系理论认为绿色供应商与企业合作的合同建立了方便的知识沟通渠道，帮助企业获取隐性知识，进而实现显隐结合的知识转化。③

　　企业与绿色供应商的集成有助于企业共享绿色供应商的绿色创新能力，增强双方绿色产品设计和工艺设计的协调程度，从而加速绿色技术创新进程。④ 绿色供应商参与绿色新产品开发是指在绿色新产品开发过程中，企业设计一种合作机制，使得绿色供应商充分提供其技术、经验、创新能力，并承担相应的责任，从而提高企业的绿色新产品开发绩效。⑤ 绿色供应商参与绿色新产品开发包括从绿色产品概念的产生到绿色新产品原型测试，甚至到绿色产品营销策略等多个环节。绿色供应商参与是企业和绿色供应商之间的一种战略合作形式⑥，企业在绿色产品生命周期的早期就让绿色供应商参与进来⑦。绿色供应商参与绿色新产品开发既包括绿色供应商参与绿色新产品开发

① CHENG J H, YEH C H, TU C W. Trust and knowledge sharing in green supply chains [J]. Supply Chain Management, 2008, 13 (4): 283-295.

② LEE K H, KIM J W. Integrating suppliers into green product innovation development: An empirical case study in the semiconductor industry [J]. Business Strategy and the Environment, 2011, 20 (8): 527-538.

③ HWANG B G, NGW J. Project management knowledge and skills for green construction: Overcoming challenges [J]. International Journal of Project Management, 2013, 31 (2): 272-284.

④ PETERSEN K J, HANDFIELD R B, RAGATZ G L. Supplier integration into new product development: Coordinating product, process and supply chain design [J]. Journal of Operations Management, 2005, 23 (3-4): 371-388.

⑤ PETERSEN K J, HANDFIELD R B, RAGATZ G L. Supplier integration into new product development: Coordinating product, process and supply chain design [J]. Journal of Operations Management, 2005, 23 (3-4): 371-388.

⑥ LO S M, ZHANG SS, WANG Z Q, et al. The impact of relationship quality and supplier development on green supply chain integration: A mediation and moderation analysis [J]. Journal of Cleaner Production, 2018, 202: 524-535.

⑦ RAUER J, KAUFMANN L. Mitigating external barriers to implementing green supply chain management: A grounded theory investigation of green-tech companies' rare earth metals supply chains [J]. Journal of Supply Chain Management, 2015, 51 (2): 65-88.

的各个环节或各个阶段，还包括绿色供应商参与到企业原有产品的重新设计。① 绿色供应商的集成有利于提高绿色新产品开发速度，快速满足市场需求②，也能够帮助企业快速提高绿色新产品的开发质量，降低绿色新产品的开发成本③。因此，我们提出如下假设：

H1a：绿色供应商集成对绿色新产品的开发速度具有积极影响。

H1b：绿色供应商集成对绿色新产品的开发质量具有积极影响。

H1c：绿色供应商集成对知识螺旋具有积极影响。

企业与绿色客户的联合合作对绿色新产品的开发绩效的提升极其有利。绿色客户作为绿色新产品的关键参与者，与产品实际应用实践相结合，对产品的工艺、质量等方面了解甚多，能够反馈给企业更满足市场的产品改进信息。④ 企业通过绿色客户获取改善信息，进一步完善绿色新产品开发过程，将现有技术信息融入绿色新产品开发中，快速反应并满足市场需求。⑤ 绿色客户不仅在终端市场拓展方面具有重要作用，在绿色新产品开发前端同样具有重要价值。如绿色客户直接定制个性化产品，在产品设计、质量等方面为企业绿色新产品开发提供了指导方向。⑥ Chang 和 Fong 研究认为绿色客户对提高绿色新产品开发具有显著的促进作用。⑦ Tsai 指出协同创新网络中的客户协同

---

① LEE K H, KIM J W. Integrating suppliers into green product innovation development: An empirical case study in the semiconductor industry [J]. Business Strategy and the Environment, 2011, 20 (8): 527-538.

② CHEN H Z, DAUGHERTY P J, LANDRY T D. Supply chain process integration: A theoretical framework [J]. Journal of Business Logistics, 2009, 30 (2): 27-46.

③ WONG C W Y, LAI K H, BERNROIDER E W N. The performance of contingencies of supply chain information integration: The roles of product and market complexity [J]. International Journal of Production Economics, 2015, 165: 1-11.

④ OTTMAN J, BOOKS N B. Green marketing: Opportunity for innovation [J]. Journal of Sustainable Product Design, 1998, 60 (7): 136-667.

⑤ CAN C, WEE H Y, OZANNE L, et al. Consumers'purchasing behavior towards green products in New Zealand [J]. Innovative Marketing, 2008, 4 (1): 93-102.

⑥ TSAI M T, CHUANG L M, CHAO S T, et al. The effects assessment of firm environmental strategy and customer environmental conscious on green product development [J]. Environmental Monitoring and Assessment, 2012, 184 (7): 4435-4447.

⑦ CHANG N J, FONG C M. Green product quality, green corporate image, green customer satisfaction, and green customer loyalty [J]. African Journal of Business Management, 2010, 4 (13): 2836-2844.

对新产品创新绩效都具有积极影响。①

　　绿色客户参与企业的绿色新产品开发活动时，两者需要形成互惠互利的环境氛围，此时的多重交互行为可以积累自身信誉、考察对方的可信程度，强化现有知识的维系。② Mahr 等（2014）指出客户协同对绿色创新参与主体的共同学习及知识转化有积极影响。③ 绿色客户参与企业绿色新产品开发活动，企业应将绿色客户纳入企业利益关键相关者中，对绿色客户实施激励制度，同时需要保障企业自身的知识产权。企业从绿色客户中获取互补性资源，这有利于将"碎片式"绿色知识整合至具体的学习活动，进而深度推进绿色新产品开发活动。④ 在绿色客户协同绿色新产品的开发过程中，绿色客户积极参与企业绿色新产品开发，企业需要将绿色客户提供的绿色信息进行吸收、加工、转化，进而将其融入绿色新产品开发中。⑤ 因此，我们提出如下假设：

　　H2a：绿色客户集成对绿色新产品的开发速度具有积极影响。

　　H2b：绿色客户商集成对绿色新产品的开发质量具有积极影响。

　　H2c：绿色客户集成对知识螺旋具有积极影响。

　　（二）知识螺旋对绿色新产品开发的积极影响及其中介作用

　　绿色新产品开发实质是经过获取、共享、利用过程对绿色知识进行整合并创造的过程。在绿色新产品的开发过程中，绿色知识中隐性知识转化为显性知识，进一步融合已有的显性知识，通过绿色知识整合将绿色知识转化为

① TSAI M T, CHUANG L M, CHAO S T, et al. The effects assessment of firm environmental strategy and customer environmental conscious on green product development [J]. Environmental Monitoring and Assessment, 2012, 184 (7): 4435-4447.

② ZHANG C L, GUNASEKARAN A, WANG W Y C. A comprehensive model for supply chain integration [J]. Benchmarking, 2015, 22 (6): 1141-1157.

③ MAHR D, LIEVENS A, BLAZEVIC V. The value of customer cocreated knowledge during the innovation process [J]. Journal of Product Innovation Management, 2014, 31 (3): 599-615.

④ WONG C W Y, LAI K, BERNROIDER E W N. The performance of contingencies of supply chain information integration: The roles of product and market complexity [J]. International Journal of Production Economics, 2015, 165: 1-11.

⑤ LEAL-MILLÁN A, ROLDÁN J L, LWAL-RODRÍGUEZ A L, et al. IT and relationship learning in networks as drivers of green innovation and customer capital: Evidence from the automobile sector [J]. Journal of Knowledge Management, 2016, 20 (3): 444-464.

技术，进而嵌入到绿色新产品开发中。① 绿色知识螺旋共同化有利于隐性知识交互和提高绿色研发技能和营销技能，促进个体或者组织间交流；知识螺旋表出化可以将隐性知识显性化，从而为个体提供明确可见的知识指导，有利于挖掘有效的绿色新产品开发技术知识；知识螺旋联结化可以为部门与部门之间的知识整合提供条件，从而提高产品创新能力，促进绿色知识融合和绿色新产品开发；知识螺旋内在化促进对市场趋势及技术属性的深化了解，有利于增强产品的针对性及新颖度，有利于优化绿色新产品开发过程。② 由此看来，有效的绿色知识螺旋能够通过知识吸收、整合、转换等方式促进绿色新产品开发。此外，绿色知识螺旋能够快速反应市场信息，满足消费者的需求，有利于绿色新产品营销创新。③ 因此，我们提出如下假设：

H3a：知识螺旋对绿色新产品的开发速度具有积极影响。

H3b：知识螺旋对绿色新产品的开发质量具有积极影响。

绿色供应商和绿色客户参与企业绿色新产品开发的实质是绿色知识传播的过程，在这个过程中，绿色供应商和绿色客户将绿色知识或者市场信息反馈给企业，企业需要吸收、整合其中的有效知识，并将这些绿色知识与现有内部绿色知识融合，以实现绿色知识的互补效应，满足绿色新产品的开发需求。Esper等指出供应链集成有助于知识传递，通过知识传递，各企业能更合理、有效地将资源、研发生产与市场需求关联起来。④ 企业可以通过对绿色集成供应链进行特定关系投资，以双边锁定与互相依赖结果等措施加速绿色新产品开发。绿色知识共享和整合是企业通过与外部主体开展合作，运用吸收、整合方式将来自企业外部的绿色知识内化，促进绿色新产品开发。⑤ 绿色集成供应链协同绿色新产品开发的关键是绿色知识的交互，知识螺旋在其中具有

① SARIN S, MCDERMOTT C. The effect of team leader characteristics on learning, knowledge application, and performance of cross-functional new product development teams [J]. Decision Sciences, 2003, 34 (4)：707-739.

② NONAKA I, TOYAMA R. The knowledge-creating theory revisited：Knowledge creation as a synthesizing process [M]. London：Palgrave Macmillan, 2015：35-62.

③ MILLSON M R. Exploring the nonlinear impact of organizational integration on new product market success [J]. Journal of Product Innovation Management, 2015, 32 (2)：279-289.

④ ESPER T L, ELLINGER A E, STANK T P, et al. Demand and supply integration：A conceptual framework of value creation through knowledge management [J]. Journal of the Academy of Marketing Science, 2010, 38 (1)：5-18.

⑤ HWANG B G, NG W J. Project management knowledge and skills for green construction：Overcoming challenges [J]. International Journal of Project Management, 2013, 31 (2)：272-284.

关键作用。① 知识螺旋是绿色集成供应链协同绿色新产品开发的核心，只有通过知识螺旋上升才能将隐性知识显性化，促进绿色知识整合，进而影响绿色新产品开发速度和质量。② 此时，绿色集成供应链协同、知识螺旋和绿色新产品的开发速度和质量之间不仅存在着复杂的影响关系，而且知识螺旋是阐释绿色集成供应链影响绿色新产品开发绩效机制的关键中介变量。通过知识螺旋的重要作用，企业能够获取来自绿色供应商和绿色消费者的绿色知识，进而将这些绿色知识与内部激活后的绿色知识整合至绿色新产品创新中，使绿色新开发产品的速度和质量得到明显改善和提高。因此，我们提出如下假设：

H3c：知识螺旋在绿色供应商集成与绿色新产品的开发速度关系中存在中介效应。

H3d：知识螺旋在绿色供应商集成与绿色新产品的开发质量关系中存在中介效应。

H3e：知识螺旋在绿色客户集成与绿色新产品的开发速度关系中存在中介效应。

H3f：知识螺旋在绿色客户集成与绿色新产品开发质量关系中存在中介效应。

（三）高管环保意识在知识螺旋和绿色新产品开发关系之间的调节作用

高管环保意识越强，越能感知到绿色供应商和绿色消费者所传递的环保风险压力，进而越可能采取绿色新产品开发。大多数绿色新产品开发需要企业投入较多的资源，而绿色新产品开发失败的风险非常高，因此很难在短时期获得经济效益的提高。③ 只有高层管理者充分意识到绿色新产品开发的重要

---

① SARIN S, MCDERMOTT C. The effect of team leader characteristics on learning, knowledge application, and performance of cross - functional new product development teams ［J］. Decision Sciences, 2003, 34 （4）：707-739.

② BHOSALE V A, KANT R. Metadata analysis of knowledge management in supply chain：Investigating the past and predicting the future ［J］. Business Process Management Journal, 2016, 22 （1）：140-172.

③ SHU C, ZHOU K Z, XIAO Y, et al. How green management influences product innovation in China：The role of institutional benefits ［J］. Journal of Business Ethics, 2016, 133 （3）：471-485.

性，才会将其纳入企业可持续发展的目标中，并投入相应的资源来实施。[①] 高管环保意识越强，越倾向于识别绿色创新的潜在收益和市场机会，从而开发绿色新产品。[②] 一方面，环保意识强的高管能够有效利用政府环境政策整合所有绿色知识资源，进而开发绿色新产品。[③] 另一方面，环保意识强的高管整合来自绿色供应商和绿色客户的知识资源，研发满足消费者需求的绿色新产品，形成绿色竞争优势。本书认为高管对来自外部压力和机会的解读会影响企业知识管理，这有助于绿色新产品开发。高管环保意识越强，越可能识别绿色供应商和绿色客户所带来的绿色资源，而这种知识资源的有效整合有助于促进绿色新产品开发。[④] 高管环保意识强，能够促进企业识别来自绿色供应商和绿色消费者的信息资源，有利于企业合理配置这些资源与内部资源，将整合后的知识纳入绿色新产品开发中。[⑤] 此外，高层管理者对环境的态度和承诺影响绿色新产品开发。因此，我们提出如下假设：

H4a：高管环保意识正向调节知识螺旋和绿色新产品的开发速度的正向关系。

H4b：高管环保意识正向调节知识螺旋和绿色新产品的开发质量的正向关系。

综上所述，提出本研究的理论模型，如图 4-3 所示。

① SINGH S K, GUPTA S, BUSSO D, et al. Top management knowledge value, knowledge sharing practices, open innovation and organizational performance [J]. Journal of Business Research, 2021, 128: 788-798.

② TEIXEIRA A A, JABBOUR C J C, DE SOUSA JABBOUR A B L. Relationship between green management and environmental training in companies located in Brazil: A theoretical framework and case studies [J]. International Journal of Production Economics, 2012, 140 (1): 318-329.

③ FELEKOGLU B, MOULTRIE J. Top management involvement in new product development: A review and synthesis [J]. Journal of Product Innovation Management, 2014, 31 (1): 159-175.

④ TEIXEIRA A A, JABBOUR C J C, DE SOUSA JABBOUR A B L. Relationship between green management and environmental training in companies located in Brazil: A theoretical framework and case studies [J]. International Journal of Production Economics, 2012, 140 (1): 318-329.

⑤ TANG M, WALSH G, LERNER D, et al. Green innovation, managerial concern and firm performance: An empirical study [J]. Business Strategy and the Environment, 2018, 27 (1): 39-51.

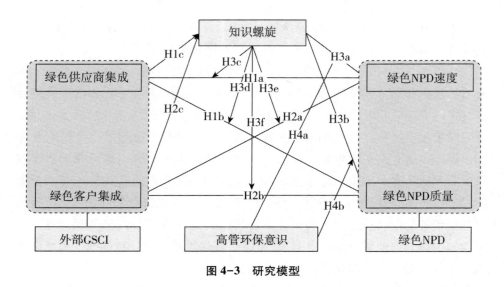

图 4-3　研究模型

第四节　绿色集成供应链合作下绿色技术产品化的
研究设计与研究过程

一、数据收集与偏差检验

为了保证研究结果的可靠性，本研究量表是在总结多个成熟量表的基础上进行整合的，绿色供应链集成的测量主要采用 Maditati 等[①]的成熟量表，知识螺旋的量表设计主要采用 Lee 和 Choi[②] 的测量量表，绿色新产品的开发速度主要参考 Chang 等[③]的成熟量表。为进一步从源头保证数据质量，在正式调查之前，采用相关文献中指标及领域内主要学者的测量指标，制订预调查问

---

①　MADITATI D R, MUNIM Z H, SCHRAMM H J, et al. A review of green supply chain management：From bibliometric analysis to a conceptual framework and future research directions [J]. Resources, Conservation and Recycling, 2018, 139：150-162.

②　LEE H, CHOI B. Knowledge management enablers, processes, and organizational performance：An integrative view and empirical examination [J]. Journal of Management Information Systems, 2003, 20 (1)：179-228.

③　CHANG T W, CHEN F F, LUAN H D, et al. Effect of green organizational identity, green shared vision, and organizational citizenship behavior for the environment on green product development performance [J]. Sustainability, 2019, 11 (3)：617.

卷。调查的对象设定为高端制造企业，这些企业是国家战略性支柱产业，对上下游企业具有广泛辐射和技术溢出效应，在面临着日益严峻的环境规制政策的压力下，需要不断开展绿色技术创新活动以满足客户绿色产品的需求。因此，我们在哈尔滨工程大学 MBA 和 EMBA 学员所管理的高端制造企业中发放了 70 份问卷，调查对象为企业中绿色新产品开发方面的产品经理、部门经理以及产品设计师等，最终回收 58 份。为防止回答者获取研究的因果关系暗示，降低被调查者的主观性程度，问卷中没有出现创新绩效等。同时邀请绿色创新领域专家及企业高级管理者根据测试结果对调查问卷进行修改，最后制订了正式的调查问卷。

为获得有效的研究数据，问卷调查对象企业均为绿色供应链中的企业，主要包括大型飞机、航空发动机及燃气轮机、民用航天、高技术船舶、海洋工程装备、节能与新能源汽车及其他行业的高端制造企业。调查实施中，对绿色供应链企业有以下要求：第一，绿色供应链企业属于创新发展的高端制造企业，近 5 年与绿色供应链中绿色供应商或绿色客户实施过或正在进行绿色新产品开发项目；第二，绿色供应链企业在过去 5 年内至少组织 5 次以上的企业与绿色供应商及绿色客户之间绿色新产品开发相关的交流活动。在问卷调查中，将问卷填写者限定为企业中绿色新产品开发方面的产品经理、部门经理以及产品设计师等。本次问卷数据主要通过网络调研的方式获得，在 2018 年 7—10 月的正式问卷发放中，共计发放 400 份问卷，回收 317 份，有效问卷 225 份，有效回收率为 70.97%。样本的统计学特征如表 4-11 所示。从行业领域来看，大型飞机制造行业 28 家（12.44%），航空发动机及燃气轮机行业 25 家（11.11%），民用航天行业 27 家（12.00%），高技术船舶行业 42 家（18.67%），海洋工程装备行业 33 家（14.67%），节能与新能源汽车行业 47 家（20.89%），其他高端制造行业 23 家（10.22%）。企业所属行业按照是否属于高污染行业进行测量。

表 4-11　样本的统计学特征

项目	分类	数量	百分比（%）
企业性质	国有企业	29	12.89
	民营企业	145	64.44
	外资企业	51	22.67

续表

项目	分类	数量	百分比（%）
企业规模	<300	22	9.78
	300-500	127	56.44
	>500	76	33.78
成立年限	<10	56	24.89
	10-20	109	48.44
	>20	60	26.67
是否高污染	Yes	122	54.22
	No	103	45.78
行业	大型飞机制造行业	28	12.44
	航空发动机及燃气轮机行业	25	11.11
	民用航天行业	27	12.00
	高技术船舶行业	42	18.67
	海洋工程装备行业	33	14.67
	节能与新能源汽车行业	47	20.89
	其他高端制造行业	23	10.22

为避免研究样本的同源偏差，本研究通过同源方法偏差和未回应者偏差对研究数据进行检验。在同源方法偏差上，本研究采用 Harman 单因素分析方法进行检验，运行 SPSS 软件提供的探索性因子分析程序，结果表明：未旋转的第一个主成分的载荷量仅是 29.06%，不存在单一因素解释大部分变异的因子，表明同源方法偏差不会造成显著影响。在未回应者偏差上，本研究未回应者偏差为 91%，满足进一步研究需求。

二、信度和效度检验及适配性分析

本研究检验方式包括：第一，运用 Cronbach alpha 系数评估样本数据内部一致性；第二，采用平均方差抽取方法检验样本数据的聚合效度；第三，采用 KMO 值和巴特利特球体方法检验样本数据的构思效度；第四，研究问卷是经过相关文献研究结果总结、修正的，内容能够有效反映变量信息，量表具有较高的内容效度。[①] 本研究运用 SPSS 软件对问卷数据进行信度检验和效度检验，检验结果如表 4-12 和 4-13 所示。

表 4-12　各量表的信度分析

维度	构念	项目	载荷	Cronach's α	AVE（%）
外部 GSCI 因素	绿色供应商集成	SI1	0.741	0.838	60.46
		SI2	0.777		
		SI3	0.813		
	绿色客户集成	CI1	0.727	0.822	53.00
		CI2	0.700		
		CI3	0.756		
知识因素	知识螺旋	KS1	0.891	0.891	63.28
		KS2	0.730		
		KS3	0.718		
		KS4	0.830		
绿色新产品开发因素	绿色 NPD 速度	GS1	0.696	0.872	55.63
		GS2	0.799		
		GS3	0.739		
	绿色 NPD 质量	GQ1	0.708	0.860	57.38
		GQ2	0.787		
		GQ3	0.775		

---

① CHANG T W, CHEN F F, LUAN H D, et al. Effect of green organizational identity, green shared vision, and organizational citizenship behavior for the environment on green product development performance [J]. Sustainability, 2019, 11（3）: 617.

续表

维度	构念	项目	载荷	Cronach's α	AVE（%）
高管因素	高管环保意识	TA1	0.633	0.875	56.88
		TA2	0.809		
		TA3	0.807		

　　如表 4-12 所示，本研究所有变量问卷数据的 Cronbach alpha 系数取值为 0.822~0.891，均高于一般建议的 0.7 的最低标准，表明样本数据内在一致性信度较高。在聚合效度检验方面，所有变量各指标项的因子载荷取值为 0.633~0.891，平均方差抽取量高于 50%，表明聚合效度较好。如表 4-13 所示，问卷数据的 KMO 为 0.844，高于一般建议的 0.6 的最低标准，巴特利特球体方法的检验结果显著，表明样本数据具有合适的构思效度。

表 4-13　KMO and Bartlett's 检验

KMO		0.844
Bartlett's 检验	卡方检验	3404.176
	df	171
	Sig.	0.000

　　知识螺旋中介的适配性分析。本研究共有 225 个样本，结构方程模型的样本量要求得到满足。我们建立了结构方程模型分析外部绿色供应链集成对绿色新产品的开发速度和质量的影响及知识螺旋的中介作用。我们建立了外部绿色供应链集成对绿色新产品开发速度和质量影响的结构方程模型，如图 4-4 所示。

　　本研究运用 AMOS 软件按照图 4-4 进行中介模型的适配性分析，适配性分析的结果如表 4-14 所示。表 4-14 可以看出，卡方值与自由度的比值 χ^2/df 为 1.743，小于一般建议的最大值 3，拟合度较好；近似误差的均方根 RMSEA 为 0.058，小于一般建议值 0.08，这说明模型绝对拟合是合理的。增值拟合指数相关指数值的范围在 0.914 和 0.961 之间，均大于一般建议的最小值 0.9，这说明增值拟合指数是合理的。比较拟合指数是 0.633，大于一般建议的最小值 0.5。总之，模型拟合程度较好。

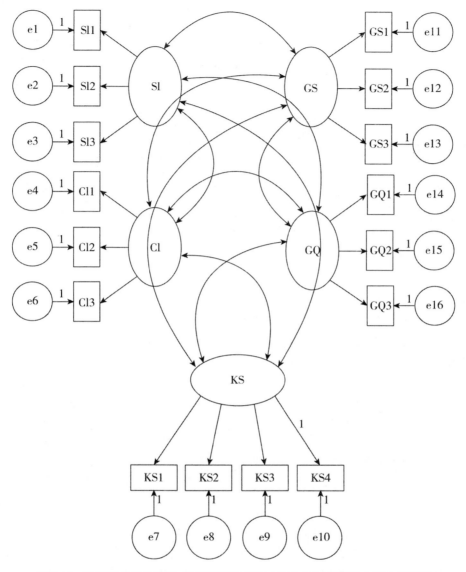

图 4-4 外部绿色供应链集成对绿色新产品开发速度和质量影响的分析模型

表 4-14 验证性因子分析模型的适配性分析

适配性指标	指数	基本水平	结果	模型适配性判断
绝对拟合	x^2/df	<3	1.743	接受
	RMSEA	<0.08	0.058	接受

续表

适配性指标	指数	基本水平	结果	模型适配性判断
增值拟合指数	CFI	>0.90	0.961	接受
	TLI	>0.90	0.950	接受
	IFI	>0.90	0.961	接受
	NFI	>0.90	0.914	接受
	GFI	>0.90	0.915	接受
比较拟合指数	PGFI	>0.50	0.633	接受

三、实证检验

（一）主效应检验

根据问卷调查数据，运用 AMOS 统计软件对绿色供应商集成和绿色客户集成对绿色新产品的开发速度和质量的影响进行分析。结果如图 4-5 所示，缩略语如表 4-15 所示。

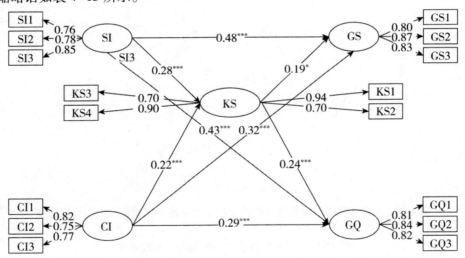

图 4-5　结构方程模型

注：***P 值小于 0.001；**P 值小于 0.01；*P 值小于 0.05。

表 4-15 缩写的词汇表

简写	构念	项目符号
SI	绿色供应商集成	SI1-SI3
CI	绿色客户集成	CI1-CI3
KS	知识螺旋	KS1-KS4
GS	绿色 NPD 速度	GS1-GS3
GQ	绿色 NPD 质量	GQ1-GQ3

结果的标准化估计值如表 4-16 所示。显然，虽然路径系数的显著性水平有差异性，但是从 H1a 到 H3b 的假设均得到了支持。此外，图 4-5 中路径系数显著性的结果显示知识螺旋在绿色供应商集成和绿色客户集成对绿色新产品的开发速度和质量间存在中介效应，这个结果初步支持了知识螺旋的中介效应。

表 4-16 非标准化的回归权重

			Estimate	S. E.	C. R.	P
KS	<---	SI	0.338	0.089	3.776	***
KS	<---	CI	0.307	0.107	2.875	0.004 **
GS	<---	SI	0.493	0.081	6.058	***
GS	<---	CI	0.377	0.095	3.991	***
GS	<---	KS	0.157	0.061	2.583	0.017 *
GQ	<---	SI	0.411	0.074	5.555	***
GQ	<---	CI	0.322	0.086	3.731	***
GQ	<---	KS	0.190	0.057	3.361	***
GS41	<---	GS	1.000			
GS42	<---	GS	1.066	0.079	13.491	***
GS43	<---	GS	0.980	0.075	13.103	***
GQ53	<---	GQ	1.000			
GQ52	<---	GQ	0.968	0.076	12.773	***
GQ51	<---	GQ	0.977	0.078	12.561	***
SI13	<---	SI	1.000			
SI12	<---	SI	0.864	0.072	11.996	***

续表

			Estimate	S. E.	C. R.	P
SI11	<---	SI	0.871	0.074	11.702	***
CI23	<---	CI	1.000			
CI22	<---	CI	0.876	0.085	10.256	***
CI21	<---	CI	0.978	0.092	10.644	***
KS34	<---	KS	1.000			
KS33	<---	KS	0.732	0.058	12.693	***
KS32	<---	KS	0.710	0.056	12.674	***
KS31	<---	KS	1.107	0.054	20.406	***

注：*** P 值小于 0.001；** P 值小于 0.01；* P 值小于 0.05。

（二）中介效应检验

在中介效应得到初步支持基础上，为得到优质的和精确的检验效果，本文运用偏差校正的非参数百分位 Bootstrap 法进一步检验知识螺旋的中介效应。本研究对 AMOS 软件进行了如下设置：5000 次重复抽样和 95% 的偏差校正置信区间。中介效应检验包括以下 4 条路径：SI→KS→GS、SI→KS→GQ、CI→KS→GS 和 CI→KS→GQ。知识螺旋的中介效应检验结果如表 4-17 所示。表 4-17 展示了直接效应、间接效应、总效应、P 值及置信区间的检验结果。这个结果支持了假设 H3c 到 H3f，知识螺旋的中介效应显著。

表 4-17　知识螺旋的中介作用

路径	直接效应	P 值	95%置信区间		间接效应	P 值	95%置信区间		总效应
			下限	上线			下限	上线	
SI→KS→GS	0.478	0.001	0.297	0.704	0.042	0.026	0.005	0.113	0.520
SI→KS→GQ	0.435	0.000	0.225	0.635	0.059	0.004	0.017	0.126	0.494
CI→KS→GS	0.316	0.000	0.163	0.622	0.048	0.004	0.014	0.138	0.364
CI→KS→GQ	0.293	0.002	0.102	0.588	0.060	0.002	0.020	0.142	0.353

（三）调节效应检验

在高管环保意识调节效应检验中，本研究采用回归分析三步法进行调节效应检验，结果如表 4-18 所示。Model1 和 Model4 分别检验了控制变量对绿色新产品的开发速度和质量的影响。Model2 和 Model5 分别检验了知识螺旋和高管环保意识和对绿色新产品的开发速度和质量的影响。Model3 高管环保意识在知识螺旋和绿色新产品开发速度间的调节效应，Model6 检验了高管环保意识在知识螺旋和绿色新产品开发质量间的调节效应。

表 4-18　调节效应检验结果

变量		绿色 NPD 速度			绿色 NPD 质量		
		Model1	Model2	Model3	Model4	Model5	Model6
控制变量	是否高污染	0.009	0.013	0.016	0.007	0.008	0.018
	企业属性	0.112^+	0.124^*	0.130^{**}	−0.058	−0.059	−0.040
	企业规模	0.122^+	0.103^+	0.102^+	0.138^{**}	0.116^+	0.113^+
	成立年限	0.261^{***}	0.002	0.000	0.240^{***}	0.119^+	0.111
主效应	KS		0.143^{**}	0.303^+		0.236^{***}	0.701^{***}
	TA		0.556^{***}	0.703^{***}		0.211^{**}	0.642^{**}
交互效应	KS×TA			−0.251			0.731^*
R^2		0.098	0.402	0.405	0.098	0.210	0.233
$\triangle R^2$			0.386^{***}	0.386^{***}	0.082^{***}	0.188^{***}	0.208^{***}
F		5.969^{***}	24.436^{***}	21.086^{***}	5.979^{***}	9.651^{***}	9.421^{***}

注：***P 值小于 0.001；**P 值小于 0.01；*P 值小于 0.05；$^+$P 值小于 0.1。

四、结果与讨论

（一）主效应分析

如图 4-5 和表 4-16 所示，SI 和 CI 对 GS 影响的标准化路径系数分别为 0.48 和 0.32，且在 1% 的水平下显著；SI 和 CI 对 GQ 影响的标准化路径系数分别为 0.43 和 0.29，且在 1% 的水平下显著；SI 和 CI 对 KS 影响的标准化路径系数分别为 0.28 和 0.22，且分别在 1% 的水平下和 5% 的水平下显著。KS 对 GS 影响的标准化路径系数为 0.19，且在 10% 的水平下显著；KS 对 GQ 影响的标准化路径系数为 0.24，且在 1% 的水平下显著。上述分析表明 SI 和 CI 对 GS、GQ、KS 存在显著正向影响，KS 对 GS、GQ 存在显著正向影响。研究假设 H1a 到 H3b 得到了证实。此外，SI 对 KS 绿色新产品的开发速度和质量的影响最大，与绿色新产品的开发速度相比，KS 对绿色新产品的开发质量的影响更大。研究表明知识螺旋可以提高绿色新产品与市场需求的契合度，缩短绿色新产品的上市时间。此外，知识螺旋更进一步地促进创新成果的推广，提高绿色新产品的开发速度和质量。制造业企业应明晰知识螺旋在绿色新产品的开发速度和质量中的推动作用。

（二）知识螺旋中介效应分析

高管环保意识的调节效应支持了假设 H3c 到 H3f，知识螺旋的中介效应显著。如表 4-17 所示，SI 对 GS 的总效应为 0.520，直接效应为 0.478，间接效应为 0.042，也就是说 SI 对 GS 的 0.520 总效应中有 0.042 是通过 KS 的中介效应来实现的，且中介效应占总效应的比例为 0.081；SI 对 GQ 的总效应为 0.494，直接效应为 0.435，间接效应为 0.059，说明 KS 在 SI 和 GQ 之间关系的中介效应为 0.059，且中介效应占总效应的比例为 0.119。上述两个中介路径的 95% 置信度下的偏差校正 Bootstrap 置信区间均不包含 0。上述分析表明知识螺旋在绿色供应商和绿色新产品的开发速度和质量中具有显著的部分中介作用。与知识螺旋在绿色供应商和绿色新产品的开发速度中的中介效应相比，知识螺旋在绿色供应商与绿色新产品的开发质量的中介效应更强。运用同样的分析方法分析 KS 在 CI 和 GS、GQ 的中介作用。CI 对 GS 的 0.364 总效应中有 0.048 是通过 KS 的中介效应来实现的，且中介效应占总效应的比例为 0.132；KS 在 CI 和 GQ 之间关系的中介效应为 0.060，且中介效应占总效应的比例为 0.170. 上述两个中介路径的 95% 置信度下的偏差校正 Bootstrap 置信区间均不包含 0。上述分析表明知识螺旋在绿色客户和绿色新产品的开发速度和质量中具有显著的部分中介作用。与对绿色新产品的开发速度的中介效应相比，知识螺旋在绿色客户与绿色新产品的开发质量的中介效应更强。上述 4 个中介路径的分析结果显示与知识螺旋对提高绿色新产品的开发速度的效应相比，知识螺旋对提高绿色新产品开发质量的效应更加强烈。与绿色供应商相比，等同知识螺旋能力在整合来自绿色客户信息的作用上更加显著。本文知识螺旋的目的在于从既有知识通过社会化、外在化、联结化和内在化方式追求绿色新产品开发所需的目标知识，从而减缓知识落差或跨域知识鸿沟，提高绿色新产品开发的速度和质量。共同化为制造业企业绿色新产品的开发创意的产生提供帮助；外在化则可以激励绿色供应商和绿色客户提出创意；联结化为整合来自绿色供应商和绿色客户创意的转移提供帮助；内在化可以激励制造业企业通过"干中学"等方式发现问题并提出新的绿色新产品的开发创意。

（三）高管环保意识调节效应分析

高管环保意识的调节效应的结果验证了假设 H4b，高管环保意识在知识螺旋与绿色新产品开发质量之间有显著的调节作用（$\beta = 0.731$，$p < 0.05$）。表

明强高管环保意识有利于重视企业新产品开发的社会责任，制造业企业将开发要素投入显性知识和隐性知识的交互中，提高绿色新产品的开发质量。假设 H4a 没有通过验证，表明制造业企业关注的重点在于绿色新产品的市场情况，不受高管环保意识的影响。我们注意到高管环保意识对知识螺旋与绿色新产品的开发速度之间的调节系数为负数。原因可能是绿色新产品开发到推广具有一定的滞后性，这有可能导致高管环保意识对知识螺旋与绿色新产品开发速度的调节系数为负。高管环保意识的调节作用有如下启示：第一，高层管理者在绿色新产品开发中不应急于求成，要注重绿色新产品的开发质量；第二，应将绿色环保理念置于战略高度，并将其真正融入制造业企业的绿色新产品开发中，提高绿色新产品的开发质量；第三，政府应积极加强社会环保意识体系的建立，营造良好的绿色理念和绿色氛围，开拓绿色产品新市场；第四，政策制定者应与制造业企业高管建立关系纽带，通过组织企业家培训班、行业协会等方式定期向高管传递环保信息，促进高管环保意识的建立。

　　基于上述分析，本文的研究结论包括以下 3 点：（1）绿色供应商集成和绿色客户集成对绿色新产品的开发速度、绿色新产品的开发质量、知识螺旋存在显著的正向影响，知识螺旋对绿色新产品的开发速度、绿色新产品的开发质量存在显著的正向影响。绿色供应商集成对知识螺旋、绿色新产品的开发速度和质量的影响最大，与绿色新产品的开发速度相比，知识螺旋对绿色新产品的开发质量的影响更大。（2）知识螺旋分别在绿色供应商和绿色客户与绿色新产品的开发速度和质量关系之间具有显著的部分中介作用；与绿色新产品的开发速度相比，知识螺旋在绿色客户与绿色新产品的开发质量的中介效应更强，对提高绿色新产品的开发质量的效应更加强烈。（3）高管环保意识对知识螺旋与绿色新产品的开发质量的关系有积极调节作用，对知识螺旋与绿色新产品的开发速度的关系没有显著的调节作用。

　　本研究结果对制造业企业和政策制定者具有重要的管理启示。对制造业企业而言，第一，制造业企业应明晰知识螺旋在绿色新产品开发速度和质量中的关键推动作用，将绿色知识管理置于企业绿色技术创新的首位。第二，高层管理者在绿色新产品开发中不应急于求成，要注重绿色新产品的开发质量。第三，制造业企业应将绿色环保理念置于战略高度，并将其真正融入制造业企业的绿色新产品开发中，提高绿色新产品的开发质量。对政策制定者而言，第一，政策制定者应积极加强社会环保意识体系的建立，营造良好的绿色理念和绿色氛围，开拓绿色产品新市场。第二，政策制定者应与制造业企业高管建立关系纽带，通过组织制造业企业家培训班、行业协会等方式定期向高管传递环境保护信息，促进高管环保意识的建立。第三，政策制定者应关注绿色消费者群体和绿色供应链伙伴的环保诉求，为制造业企业与这些群体提供良好的沟通交流平台。

第五节　本章小结

本章研究了多主体合作下制造业企业绿色技术创新过程的绿色知识技术化和绿色技术产品化的问题。首先，本章理论分析了绿色知识供需双边匹配及技术化，构建了绿色知识技术化的供需双边匹配模型；其次，使用了考虑属性间相互作用的IFGWHM算子和多目标优化模型，分析了绿色知识技术化匹配机制及关键因素；再次，理论分析了绿色技术产品化，构建了基于绿色新产品开发的绿色技术产品化理论模型并提出研究假设，并进一步从偏差、信度、效度及中介适配性方面检验了问卷数据的可验证性；最后，运用结构方程模型和层次回归方法检验了提出的假设，从主效应、知识螺旋中介效应及高管环保意识调节效应分析了绿色技术产品化的过程机理。

第五章

多主体合作下制造业企业绿色技术创新过程 的产品推广阶段分析

　　本章将主要解决第二章构建的模型中多主体合作下制造业企业绿色技术产品的前期销售和后期推广的问题。在知识创造阶段、技术转化阶段，制造业企业为获取绿色创新所带来的效益需要对已经绿色技术产品化的绿色产品进行有效的销售和推广。这既有助于制造业企业获取经济效益、社会效益、环境效益，并进一步开展绿色技术创新活动，又能检验绿色技术创新的效果和优化绿色新产品的开发过程，提高绿色消费者的接受程度，进而促进制造业企业绿色制造和高质量发展。为此，本章将多主体合作下制造业企业绿色技术创新过程的产品推广阶段分为客户合作下的前期销售、政府规制下的后期推广两个子阶段，分别重点分析基于绿色供应商选择的制造业企业绿色技术产品销售的影响因素，以及政府规制下制造业企业绿色技术产品的多阶段推广机制。具体如图5-1。

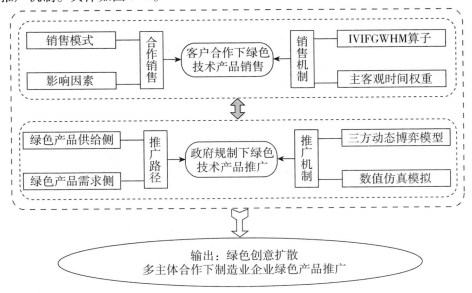

图5-1　多主体合作下制造业企业绿色产品推广的分析框架

第一节 客户合作下绿色技术产品销售的影响因素分析

一、绿色技术产品销售的理论分析

随着信息技术的发展和消费者需求的动态变化，制造业企业面临着严重绿色技术产品销售问题。① 解决这个问题的关键在于整合绿色供应链上的伙伴，基于合作互惠理念，促进绿色技术新产品前期销售，为此需要构建适合的制造业企业绿色技术产品销售模式，满足制造业企业绿色发展的需求。

绿色集成供应链是一种建立在相互信赖基础上的比较稳定、持久的企业间合作关系。② 随着供应链与互联网、物联网的深度融合，这种关系不断强化，绿色集成供应链企业深度合作逐渐成为新常态。绿色集成供应链企业间合作绿色产品销售逐渐成为一种制造业企业绿色技术产品销售模式。绿色集成供应链企业间合作绿色产品销售有助于制造业企业整合内外部绿色销售资源，通过上下游多方合作，降低绿色产品销售成本和风险，实现绿色产品的个性化、多样化，满足绿色消费者动态化需求。③ 绿色技术产品销售是制造业企业构建绿色集成供应链，促进绿色产品创新和实现企业绿色绩效的关键环节。绿色集成供应链企业间合作绿色产品销售过程是协调产品流、服务流、信息流、资金流、决策流、知识流及技术流的过程，④ 图 5-2 反映了绿色集成供应链企业间合作绿色产品销售模式。

---

① 王磊，惠施敏. 国际产能合作视角下的中国工业绿色转型研究 [J]. 生态经济，2019，35 (2)：53-60.

② 方竺乾. 基于供应链视角的绿色技术创新扩散机制研究 [J]. 生态经济，2018，34 (6)：63-67.

③ Yan Y K, Yazdanifard R. The concept of green marketing and green product development on consumer buying approach [J]. Global Journal of Commerce & Management Perspective, 2014, 3 (2)：33-38.

④ Yan Y K, Yazdanifard R. The concept of green marketing and green product development on consumer buying approach [J]. Global Journal of Commerce & Management Perspective, 2014, 3 (2)：33-38.

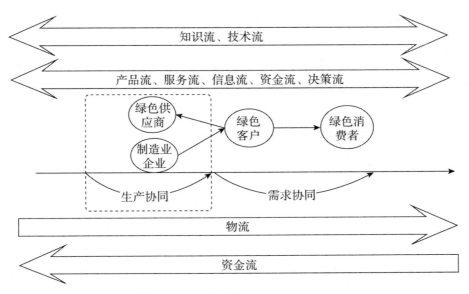

图 5-2　绿色集成供应链企业间合作绿色产品销售模式

　　绿色集成供应链企业间合作绿色产品销售模式有以下特点①：第一，绿色
集成供应链企业间合作绿色产品销售是制造业企业的战略化合作，制造业企
业由于逐渐认识到绿色集成供应链企业间合作绿色产品销售对增加企业利润，
增强企业绿色竞争力具有重要的促进作用。第二，绿色集成供应链是一种符
合现实的发展模式，对开发绿色新产品，拓展制造业企业业务流程具有重要
作用，特别是在绿色技术产品销售中的重要作用。第三，绿色集成供应链企
业间合作绿色产品销售模式更强调的是生产和销售部分，企业要根据客户的
绿色需求生产的产品，绿色客户占据着较大的主动权，充分强调了绿色需求，
市场上需要绿色产品，制造业企业就生产绿色产品。基于上述分析，结合图
5-2 所示，制造业企业既是绿色产品的生产方，也是绿色客户的绿色供应商。
绿色集成供应链企业间合作绿色产品销售由强调制造业企业转变为绿色客户，

---

① Lee K H, Kim J W. Integrating suppliers into green product innovation development: An empir-
ical case study in the semiconductor industry [J]. Business Strategy and the Environment,
2011, 20 (8): 527-538; Petersen K J, Handfield R B, Ragatz G L. Supplier integration into
new product development: Coordinating product, process and supply chain design [J]. Journal
of Operations Management, 2005, 23 (3-4): 371-388; Wong C W Y, Lai K, Bernroider E
W N. The performance of contingencies of supply chain information integration: The roles of
product and market complexity [J]. International Journal of Production Economics, 2015,
165: 1-11.

绿色客户的需求受到广泛重视。绿色产品销售链各个环节都必须围绕绿色产品，绿色客户进行购买才能完成绿色产品的销售。因此，综合上述分析，本研究从绿色客户视角探究制造业企业绿色技术产品销售的机制，为制造业企业有效运用绿色集成供应链进行绿色技术产品销售提供可借鉴的方法和路径。

二、绿色技术产品销售的关键因素分析

基于绿色客户视角，制造业企业绿色技术产品的销售过程是绿色客户对绿色供应商的选择过程，绿色技术产品销售的影响因素也就是绿色供应商选择的关键因素。绿色供应商选择相关的研究越来越受到业界和学术界的广泛关注，许多学者强调在绿色供应商选择过程中选择合适标准的重要性，如质量、技术能力、污染控制、绿色产品和高科技行业的绿色能力①。虽然这些研究都是围绕绿色供应商选择这一主题展开的，但上述研究并没有特别考虑制造业企业绿色技术产品销售中的绿色供应商选择，与绿色集成供应链的关联性较小。此外，与传统的绿色供应商选择标准，如质量、物流、服务等相比，绿色客户对绿色供应商的选择标准必须特别关注绿色能力、绿色技术和社会因素。本研究考虑了这些被忽视的方面，并作为影响制造业企业绿色技术产品销售的重要影响因素，这些因素作为绿色客户视角下的绿色供应商的选择标准。

基于绿色客户视角，制造业企业绿色技术产品的成功销售是绿色客户选择对经营目标有贡献的绿色供应商。绿色供应链包括绿色采购、绿色制造管理、绿色营销和逆向物流。制造业企业绿色供应链是以绿色技术产品为核心，以物流、资金流、信息流、知识流为支撑，贯穿于绿色产品销售整个周期。②基于上述分析，本研究提出了绿色客户视角下的绿色供应商的选择准则，以及上述已确定的准则，特别是有关绿色能力、绿色技术和社会因素。本研究

---

① WANG CHEN H M, CHOU S Y, LUU Q D, et al. A fuzzy MCDM approach for green supplier selection from the economic and environmental aspects [J]. Mathematical Problems in Engineering, 2016 (6): 1-10; YU F, YANG Y S, CHANG D F. Carbon footprint based green supplier selection under dynamic environment [J]. Journal of Cleaner Production, 2018, 170: 880-889; GOVINDAN K, SIVAKUMAR R. Green supplier selection and order allocation in a low-carbon paper industry: Integrated multi-criteria heterogeneous decision-making and multi-objective linear programming approaches [J]. Annals of Operations Research, 2016, 238 (1-2): 243-276.

② 宿丽霞. 企业间绿色技术合作的影响因素: 基于供应链角度 [J]. 中国人口·资源与环境, 2013, 23 (6): 151-156.

制定了绿色供应商选择的 4 个主要标准（绿色产品水平、绿色商业运营能力、可持续合作潜力和绿色技术能力）和 17 个子标准，这些标准也是影响制造业企业绿色技术产品销售的重要因素，具体如表 5-1 所示。

第一，绿色产品水平。绿色产品信息是绿色客户对绿色供应商选择的基点。在绿色客户购买绿色产品过程中，不同的绿色客户需要不同的绿色产品类型，如针对绿色建筑，需要不同的绿色建筑材料，不同材料的组合才能满足施工项目要求。因此，绿色客户对绿色供应商的选择应注重绿色产品的灵活性、效率、信息化等方面。特别重要的是制造业企业应向绿色客户提供高质量的绿色产品，以满足绿色客户的需要。此外，绿色产品的绿色程度代表绿色技术产品的日后发挥潜力。同时，还需要提高服务质量和用户体验，加强绿色产品售后服务支持。因此，绿色产品水平相关信息主要体现在绿色产品的成本、绿色程度、质量、灵活性等方面。

表 5-1　绿色客户视角下的绿色供应商选择准则

目标	一级准则	二级准则
绿色客户视角下绿色供应商选择影响因素	C_1：绿色产品水平	C_{11}：绿色产品成本
		C_{12}：绿色产品绿色度
		C_{13}：绿色产品质量
		C_{14}：绿色产品灵活性
	C_2：绿色商业运营能力	C_{21}：绿色信息共享水平
		C_{22}：绿色物流
		C_{23}：绿色财务能力
		C_{24}：绿色应急反应能力
	C_3：可持续合作潜力	C_{31}：绿色文化兼容性
		C_{32}：绿色合作愿望
		C_{33}：制造业企业声誉
		C_{34}：绿色形象
	C_4：绿色技术能力	C_{41}：绿色认证
		C_{42}：绿色产品设计
		C_{43}：绿色生产
		C_{44}：绿色产品回收再利用
		C_{45}：绿色研发创新

第二，绿色商业运营能力。在复杂多变的市场环境中，制造业企业绿色技术产品的竞争力在于绿色产品销售过程中对不同绿色产品类型和绿色产品结构的需求需要进行快速反应。高水平的绿色商业运营有助于减少碳排放，这可以在制造业企业绿色集成供应链管理中的绿色信息共享水平、交通运输成本控制等方面体现。绿色客户需要考虑制造业企业绿色财务能力，降低自身与制造业企业合作的风险，保障绿色产品采购的顺利完成。为此，本研究使用绿色信息共享水平、绿色物流、绿色财务能力、绿色应急反应能力来衡量制造业企业的绿色商业运营能力。

第三，可持续合作潜力。在绿色技术产品销售中，建立绿色集成供应链的主要目的是建立绿色产品销售联盟。① 合作潜力代表绿色客户在绿色产品销售合作联盟的未来合作能力，强烈、长期的合作意向是绿色产品销售合作联盟的基础。制造业企业绿色文化可以促进可持续发展战略目标的实施。文化反映着主体的价值观，若制造业企业和绿色客户之间文化不兼容，这可能导致双方产生激烈对抗，甚至关系破裂。此外，绿色客户要想保持绿色供应链合作的长期稳定，就应该选择那些管理先进、有绿色合作发展愿望的绿色制造业企业。本研究从 4 个方面来衡量可持续合作的潜力：绿色文化的兼容性、绿色合作的愿望、制造业企业声誉和绿色形象。

第四，绿色技术能力。绿色技术能力是评价绿色供应商是否满足绿色客户要求的指标，对可持续发展目标的实现越来越重要。绿色技术被纳入绿色产品设计和生产中，促进绿色产品可持续开发。绿色研发创新包括绿色技术的开发和绿色产品的推出。绿色产品可持续化设计有利于减低碳排放量，绿色认证体现了制造业企业的环境管理能力。因此，基于上述分析，绿色技术能力准则包括：绿色认证、绿色产品设计、绿色生产、绿色产品回收再利用及绿色研发创新 5 个子准则。

由此看出，影响制造业企业绿色技术产品销售的关键因素包括：绿色产品水平、绿色商业运营能力、可持续合作潜力和绿色技术能力。

---

① Rauer J, Kaufmann L. Mitigating external barriers to implementing green supply chain management: A grounded theory investigation of green-tech companies' rare earth metals supply chains [J]. Journal of Supply Chain Management, 2015, 51 (2): 65-88.

第二节　基于绿色供应商选择的绿色技术产品销售分析

绿色客户视角下的绿色供应商选择需要明确选择方法，本研究提出了一种绿色供应商选择的方法，基于该方法选择绿色客户视角下的绿色供应商，探究影响制造业企业绿色技术产品销售的影响机制。

一、绿色供应商选择的方法

（一）直觉模糊集（IFS）的一些基本概念和术语

其定义如下：

定义 1 [1]：

设 $X = \{x_1, x_2, \cdots, x_n\}$ 是一个非空集合，IFS 是一个具有以下形式的对象：

$$A = \{\langle x_i, \mu_A(x_i), v_A(x_i) \rangle | x_i \in X\} \qquad (5-1)$$

其中 $\mu_A: x \to [0, 1]$，$v_A: x \to [0, 1]$。μ_A 代表隶属度，v_A 代表非隶属度。

在满足公式（5-2）的条件下

$$0 \leqslant \mu_A(x_i) + v_A(x_i) \leqslant 1, \ \forall x_i \in X \qquad (5-2)$$

其中 $\pi_A(x_i) = 1 - \mu_A(x_i) - v_A(x_i)$ 代表犹豫度，$\pi_A: x \to [0, 1]$。

定义 2 [2]：

设 X 是一个非空集合，区间值直觉模糊数（IVIFN）形式如下：

$$\tilde{A} = \{\langle x_i, \mu_{\tilde{A}}(x_i), v_{\tilde{A}}(x_i) \rangle | x_i \in X\} \qquad (5-3)$$

$$\mu_A^R(x_i) + v_A^R(x_i) \leqslant 1 \qquad (5-4)$$

设 $\pi_{\tilde{A}}(x_i) = [\pi_A^L(x_i), \pi_A^R(x_i)] \subseteq [0, 1]$ 称为不确定性程度，其中

$$\pi_A^L(x_i) = 1 - \mu_A^R(x_i) - v_A^R(x_i)$$
$$\pi_A^R(x_i) = 1 - \mu_A^L(x_i) - v_A^L(x_i) \qquad (5-5)$$

---

[1]　Atanassov K, Gargov G. Interval valued intuitionistic fuzzy sets [J]. Fuzzy Sets and Systems, 1989, 31 (3): 343-349.

[2]　NAYAGAM V L G, MURALIKRISHNAN S, SIVARAMAN G. Multi-criteria decision-making method based on interval – valued intuitionistic fuzzy sets [J]. Expert Systems with Applications, 2011, 38 (3): 1464-1467.

则 $\tilde{a} = \langle \mu_{\tilde{a}}(x_i), v_{\tilde{a}}(x_i) \rangle$ 是一个 IVIFN，可以表示为 $\tilde{a} = ([a, b], [c, d])$，其中 $[a, b] \subseteq [0, 1]$，$[c, d] \subseteq [0, 1]$ 和 $b + d \leqslant 1$。

定义 3①：

设 $\tilde{a} = ([a, b], [c, d])$，

其中 $\tilde{a_1} = ([a_1, b_1], [c_1, d_1])$，$\tilde{a_2} = ([a_2, b_2], [c_2, d_2])$，$\lambda > 0$。基础运算规则如下：

(1) $\tilde{a_1} + \tilde{a_2} = ([a_1 + a_2 - a_1 a_2, b_1 + b_2 - b_1 b_2], [c_1 c_2, d_1 d_2])$；

(2) $\tilde{a_1} \times \tilde{a_2} = ([a_1 a_2, b_1 b_2], [c_1 + c_2 - c_1 c_2, d_1 + d_2 - d_1 d_2])$；

(3) $\lambda \tilde{a} = ([1 - (1 - a)^{\lambda}, 1 - (1 - b)^{\lambda}], [c^{\lambda}, d^{\lambda}])$；

(4) $\tilde{a}^{\lambda} = ([a^{\lambda}, b^{\lambda}], [1 - (1 - c)^{\lambda}, 1 - (1 - d)^{\lambda}])$。

定义 4②：

设 $\tilde{a} = ([a, b], [c, d])$ 是一个 IVIFN，基于未知度的决策函数如下：

$$L(\tilde{a}) = [\mu_A^L(x_i) + \mu_A^R(x_i) - v_A^R(x_i)(1 - \mu_A^R(x_i)) - v_A^L(x_i)(1 - \mu_A^L(x_i))]$$
$$(5-6)$$

定义 5③：

设 $Q: [0, 1] \to [0, 1]$，$Q(0) = 0$，$Q(1) = 1$ 是一个 BUM 函数，连续有序加权平均（COWA）算子定义如下：

$$F_Q(a) = F_Q([a^-, a^+]) = \int_0^1 \frac{\mathrm{d}Q(y)}{\mathrm{d}y}(a^+ - y(a^+ - a^-))\,\mathrm{d}y \quad (5-7)$$

其中 $Q(y)$ 是单调函数，$a = [a^-, a^+] \in \Omega$，$F: \Omega \to R^+$。

设 $\lambda = \int_0^1 Q(y)\,\mathrm{d}y$ 作为态度参数，COWA 算子定义为：

$$F_Q(a) = F_Q([a^-, a^+]) = \lambda a^+ + (1 - \lambda) a^- \qquad (5-8)$$

① Nayagam V L G, Muralikrishnan S, Sivaraman G. Multi-criteria decision-making method based on interval-valued intuitionistic fuzzy sets [J]. Expert Systems with Applications, 2011, 38 (3): 1464-1467.

② Nayagam V L G, Muralikrishnan S, Sivaraman G. Multi-criteria decision-making method based on interval-valued intuitionistic fuzzy sets [J]. Expert Systems with Applications, 2011, 38 (3): 1464-1467.

③ YAGER R R. OWA aggregation over a continuous interval argument with applications to decision making [J]. IEEE Transactions on Systems, Man, and Cybernetics, Part B (Cybernetics), 2004, 34 (5): 1952-1963.

定义 6①：

基于式（5-7）中的 COWA 算子，IVIFSs 的度量公式如下：

$$E(\tilde{A}) = \frac{1}{n} \sum_{j=1}^{n} \frac{\min\{F_Q(\mu_{\bar{a}_j}), F_Q(v_{\bar{a}_j})\} + \pi_{F_Q(\bar{a}_j)}}{\max\{F_Q(\mu_{\bar{a}_j}), F_Q(v_{\bar{a}_j})\} + \pi_{F_Q(\bar{a}_j)}} \quad (5-9)$$

其中 $\pi_{F_Q(\bar{a}_j)} = 1 - F_Q(\mu_{\bar{a}_j}) - F_Q(v_{\bar{a}_j})$，$\pi_{F_Q(\bar{a}_j)} \in [0, 1]$，$j = 1$，2，$\cdots$，$n$。

定义 7②：

设 $\tilde{a}(t_1)$，$\tilde{a}(t_2)$，$\cdots$，$\tilde{a}(t_p)$ 是 IVIFNs，在 p 个时间段 $t_k(k = 1, 2, \cdots, p)$，$\lambda(t) = (\tilde{a}(t_1), \tilde{a}(t_2), \cdots, \tilde{a}(t_p))^T$ 是一个时间权重向量，则有：

$$\text{UDIVIFWA}_{\lambda(t)}(\tilde{a}(t_1), \tilde{a}(t_2), \cdots, \tilde{a}(t_p))$$

$$= \lambda(t_1)\tilde{a}(t_1) \oplus \lambda(t_2)\tilde{a}(t_2) \oplus \cdots \oplus \lambda(t_p)\tilde{a}(t_p) \quad (5-10)$$

一种不确定动态区间直觉模糊加权平均（UDIVIFWA）算子，可改写为：

$$\text{UDIVIFWA}_{\lambda(t)}(\tilde{a}(t_1), \tilde{a}(t_2), \cdots, \tilde{a}(t_p)) =$$

$$\left(\left[\prod_{k=1}^{p} (\tilde{\mu}_{a(t_k)}^L)^{\lambda(t_k)}, \prod_{k=1}^{p} (\tilde{\mu}_{a(t_k)}^R)^{\lambda(t_k)} \right], \right. \quad (5-11)$$

$$\left. \left[1 - \prod_{k=1}^{p} (1 - \tilde{v}_{a(t_k)}^L)^{\lambda(t_k)}, 1 - \prod_{k=1}^{p} (1 - \tilde{v}_{a(t_k)}^R)^{\lambda(t_k)} \right] \right)$$

（二）区间值直觉模糊几何 Heronian 平均算子

定义 8③：

设 $p \geqslant 0$，$q \geqslant 0$，且不同时为 0，$a_i(i = 1, 2, \cdots, n)$ 是一组非负数。如果

$$\text{GHM}^{p, q}(a_1, a_2, \cdots, a_n) = \frac{1}{p+q} \left(\prod_{i=1, j=1}^{n} (pa_i + qa_j)^{\frac{2}{n(n+1)}} \right) \quad (5-12)$$

则 GHM 称为几何 Heronian 平均。

① ZHAO H, YOU J X, LIU H C. Failure mode and effect analysis using MULTIMOORA method with continuous weighted entropy under interval-valued intuitionistic fuzzy environment [J]. Soft Computing, 2017, 21 (18): 5355-5367.

② Xu Z S, Yager R R. Dynamic intuitionistic fuzzy multi-attribute decision making [J]. International Journal of Approximate Reasoning, 2008, 48 (1): 246-262.

③ Yu D J. Intuitionistic fuzzy geometric Heronian mean aggregation operators [J]. Applied Soft Computing, 2013, 13 (2): 1235-1246.

定义 9 [①]：

设 $\tilde{a}_i = ([a_i, b_i], [c_i, d_i]) (i = 1, 2, \cdots, n)$ 是一组 IVIFNs, $p \geqslant 0$, $q \geqslant 0$, 则

$$\text{IVIFGHM}^{p, q}(\tilde{a}_1, \tilde{a}_2, \cdots, \tilde{a}_n) = \frac{1}{p + q}\left\{\overset{n}{\underset{i=1, j=1}{\otimes}} [(p\tilde{a}_i \oplus q\tilde{a}_j)^{\frac{2}{n(n+1)}}]\right\} \quad (5-13)$$

这是一个区间值直觉模糊几何 Heronian 平均（IVIFGHM）算子。

IVIFGHM 考虑了绿色供应商选择准则之间的相互作用，但其在绿色供应商选择中的重要性不同，需使用区间值直觉模糊几何加权 Heronian 平均（IVIFGWHM）算子。

定义 10 [②]：

设 $\tilde{a}_i = ([a_i, b_i], [c_i, d_i]) (i = 1, 2, \cdots, n)$ 是一组 IVIFNs, $p \geqslant 0$, $q \geqslant 0$, $w = (w_1, w_2, \cdots, w_n)^{\mathrm{T}}$ 是权重向量并满足 $0 \leqslant w_j \leqslant 1$, $\sum_{j=1}^{n} w_j = 1$。则有：

$$\text{IVIFGWHM}^{p, q}(\tilde{a}_1, \tilde{a}_2, \cdots, \tilde{a}_n) =$$

$$\frac{1}{p + q}(\overset{n}{\underset{i=1, j=1}{\otimes}} (((p\tilde{a}_i)^{w_i} \oplus (q\tilde{a}_j)^{w_j})^{\frac{2}{n(n+1)}})) \quad (5-14)$$

这是一个区间值直觉模糊几何加权 Heronian 平均（IVIFGWHM）算子。

使用 IVIFGWHM 集成的值也是一个 IVIFN，结果如下

$$\text{IVIFGWHM}^{p, q}(\tilde{a}_1, \tilde{a}_2, \cdots, \tilde{a}_n) = ([a', b'], [c', d']) \quad (5-15)$$

其中 $a' = 1 - \left(1 - \prod_{i=1, j=1}^{n} \{1 - [1 - (a_i)^{w_i}]^p [1 - (a_j)^{w_j}]^q\}^{\frac{2}{n(n+1)}}\right)^{\frac{1}{p+q}}$, $b' = 1 - \left(1 - \prod_{i=1, j=1}^{n} (1 - \{1 - [(b_i)^{w_i}]^p [1 - (b_j)^{w_j}]^q\}^{\frac{2}{n(n+1)}}\right)^{\frac{1}{p+q}}$, $c' = \left(1 - \prod_{i=1, j=1}^{n} \{1 - [1 - (1 - c_i)^{w_i}]^p [1 - (1 - c_j)^{w_j}]^q\}^{\frac{2}{n(n+1)}}\right)^{\frac{1}{p+q}}$, $d' = \left(1 - \prod_{i=1, j=1}^{n} \{1 - [1 - (1 - d_i)^{w_i}]^p [1 - (1 - d_j)^{w_j}]^q\}^{\frac{2}{n(n+1)}}\right)^{\frac{1}{p+q}}$。

① Yu D J. Intuitionistic fuzzy geometric Heronian mean aggregation operators [J]. Applied Soft Computing, 2013, 13 (2): 1235-1246.
② Yu D J. Intuitionistic fuzzy geometric Heronian mean aggregation operators [J]. Applied Soft Computing, 2013, 13 (2): 1235-1246.

（三）基于理想解和信息熵的综合时序权重

在绿色供应商选择过程中，时间序列权重向量反映了绿色客户对时间的偏好程度，时间度 $\lambda(t) = (\tilde{a}(t_1)，\tilde{a}(t_2)，\cdots，\tilde{a}(t_p))^T$ 对获取时间权重和选择结果至关重要。

1. 基于时间度和理想解的主观时间权重

设 $\varphi = \sum_{k=1}^{p} \lambda(t_k)(p-k)/(p-1)$ 是一个时间度向量，其中 $0 \leq \varphi \leq 1$。时间度表示决策者对不同时间信息的关注程度和偏好程度。当 $\varphi = 0$，则 $\lambda(t)^+ = (0，0，\cdots，1)^T$ 称为正理想时间权向量，决策者只重视当前信息。当 φ 增加时，决策者由只重视当前信息向重视过去信息转变。当 $\varphi = 1$ 时，则 $\lambda(t)^- = (1，0，\cdots，0)^T$，称为负理想时间权向量，决策者只重视过去的信息。[①]

设 $d(\lambda^1(t_k)，\lambda^2(t_k))$ 为时间权向量之间的欧氏距离 $\lambda^1(t_k)$ 和 $\lambda^2(t_k)$，距离可以表示为：

$$d(\lambda^1(t_k)，\lambda^2(t_k)) = \sqrt{\sum_{k=1}^{p} |\lambda^1(t_k) - \lambda^2(t_k)|^2} \tag{5-16}$$

因此，时间权向量与正负理想时间权向量的欧氏距离可以表示为：

$$d(\lambda(t_k)，\lambda(t_k)^+) = \sqrt{\sum_{k=1}^{p-1} \lambda(t_k)^2 + (1 - \lambda(t_p))^2} \tag{5-17}$$

$$d(\lambda(t_k)，\lambda(t_k)^-) = \sqrt{(1 - \lambda(t_1))^2 + \sum_{k=2}^{p} \lambda(t_k)^2} \tag{5-18}$$

则理想时间权向量表示为：

$$C = \frac{d(\lambda(t_k)，\lambda(t_k)^-)}{d(\lambda(t_k)，\lambda(t_k)^+) + d(\lambda(t_k)，\lambda(t_k)^-)} \tag{5-19}$$

然后，基于 TOPSIS 思想和理想解对模型进行优化。模型（M-1）表示为：

$$\begin{cases} \max \quad C(\lambda) = \dfrac{\sqrt{(1 - \lambda(t_1))^2 + \sum_{k=2}^{p} \lambda(t_k)^2}}{\sqrt{\sum_{k=1}^{p-1} \lambda(t_k)^2 + (1 - \lambda(t_p))^2} + \sqrt{(1 - \lambda(t_1))^2 + \sum_{k=2}^{p} \lambda(t_k)^2}} \\[4mm] s.t. \quad \varphi = \sum_{k=1}^{p} \dfrac{p-k}{p-1}\lambda(t_k)，\quad \sum_{k=1}^{p} \lambda(t_k) = 1，\quad \lambda(t_k) \in [0，1]，\quad k = 1，2，\cdots，p \end{cases}$$

$$\tag{5-20}$$

---

① 李柏洲，尹士，罗小芳. 集成供应链企业合作创新伙伴动态选择研究 [J]. 工业工程与管理，2018，23（3）：123-131.

2. 基于时间度和信息熵的客观时间权重

根据信息熵理论，信息熵越大，包含的信息量越少。信息熵反映了时间权向量对信息量的摄取程度，具有对称性、可加性和极值性等特点。表达式如下[①]：

$$F(\lambda(t_k)) = -\sum_{k=1}^{p} \lambda(t_k) \ln\lambda(t_k), \quad k = 1, 2, \cdots, p \qquad (5-21)$$

然后，基于最大熵原理，求解信息熵的时间权重，建立非线性规划模型（M-2）：

$$\begin{cases} \max \quad F(\lambda(t_k)) = -\sum_{k=1}^{p} \lambda(t_k) \ln\lambda(t_k) \\ s.t. \quad \varphi = \sum_{k=1}^{p} \frac{p-k}{p-1}\lambda(t_k), \quad \sum_{k=1}^{p} \lambda(t_k) = 1, \\ \quad \lambda(t_k) \in [0, 1], \quad k = 1, 2, \cdots, p \end{cases} \qquad (5-22)$$

3. 基于主观和客观的综合时间权重

根据"厚今薄古"的原则，关系程度越大，对当前决策信息的关注程度就越大。为了使时间权向量的贴近度最大化，在（M-1）和（M-2）模型的基础上对模型进行优化，建立了信息熵与理想解相结合的非线性规划模型（M-3）。它考虑了绿色客户主观偏好和客观准则信息的影响，可以使绿色客户绿色供应商选择结果更加全面、准确、可靠。则模型（M-3）表示为：

$$\begin{cases} \max \quad G = \theta \dfrac{\sqrt{(1-\lambda(t_1))^2 + \sum\limits_{k=2}^{p} \lambda(t_k)^2}}{\sqrt{\sum\limits_{k=1}^{p-1} \lambda(t_k)^2 + (1-\lambda(t_p))^2} + \sqrt{(1-\lambda(t_1))^2 + \sum\limits_{k=2}^{p} \lambda(t_k)^2}} \\ \quad -(1-\theta)\sum\limits_{k=1}^{p} \lambda(t_k) \ln\lambda(t_k) \\ s.t.\ \varphi = \sum\limits_{k=1}^{p} \dfrac{p-k}{p-1}\lambda(t_k), \quad \sum\limits_{k=1}^{p} \lambda(t_k) = 1, \quad \lambda(t_k) \in [0, 1], \quad k = 1, 2, \cdots, p \end{cases}$$

$$(5-23)$$

其中，θ 是模型（M-1）和模型（M-2）的平衡系数，$\theta \in [0, 1]$。

---

① 李柏洲，尹士，罗小芳. 集成供应链企业合作创新伙伴动态选择研究 [J]. 工业工程与管理，2018，23（3）：123-131.

二、绿色技术产品销售的算例分析

H 公司是建筑施工企业，具有专业的施工资质。目前，绿色建筑的理念逐渐被重视，政府为建筑企业设定了碳减排的目标。如果建筑企业的碳排放总量超过政府规定的上限，将面临政府部门的巨额罚款。如何减少建设项目的碳排放，提高绿色竞争力和利润，是一个重要的问题。在这种情况下，企业 H 在建设项目中需要从大量的供应商中选择绿色供应商。本研究提出的标准和方法适用于在施工项目中选择绿色供应商，原因在于管理者和参与者理解绿色供应商选择标准的权重处于一种模糊状态，在 H 公司以前建设项目中，专家评分法通常用于选择传统供应商。目前，H 公司需要为绿色建筑购买一批钢筋。经过初步筛选，目前有 4 家绿色钢筋制造业企业 $S_i = \{S_1, S_2, S_3, S_4\}$ 进入最终选择范围。

建筑商 H 需要根据建议的标准和方法从 4 家主要的绿色供应商中选择其绿色钢筋供应商，要求施工方 H 的 15 名管理人员、从业人员和专家，根据编制的绿色供应商选择标准如表 5-1 所示，包括 4 个主要标准和 17 个子标准，对前面提到的潜在绿色供应商进行评价。在这个过程中，选择了近 3 年不同时期的时间序列集 $t_k = (t_1, t_2, t_3)$。为了简单起见，只给出了 4 个主要准则的计算。表 5-2—5-4 列出了由 15 名管理者、从业人员和专家给出的 4 家主要供应商的评估值。

表 5-2　t_1 时刻原始评价信息矩阵

	C_1	C_2	C_3	C_4
S_1	([0.3,0.4],[0.3,0.5])	([0.1,0.2],[0.5,0.6])	([0.1,0.2],[0.7,0.7])	([0.2,0.3],[0.3,0.5])
S_2	([0.6,0.7],[0.2,0.3])	([0.4,0.5],[0.1,0.2])	([0.4,0.6],[0.3,0.4])	([0.1,0.2],[0.2,0.5])
S_3	([0.5,0.5],[0.2,0.5])	([0.4,0.5],[0.2,0.3])	([0.2,0.3],[0.5,0.6])	([0.4,0.5],[0.1,0.2])
S_4	([0.1,0.2],[0.6,0.7])	([0.3,0.4],[0.5,0.5])	([0.2,0.4],[0.1,0.2])	([0.6,0.8],[0.1,0.2])

表 5-3　t_2 时刻原始评价信息矩阵

	C_1	C_2	C_3	C_4
S_1	([0.3,0.4],[0.5,0.6])	([0.4,0.5],[0.2,0.4])	([0.4,0.5],[0.3,0.5])	([0.3,0.5],[0.2,0.4])
S_2	([0.1,0.2],[0.6,0.7])	([0.5,0.6],[0.2,0.3])	([0.4,0.7],[0.1,0.2])	([0.4,0.7],[0.1,0.3])
S_3	([0.2,0.6],[0.3,0.4])	([0.4,0.4],[0.2,0.4])	([0.3,0.4],[0.3,0.6])	([0.5,0.6],[0.1,0.3])
S_4	([0.4,0.5],[0.3,0.4])	([0.5,0.5],[0.1,0.4])	([0.5,0.6],[0.2,0.4])	([0.3,0.5],[0.3,0.4])

表 5-4　t_3 时刻原始评价信息矩阵

	C_1	C_2	C_3	C_4
S_1	([0.3,0.5],[0.2,0.4])	([0.7,0.8],[0.1,0.2])	([0.3,0.4],[0.2,0.3])	([0.4,0.6],[0.2,0.4])
S_2	([0.3,0.6],[0.1,0.3])	([0.4,0.5],[0.3,0.4])	([0.2,0.3],[0.4,0.5])	([0.4,0.7],[0.2,0.3])
S_3	([0.2,0.7],[0.2,0.2])	([0.2,0.4],[0.2,0.4])	([0.5,0.7],[0.2,0.3])	([0.3,0.4],[0.3,0.5])
S_4	([0.3,0.5],[0.1,0.4])	([0.3,0.4],[0.2,0.4])	([0.1,0.6],[0.3,0.4])	([0.2,0.7],[0.2,0.3])

根据绿色供应商选择的原始评价准则信息矩阵，其中只包含建设项目中的供应商 S_1、供应商 S_2、供应商 S_3 和供应商 S_4，根据式（5-9），准则权重如表 5-5 所示。由式（5-23）可知，通过 Lingo11.0 软件求解的时间度参数和离散时间权向量如表 5-5 所示。

表 5-5　标准权重和离散时间权重

	$\lambda(t)$	$w(t_1)$	$w(t_2)$	$w(t_3)$	$w(t_4)$
t_1	0.582	0.2534	0.2342	0.2579	0.2545
t_2	0.236	0.2574	0.2492	0.2433	0.2501
t_3	0.182	0.2550	0.2454	0.2284	0.2712

基于准则权重向量 $w = (w_1, w_2, w_3, w_4)$，依据公式（5-15），其中 $p = q = 1$，将这 4 个准则组合成一个包括 3 个时间段的绿色供应商选择矩阵准则信息的集合，如表 5-6 所示。

表 5-6　基于 IVIFGWHM 算子的综合选择准则信息

	t_1	t_2	t_3
S_1	（[0.6314, 0.7174], [0.1517, 0.1969]）	（[0.7668, 0.8289], [0.0911, 0.1522]）	（[0.7948, 0.8645], [0.0475, 0.0960]）
S_2	（[0.7489, 0.8195], [0.0565, 0.1073]）	（[0.7395, 0.8345], [0.0865, 0.1289]）	（[0.7507, 0.8449], [0.0724, 0.1127]）
S_3	（[0.7717, 0.8136], [0.0779, 0.1301]）	（[0.7583, 0.1655], [0.0637, 0.1335]）	（[0.7250, 0.8502], [0.0623, 0.1059]）
S_4	（[0.7050, 0.7953], [0.1089, 0.1372]）	（[0.8028, 0.8502], [0.0640, 0.1199]）	（[0.6771, 0.8571], [0.0553, 0.1115]）

从不同时刻集合各潜在绿色供应商的综合信息，形成潜在绿色供应商一维的综合信息矩阵，计算得到：

$$S_1 = ([0.6893, 0.7679], [0.1089, 0.1626])$$
$$S_2 = ([0.7470, 0.8276], [0.0654, 0.1131])$$
$$S_3 = ([0.7598, 0.5632], [0.0713, 0.1261]) \tag{5-24}$$
$$S_4 = ([0.7217, 0.8190], [0.0849, 0.1280])$$

最后，确定建设项目各潜在绿色供应商的价值如下：

$$L_i = (L_1，L_2，L_3，L_4) = (0.6928，0.7693，0.6254，0.7469) \quad (5-25)$$

由 4 个潜在绿色供应商的评价值得到的优先顺序为 $S_2 > S_4 > S_1 > S_3$。因此，确定为绿色建筑提供这批钢筋的绿色供应商为 S_2。基于上述评价和选择，绿色供应商 S_2 是施工方 H 的最优绿色供应商。事实上 S_2 已经成为优先级的绿色供应商，为绿色建筑的建设提供绿色钢筋。此外，绿色供应商 S_4 建议作为预留绿色供应商。

基于绿色供应商选择方法，上述研究了绿色客户视角下的绿色供应商选择过程，这个过程也是制造业企业绿色技术产品销售的过程。上述分析进一步验证了影响制造业企业绿色技术产品销售的关键因素包括绿色产品水平、绿色商业运营能力、可持续合作潜力和绿色技术能力。绿色产品水平反映了绿色技术产品的未来应用潜力。高水平的绿色商业运营不仅有助于减少运营过程中的碳排放，而且可以增强以制造业企业为核心的绿色供应链管理集中程度。强烈的合作意向和长期的合作是绿色产品销售的基础，可持续合作潜力有利于降低绿色产品成本，提高绿色产品销售收益。绿色技术能力是评价绿色供应商是否满足绿色客户要求的指标，对制造业企业可持续发展目标的实现越来越重要。此外，绿色客户的时间偏好对制造业企业绿色技术产品的销售也有重要影响。因此，制造业企业需要重点关注绿色产品水平、绿色商业运营能力、可持续合作潜力和绿色技术能力这些关键因素，而且需要进一步深入各个关键因素内部，提高企业自身绿色产品的销售能力，同时这种关注应是持续的，这也符合绿色客户的时间度偏好，制造业企业需一直保持着较高的绿色产品销售能力。

第三节　政府规制下绿色技术产品推广的三方博弈模型构建与求解

制造业企业绿色技术产品的推广主要分为两方面：第一，绿色产品供给侧，假定制造业企业以生产绿色半成品或绿色原材料产品为主营业务，则下游制造商主要将这个半成品或原材料产品进行进一步生产，进而生产出绿色新产品；第二，绿色产品需求侧，假定制造业企业直接生产绿色产成品，此时也是将制造业企业和下游制造商看成一体，即制造业企业生产绿色技术产品推广给绿色消费者。① 政府规制下制造业企业绿色技术产品的推广是政府参与到上述两种推广模式中，发挥政府职能，促进绿色半成品、绿色原材料产品、绿色产成品等绿色产品的营销，提高制造业企业绿色产品的营销绩效，为制造业企业继续开展绿色技术创新活动奠定经济基础。

一、各主体利益问题分析

政府规制下制造业企业绿色技术产品推广是多方利益主体彼此互动参与博弈的过程，是制造业企业、政府、下游制造商和绿色消费者共同博弈的过程。由此，从绿色产品供给侧和需求侧视角，利用演化博弈理论探究制造业企业、政府、下游制造商和绿色消费者的决策过程和学习行为，揭示制造业高质量发展过程中各利益主体策略选择的动态演化过程，探索政府规制下制造业企业绿色技术产品推广机制。

制造业企业绿色技术产品推广机制是从绿色产品供给和需求两方面促进绿色技术产品推广的机制。② 从供给侧角度看，在制造业企业绿色产品推广过程中，内外双重因素影响制造业企业绿色产品推广；从需求侧角度看，绿色消费者是绿色产品市场的终端消费者，绿色消费者参与下，产品绿色程度、绿色产品质量等因素影响着绿色产品的推广。制造业企业绿色技术产品推广机制是以制造业企业、政府、下游制造商和绿色消费者四方为主体，从绿色产品供给和需求两方面促进绿色技术产品推广的机制。政府规制下制造业企业绿色技术产品推广机制如图5-3所示。

正如图5-3所示，制造业企业绿色技术产品推广机制主体涉及制造业企业、政府、下游制造商和绿色消费者。在绿色产品二级供应链视角下，从绿色产品供给侧和需求侧出发，本研究分别构建两个三方动态博弈模型。绿色产品供给侧视角下的动态博弈模型包括三个主体：制造业企业、政府、下游制造商。绿色产品需求侧视角下的动态博弈模型包括三个主体：制造业企业、政府、绿色消费者。制造业企业可以选择的策略为生产绿色产品（或原材料、半成品等）和不生产绿色产品，政府的策略为积极规制和消极规制，下游制造商的选择是开发绿色产品和不开发绿色产品。

---

① 李明，吴文浩，吴光东. 基于利益相关者动态博弈的绿色建筑推进机制 [J]. 土木工程与管理学报，2017，34（3）：20-26.
② 熊勇清，陈曼琳. 新能源汽车需求市场培育的政策取向：供给侧抑或需求侧 [J]. 中国人口·资源与环境，2016，26（5）：129-137.

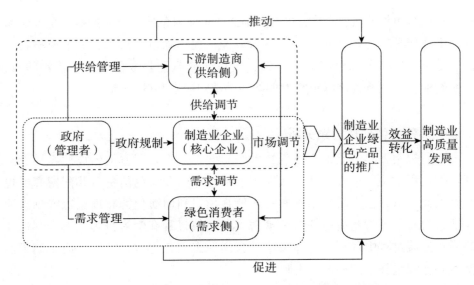

图 5-3　政府规制下制造业企业绿色技术产品推广机制

（一）供给侧下主体的利益分析

政府是制造业绿色发展的发起者，可选择积极规制和消极规制。消极规制下，政府会间接支持制造业企业生产绿色原材料产品。政府对于通过购买绿色原材料产品开发绿色产品的下游制造商会给予税收优惠，同时政府进行环境规制会增加管理成本。① 积极规制下，政府不仅间接支持制造业企业生产绿色原材料产品，也会直接支持制造业企业生产绿色原材料产品。除了上述激励政策外，政府会对生产绿色原材料产品的企业给予技术和研发上的资助，以鼓励企业生产绿色原材料产品，还会对企业行为进行监管（在绿色原材料产品生产的过程中，有些制造业企业会利用政府的财政支持，发生骗补行为，如生产硬度不稳定、保温隔热效果差甚至抗震系数较低的绿色产品投入市场）。同时，政府对制造业企业非绿色制造以征收排污费和碳税的方式进行惩罚，以鼓励制造业企业生产绿色原材料产品，则制造业企业进行绿色发展决策。② 政府引导下游制造商开发绿色产品，对通过购买绿色原材料产品开发绿色产品的下游制造商会给予税收优惠（营业税、房产和土地增值税等），以刺激下游制造商开发绿色产品。下游制造商会在政府的引导下权衡得失，决定

---

① 曹霞，张路蓬. 环境规制下企业绿色技术创新的演化博弈分析：基于利益相关者视角 [J]. 系统工程，2017，35（2）：103-108.

② 曹霞，张路蓬. 环境规制下企业绿色技术创新的演化博弈分析：基于利益相关者视角 [J]. 系统工程，2017，35（2）：103-108.

是否开发绿色产品。

（二）需求侧下主体的利益分析

需求侧下政府与制造业企业之间的利益关系包括供给侧下政府与制造业企业之间的利益关系和绿色消费者参与下政府与制造业企业之间的利益关系。绿色消费者参与下，政府消极规制会降低政府声誉。政府对于购买绿色产品的绿色消费者会给予补贴和优惠（如购买绿色住房的购房补贴和税收优惠）。政府引导绿色消费者购买绿色产品，政府建设绿色产品相关基础设施给购买绿色产品的绿色消费者带来额外收益，对绿色的消费者会给予多方面支持，鼓励消费者购买绿色产品。① 绿色消费者会在政府的引导下权衡得失，决定是否购买绿色产品。制造业企业和绿色消费者作为绿色产品市场的供给方和终端需求方，制造业企业生产绿色产品，消费者获得环境福利。

二、供给侧下三方博弈矩阵构建与策略求解

（一）供给侧下模型假设

在不考虑绿色消费者因素对绿色产品市场影响的前提条件下，进行如下假设：

假设1：将制造业企业（生产绿色原材料产品的制造企业）、政府、下游制造商纳入一个研究系统，并动态调整策略选择。

假设2：政府消极规制体现在间接支持制造业企业生产绿色原材料产品。政府对制造业企业进行环境规制会增加管理成本 M_s，此外，政府对于通过购买绿色原材料产品开发绿色产品的下游制造商会给予税收优惠 T。

假设3：政府选择积极规制会间接和直接支持制造业企业生产绿色原材料产品。政府给予企业技术和研发上的财政资助，则企业受到的财政支持为 A_s。政府会对制造业企业的骗补行为进行惩罚即 P_{1s}。若企业进行传统生产方式会受到政府惩罚 P_{2s}。

假设4：制造业企业生产绿色原材料产品的经济收益为 R_{1s}，这个过程中研发成本为 C_s，企业不生产绿色原材料产品的经济收益为 R_{4s}。下游制造商通过开发绿色产品方式促进绿色原材料产品供给，并给企业带来的额外收益为 R_{2s}。

假设5：下游制造商不开发绿色产品的收益为 R_{5s}，下游制造商通过开发

---

① 张倩，姚平. 波特假说框架下环境规制对企业技术创新路径及动态演化的影响 [J]. 工业技术经济，2018，37（8）：52-59.

绿色产品方式消费绿色原材料产品的直接收益为 R_{3s}。制造业企业、下游制造商和政府参与制造业发展的演化博弈行为策略选择概率分别为 x_s、y_s、z_s，且 x_s、y_s、$z_s \in [0, 1]$。

基于上述分析，则有支付矩阵如表5-7和表5-8所示。

表5-7 政府积极规制下下游制造商的三方博弈支付矩阵

下游制造商开发绿色产品	制造业企业的支付	下游制造商的支付	政府的支付
企业生产绿色原材料产品	$R_{1s}+A_s+R_{2s}-C_s-P_{1s}$	$R_{3s}+T$	$P_{1s}-A_s-T$
企业不生产绿色原材料产品	$R_{4s}-P_{2s}$	0	$P_{2s}-M_s$
下游制造商不开发绿色产品	制造业企业的支付	下游制造商的支付	政府的支付
企业生产绿色原材料产品	$R_{1s}+A_s-C_s-P_{1s}$	R_{5s}	$P_{1s}-A_s$
企业不生产绿色原材料产品	$R_{4s}-P_{2s}$	R_{5s}	$P_{2s}-M_s$

表5-8 政府消极规制下下游制造商的三方博弈支付矩阵

下游制造商开发绿色产品	制造业企业的支付	下游制造商的支付	政府的支付
企业生产绿色原材料产品	$R_{1s}+R_{2s}-C_s$	$R_{3s}+T$	$-T$
企业不生产绿色原材料产品	R_{4s}	0	$-M_s$
下游制造商不开发绿色产品	制造业企业的支付	下游制造商的支付	政府的支付
企业生产绿色原材料产品	$R_{1s}-C_s$	R_{5s}	0
企业不生产绿色原材料产品	R_{4s}	R_{5s}	$-M_s$

（二）供给侧下模型构建

令 E_1、E_2、E_3 分别表示供给侧视角下制造业企业、下游制造商与政府的平均期望收益。

1. 制造业企业 E_1 为：

$$E_1 = x_s E_{11} + (1-x_s)E_{12} \tag{5-26}$$

制造业企业生产的期望收益为：

$$E_{11} = (R_{1s}+A_s+R_{2s}-C_s-P_{1s})y_s z_s + (R_{1s}+A_s-C_s-P_{1s})(1-y_s)z_s$$
$$+ (R_{1s}+R_{2s}-C_s)(1-z_s)y_s + (R_{1s}-C_s)(1-y_s)(1-z_s) \tag{5-27}$$

制造业企业不生产绿色原材料产品的期望收益可表示为：

$$E_{12} = (R_{4s}-P_{2s})y_s z_s + (R_{4s}-P_{2s})(1-y_s)z_s$$
$$+ (R_{4s})(1-z_s)y_s + (R_{4s})(1-y_s)(1-z_s) \tag{5-28}$$

制造业企业的复制动态方程可表示为：

$$F_1(x_s) = dx_s/dt = x_s(E_{11} - E_1) = x_s(1 - x_s)(E_{11} - E_{12}) = \\ x_s(1 - x_s)[(A_s - P_{1s} + P_{2s})z_s + R_{2s}y_s + R_{1s} - R_{4s} - C_s] \tag{5-29}$$

2. 下游制造商 E_2 为：

$$E_2 = y_s E_{21} + (1 - y_s)E_{22} \tag{5-30}$$

下游制造商开发绿色产品的期望收益可表示为：

$$E_{21} = (R_{3s} + T)x_s z_s + (R_{3s} + T)(1 - z_s)x_s \tag{5-31}$$

下游制造商不开发绿色产品的期望收益可表示为：

$$E_{22} = R_{5s}z_s x_s + R_{5s}(1 - x_s)z_s + R_{5s}(1 - z_s)x_s + R_{5s}(1 - z_s)(1 - x_s) \tag{5-32}$$

下游制造商的复制动态方程可表示为：

$$F_2(y_s) = dy_s/dt = y_s(E_{21} - E_2) = y_s(1 - y_s)(E_{21} - E_{22}) \\ = y_s(1 - y_s)[(R_{3s} + T)x_s - R_{5s}] \tag{5-33}$$

3. 政府 E_3 为：

$$E_3 = z_s E_{31} + (1 - z_s)E_{32} \tag{5-34}$$

政府积极规制的收益为：

$$E_{31} = (P_{1s} - A_s - T)x_s y_s + (P_{2s} - M_s)(1 - x_s)y_s + (P_{1s} - A_s)(1 - y_s)x_s + \\ (P_{2s} - M_s)(1 - y_s)(1 - x_s) \tag{5-35}$$

政府消极规制的收益为：

$$E_{32} = -Tx_s y_s + (-M_s)(1 - x_s)y_s + (-M_s)(1 - y_s)(1 - x_s) \tag{5-36}$$

政府的复制动态方程可表示为：

$$F_3(z_s) = dz_s/dt = z_s(E_{31} - E_3) = z_s(1 - z_s)(E_{31} - E_{32}) = \\ z_s(1 - z_s)[(P_{1s} - P_{2s} - A_s)x_s + P_{2s}] \tag{5-37}$$

（三）供给侧下模型求解

当 $F_1{}'(x_s) < 0$、$F_2{}'(y_s) < 0$、$F_3{}'(z_s) < 0$，此时 $D^*(x_s^*, y_s^*, z_s^*)$ 为三方博弈 ESS，满足：

$$F_1{}'(x_s) = (1 - 2x_s)[(A_s - P_{1s} + P_{2s})z_s + R_{2s}y_s + R_{1s} - R_{4s} - C_s]$$
$$F_2{}'(y_s) = (1 - 2y_s)[(R_{3s} + T)x_s - R_{5s}] \tag{5-38}$$
$$F_3{}'(z_s) = (1 - 2z_s)[(P_{1s} - P_{2s} - A_s)x_s + P_{2s}]$$

1. 制造业企业的策略选择

依据制造业企业的复制动态方程，令 $F_1(x_s) = 0$，则有：

（1）当 $y_s = \dfrac{R_{4s} + C_s - R_{1s} - (A_s - P_{1s} + P_{2s})z_s}{R_{2s}}$ 时，$F_1(x_s) \equiv 0$，制造业企

业策略是均衡情况。

（2）当 $y_s > \dfrac{R_{4s} + C_s - R_{1s} - (A_s - P_{1s} + P_{2s})z_s}{R_{2s}}$ 时，$F_1{}'(0) > 0$，$F_1{}'(1) < 0$，此时 $x_s = 1$ 为演化均衡点，制造业企业的策略选择为生产绿色原材料产品。

（3）当 $y_s < \dfrac{R_{4s} + C_s - R_{1s} - (A_s - P_{1s} + P_{2s})z_s}{R_{2s}}$ 时，$F_1{}'(0) < 0$，$F_1{}'(1) > 0$，此时 $x_s = 0$ 为演化均衡点，制造业企业的策略选择为不生产绿色原材料产品。

由上述分析可知，在供给侧视角下，降低制造业企业不生产绿色原材料产品的收益、生产绿色原材料产品付出的研发成本，适当减少政府针对制造业企业因生产不合格绿色原材料产品骗补行为的罚金，均有助于制造业企业生产绿色原材料产品。增加制造业企业生产绿色材料产品的收益，积极有效落实政府给制造业企业绿色原材料产品技术创新的补贴制度，加大政府给制造业企业由于排污和碳排放的惩罚力度，均有利于促使制造业企业积极生产绿色原材料产品。此外，从供给侧考虑，下游制造商开发绿色产品能够有效促进绿色原材料产品消费，增强企业绿色原材料产品供给，促进企业生产绿色原材料产品，从而给制造业企业带来额外收益，即促使 x_s 趋向于 1。

2. 下游制造商的策略选择

依据下游制造商的复制动态方程，令 $F_2(y_s) = 0$，则有：

（1）当 $x_s = \dfrac{R_{5s}}{R_{3s} + T}$ 时，$F_2(y_s) \equiv 0$，下游制造商策略是均衡情况。

（2）当 $x_s > \dfrac{R_{5s}}{R_{3s} + T}$ 时，$F_2{}'(0) > 0$，$F_2{}'(1) < 0$，此时 $y_s = 1$ 为演化均衡点，下游制造商开发绿色产品，购买绿色原材料产品。

（3）当 $x_s < \dfrac{R_{5s}}{R_{3s} + T}$ 时，$F_2{}'(0) < 0$，$F_2{}'(1) > 0$，此时 $y_s = 0$ 为演化均衡点，下游制造商不开发绿色产品。

由上述分析可知，在供给侧视角下，降低下游制造商不开发绿色产品的直接收益，有助于下游制造商积极开发绿色产品，进而积极采购绿色原材料产品。增加下游制造商开发绿色产品的直接收益，积极有效落实政府给予开发绿色产品的下游制造商的税收优惠，有利于下游制造商的策略选择为开发绿色产品，购买绿色原材料产品，促使制造业企业绿色原材料产品推广。上述措施均促使 y_s 趋向于 1，即促使下游制造商选择开发绿色产品策略。

3. 政府的策略选择

令 $F_3(z_s) = 0$，则有：

（1）当 $x_s = \dfrac{P_{2s}}{A + P_{2s} - P_{1s}}$ 时，$F_3(z_s) \equiv 0$，政府策略是均衡情况。

（2）当 $x_s \neq \dfrac{P_{2s}}{A + P_{2s} - P_{1s}}$ 时，则 $z_s = 0$ 或者 $z_s = 1$ 条件下，政府策略是均衡情况。

$z_s \in (0, 1)$ 时，政府稳定性来源于 $(P_{1s} - P_{2s} - A_s)x_s + P_{2s} = 0$。若 $(P_{1s} - P_{2s} - A_s)x_s + P_{2s} > 0$，即 $F_3{}'(0) > 0, F_3{}'(1) < 0$，政府策略是积极规制，反之则相反。即：

①当 $x_s < \dfrac{P_{2s}}{A + P_{2s} - P_{1s}}$ 时，$F_3{}'(0) > 0, F_3{}'(1) < 0, z_s = 1$ 为均衡点，政府策略是积极规制。

②当 $x_s > \dfrac{P_{2s}}{A + P_{2s} - P_{1s}}$ 时，$F_3{}'(0) < 0, F_3{}'(1) > 0, z_s = 0$ 为均衡点，政府策略是消极规制。

由上述分析可知，在供给侧视角下，政府针对制造业企业因生产不合格绿色原材料产品骗补行为的罚金被控制在一定范围内，有助于制造业企业积极生产绿色原材料产品。加大政府给制造业企业由于排污和碳排放的惩罚力度，积极有效落实政府给制造业企业绿色原材料产品技术创新的补贴制度，均有利于促使制造业企业积极生产绿色原材料产品。上述措施均促使 z_s 趋向于 1，即促使政府选择积极规制策略。

（四）供给侧下稳定性分析

制造业企业、下游制造商与政府的复制动态方程反映了有限理性的各利益相关方通过学习、模仿而进行的策略选择过程。为求得三方演化博弈的均衡点，令

$$\begin{cases} F_1(x_s) = dx_s/dt = x_s(E_{11} - E_1) = 0 \\ F_2(y_s) = dy_s/dt = y_s(E_{21} - E_2) = 0 \\ F_3(z_s) = dz_s/dt = z_s(E_{31} - E_3) = 0 \end{cases} \quad (5\text{-}39)$$

根据上式，在 $R = \{(x_s, y_s, z_s) \mid 0 \leq x_s \leq 1, 0 \leq y_s \leq 1, 0 \leq z_s \leq 1\}$ 上存在 9 个均衡点，分别为 $D_1(0, 0, 0)$、$D_2(1, 0, 0)$、$D_3(0, 1, 0)$、$D_4(0, 0, 1)$、$D_5(1, 1, 0)$、$D_6(0, 1, 1)$、$D_7(1, 0, 1)$、$D_8(1, 1, 1)$、

和 $D^*(x_s^*, y_s^*, z_s^*)$ ，其中 $D^*(x_s^*, y_s^*, z_s^*)$ 是下式的解。

$$\begin{cases} (A_s - P_{1s} + P_{2s})z_s + R_{2s}y_s + R_{1s} - R_{4s} - C_s = 0 \\ (R_{3s} + T)x_s - R_{5s} = 0 \\ (P_{1s} - P_{2s} - A_s)x_s + P_{2s} = 0 \end{cases} \qquad (5\text{-}40)$$

为探讨三方演化博弈的稳定性，以下进行均衡点分析。

（1）针对均衡点 $D_1(0, 0, 0)$ ，此时的雅可比矩阵为：

$$J_{D_1} = \begin{bmatrix} R_{1s} - R_{4s} - C_s & 0 & 0 \\ 0 & -R_{5s} & 0 \\ 0 & 0 & P_{2s} \end{bmatrix} \qquad (5\text{-}41)$$

根据李雅普诺夫间接法可知，P_{2s} 为一个确定的正数，$-R_{5s}$ 为一个确定的负数，则均衡点 $D_1(0, 0, 0)$ 一定为鞍点。

（2）针对均衡点 $D_2(1, 0, 0)$ ，此时的雅可比矩阵为：

$$J_{D_2} = \begin{bmatrix} R_{4s} + C_s - R_{1s} & 0 & 0 \\ 0 & R_{3s} + T - R_{5s} & 0 \\ 0 & 0 & P_{1s} - A_s \end{bmatrix} \qquad (5\text{-}42)$$

在上式中，$R_{3s} + T - R_{5s} > 0$ 为正，则 $D_2(1, 0, 0)$ 为鞍点或不稳定点。

同理 $D_3(0, 1, 0)$ 、$D_6(0, 1, 1)$ 和 $D_7(1, 0, 1)$ 可能为鞍点或不稳定点，$D_4(0, 0, 1)$ 、$D_5(1, 1, 0)$ 和 $D_8(1, 1, 1)$ 可能为鞍点或稳定点，其中 $D_5(1, 1, 0)$ 和 $D_8(1, 1, 1)$ 处于理想情况。

（3）针对均衡点 $D_5(1, 1, 0)$ ，此时的雅可比矩阵为：

$$J_{D_5} = \begin{bmatrix} R_{4s} + C_s - R_{1s} & 0 & 0 \\ 0 & R_{5s} - R_{3s} - T & 0 \\ 0 & 0 & P_{1s} - A_s \end{bmatrix} \qquad (5\text{-}43)$$

要使 $D_5(1, 1, 0)$ 成为稳定点，需要满足 $R_{4s} + C_s - R_{1s} < 0$，$P_{1s} - A_s < 0$。若满足 $P_{1s} - A_s < 0$，则需要政府对制造业企业骗补行为的处罚金低于政府给予制造业企业绿色原材料产品技术创新的补贴，对制造业企业而言，在原材料供给侧视角下，需要控制绿色原材料产品的绿色质量，这样的政策无疑会使企业通过绿色原材料产品技术创新补贴方式进行骗补，进而企业产生更多的额外收益，这显然是不合理的。因此，对于此情况不做进一步讨论。

（4）针对均衡点 $D_8(1, 1, 1)$ ，此时的雅可比矩阵为：

$$J_{D_8} = \begin{bmatrix} R_{4s} + C_s + P_{1s} - R_{1s} - R_{2s} - A_s - P_{2s} & 0 & 0 \\ 0 & R_{5s} - R_{3s} - T & 0 \\ 0 & 0 & A_s - P_{1s} \end{bmatrix} \quad (5\text{-}44)$$

只要 $R_{4s} + C_s + P_{1s} - R_{1s} - R_{2s} - A_s - P_{2s} < 0$，$A_s - P_{1s} < 0$，则均衡点 $D_8(1, 1, 1)$ 成为演化稳定策略。即要求 $R_{4s} - (R_{1s} + R_{2s}) < 0$，$C_s - A_s < 0$，$P_{1s} - P_{2s} < 0$ 同时成立，这表明：从政府惩罚角度促进制造业企业生产绿色原材料产品，政府给制造业企业的惩罚由于排污和碳排放要高于政府对制造业企业骗补行为的处罚金，这样有助于制造业企业积极生产绿色原材料产品；制造业企业生产绿色原材料产品的收益和因下游制造商开发绿色产品带来的额外收益要高于制造业企业不生产绿色原材料产品的收益，这样有助于制造业企业获得更多的收益，积极生产绿色原材料产品；政府给制造业企业绿色原材料产品技术创新的补贴要高于制造业企业由于生产绿色原材料产品付出的研发成本，这样有助于制造业企业积极研发高质量的绿色原材料产品技术。$A_s - P_{1s} < 0$ 即要求政府对制造业企业骗补行为的处罚金高于政府给予制造业企业绿色原材料产品技术创新的补贴，表明在制造业企业生产绿色原材料产品的过程中，政府部门在有一定的包容性措施的同时，必须一定程度上加强绿色原材料产品的质量监管，提高对制造业企业骗补行为的处罚金。同时在积极落实制造业企业绿色原材料产品技术创新的补贴措施的同时，政府部门需深入制造业企业，考虑绿色产品技术创新的切实需求，促进制造业企业积极开展绿色原材料产品技术创新活动，生产高质量绿色原材料产品。考虑到实际情况，政府针对制造业企业因生产不合格绿色原材料产品骗补行为的罚金应被控制在一定范围内。

三、需求侧下三方博弈矩阵构建与策略求解

（一）需求侧下模型假设

在分析供给侧基础上，引入绿色消费者这一非常关键的利益相关者，则有如下假设：

假设 1：将制造业企业（生产绿色原材料产品的制造企业）、政府、下游制造商纳入一个研究系统，并动态调整策略选择。制造业企业生产绿色产品，绿色消费者获得环境福利 W 。此外，消极规制会增加声誉成本 C_r 。

假设 2：政府消极规制会间接支持制造业企业生产绿色产品。政府环境规

制增加管理成本 M_l。政府对于购买绿色产品的绿色消费者会给予补贴和优惠 H（如购买绿色住房的购房补贴和税收优惠）。政府建设绿色产品相关设施带给绿色消费者收益 R_6。

假设 3：政府积极规制会间接和直接支持制造业企业生产绿色产品。政府给予企业技术和研发上的财政资助，则企业受到的财政支持为 A_l。政府会对制造业企业的骗补行为进行惩罚即 P_{1l}。若企业进行传统生产方式会受到政府惩罚 P_{2l}。

假设 4：制造业企业生产绿色产品的经济收益为 R_{1l}，付出的研发成本为 C_l，企业不生产绿色产品的经济收益为 R_{4l}。消费者绿色消费给企业带来的额外收益为 R_{2l}。

假设 5：绿色消费者不购买绿色产品的收益为 R_{5l}，购买的直接收益为 R_{3l}。制造业企业、绿色消费者和政府参与制造业发展的演化博弈行为策略选择概率分别为 x_l、y_l、z_l，且 x_l、y_l、$z_l \in [0, 1]$。

基于上述分析，则有支付矩阵如表 5-9 和表 5-10 所示。

表 5-9　政府积极规制下绿色消费者的三方博弈支付矩阵

绿色消费者购买绿色产品	制造业企业的支付	绿色消费者的支付	政府的支付
企业生产绿色产品	$R_{1l}+A_l+R_{2l}-C_l-P_{1l}$	$R_{3l}+H+R_6+W$	$P_{1l}-A_l-H-R_6$
企业不生产绿色产品	$R_{4l}-P_{2l}$	0	$P_{2l}-M_l$
绿色消费者不购买绿色产品	制造业企业的支付	绿色消费者的支付	政府的支付
企业生产绿色产品	$R_{1l}+A_l-C_l-P_{1l}$	$R_{5l}+W$	$P_{1l}-A_l-R_6$
企业不生产绿色产品	$R_{4l}-P_{2l}$	R_{5l}	$P_{2l}-M_l$

表 5-10　政府消极规制下绿色消费者的三方博弈支付矩阵

绿色消费者购买绿色产品	制造业企业的支付	绿色消费者的支付	政府的支付
企业生产绿色产品	$R_{1l}+R_{2l}-C_l-P_{1l}$	$R_{3l}+H+R_6+W$	$P_{1l}-H-R_6$
企业不生产绿色产品	R_{4l}	0	$-M_l-C_r$
绿色消费者不购买绿色产品	制造业企业的支付	绿色消费者的支付	政府的支付
企业生产绿色产品	$R_{1l}-C_l$	$R_{5l}+W$	$-R_6$
企业不生产绿色产品	R_{4l}	R_{5l}	$-M_l-C_r$

（二）需求侧下模型构建

1. 制造业企业的平均期望收益可表示为：

$$E_4 = x_l E_{41} + (1 - x_l) E_{42} \tag{5-45}$$

制造业企业选择生产的期望收益可表示为：

$$E_{4_1} = (R_{1l} + A_l + R_{2l} - C_l - P_{1l})y_l z_l + (R_{1l} + A_l - C_l - P_{1l})(1 - y_l)z_l$$
$$+ (R_{1l} + R_{2l} - C_l - P_{1l})(1 - z_l)y_l + (R_{1l} - C_l)(1 - y_l)(1 - z_l)$$

$$(5-46)$$

制造业企业不生产的期望收益可表示为：

$$E_{4_2} = (R_{4l} - P_{2l})y_l z_l + (R_{4l} - P_{2l})(1 - y_l)z_l$$
$$+ (R_{4l})(1 - z_l)y_l + (R_{4l})(1 - y_l)(1 - z_l)$$

$$(5-47)$$

制造业企业的复制动态方程可表示为：

$$F_4(x_l) = dx_l/dt = x_l(E_{4_1} - E_4) = x_l(1 - x_l)(E_{4_1} - E_{4_2}) =$$
$$(P_{2l} - P_{1l})y_l + (A_l + P_{2l} - P_{1l})z_l + P_{1l}z_l y_l + R_{1l} - C_l - R_{4l}$$

$$(5-48)$$

2. 绿色消费者的平均期望收益可表示为：

$$E_5 = y_l E_{5_1} + (1 - y_l)E_{5_2}$$

$$(5-49)$$

绿色消费者购买绿色产品的期望收益可表示为：

$$E_{5_1} = (R_{3l} + H + R_6 + W)x_l z_l + (R_{3l} + H + R_6 + W)(1 - z_l)x_l$$

$$(5-50)$$

绿色消费者不购买绿色产品的期望收益可表示为：

$$E_{5_2} = (R_{5l} + W)z_l x_l + R_{5l}(1 - x_l)z_l$$
$$+ (R_{5l} + W)(1 - z_l)x_l + R_{5l}(1 - z_l)(1 - x_l)$$

$$(5-51)$$

绿色消费者的复制动态方程可表示为：

$$F_5(y_l) = dy_l/dt = y_l(E_{5_1} - E_5) = y_l(1 - y_l)(E_{5_1} - E_{5_2})$$
$$= (R_{3l} + H + R_6)x_l - R_{5l}$$

$$(5-52)$$

3. 政府平均期望收益为：

$$E_6 = z_l E_{6_1} + (1 - z_l)E_{6_2}$$

$$(5-53)$$

政府积极规制收益为：

$$E_{6_1} = (P_{1l} - A_l - H - R_6)x_l y_l + (P_{2l} - M_l)(1 - x_l)y_l$$
$$+ (P_{1l} - A_l - R_6)(1 - y_l)x_l + (P_{2l} - M_l)(1 - y_l)(1 - x_l)$$

$$(5-54)$$

政府消极规制收益为：

$$E_{6_2} = (P_{1l} - H - R_6)x_l y_l + (-M_l - C_r)(1 - x_l)y_l + (-R_6)(1 - y_l)x_l + (-M_l - C_r)(1 - y_l)(1 - x_l)$$

$$(5-55)$$

政府的复制动态方程可表示为：

$$F_6(z_l) = dz_l/dt = z_l(E_{6_1} - E_6) = z_l(1 - z_l)(E_{6_1} - E_{6_2})$$
$$= (P_{1l} - A_l - P_{2l} - C_r)x_l - P_{1l}x_l y_l + C_r + P_{2l}$$

$$(5-56)$$

（三）需求侧下模型求解

当 $F_4{}'(x_l) < 0$、$F_5{}'(y_l) < 0$、$F_6{}'(z_l) < 0$，此时 $G^*(x_l^*, y_l^*, z_l^*)$ 为三

方博弈 ESS，且满足以下条件：

$$F_4'(x_l) = (1 - 2x_s)\big[(P_{2l} - P_{1l})y_l + (A_l + P_{2l} - P_{1l})z_l + P_{1l}z_ly_l + R_{1l} - C_l - R_{4l}\big]$$

$$F_5'(y_l) = (1 - 2y_s)\big[(R_{3l} + H + R_6)x_l - R_{5l}\big]$$

$$F_6'(z_l) = (1 - 2z_s)\big[(P_{1l} - A_l - P_{2l} - C_r)x_l - P_{1l}x_ly_l + C_r + P_{2l}\big] \tag{5-57}$$

1. 制造业企业的策略选择

依据制造业企业的复制动态方程，令 $F_4(x_l) = 0$，则有：

（1）当 $y_l = \dfrac{C_l + R_{4l} - R_{1l} - (A_l + P_{2l} - P_{1l})z_l}{P_{2l} + P_{1l}z_l - P_{1l}}$ 时，$F_4(x_l) \equiv 0$，制造业企业策略是均衡状态。

（2）当 $y_l > \dfrac{C_l + R_{4l} - R_{1l} - (A_l + P_{2l} - P_{1l})z_l}{P_{2l} + P_{1l}z_l - P_{1l}}$ 时，$F_4'(0) > 0$，$F_4'(1) < 0$，此时 $x_l = 1$ 为演化均衡点，制造业企业的策略选择为生产绿色产品。

（3）当 $y_l < \dfrac{C_l + R_{4l} - R_{1l} - (A_l + P_{2l} - P_{1l})z_l}{P_{2l} + P_{1l}z_l - P_{1l}}$ 时，$F_4'(0) < 0$，$F_4'(1) > 0$，此时 $x_l = 0$ 为演化均衡点，制造业企业的策略选择为不生产绿色产品。

由上述分析可知，在需求侧视角下，政府针对制造业企业因生产不合格绿色产品骗补行为的罚金被控制在一定范围内，降低制造业企业不生产绿色产品的收益、生产绿色产品付出的研发成本，均有助于制造业企业积极生产绿色产品。增加制造业企业生产绿色产品的收益，积极有效落实政府给制造业企业绿色产品技术创新的补贴制度，加大政府对制造业企业由于排污和碳排放的惩罚力度，均有利于促使制造业企业积极生产绿色产品，即促使 x_l 趋向于 1。

2. 绿色消费者的策略选择

依据绿色消费者的复制动态方程，令 $F_5(y_l) = 0$，则有：

（1）当 $x_l = \dfrac{R_{5l}}{R_{3l} + H + R_6}$ 时，$F_5(y_l) \equiv 0$，绿色消费者策略是均衡状态。

（2）当 $x_l > \dfrac{R_{5l}}{R_{3l} + H + R_6}$ 时，$F_5'(0) > 0$，$F_5'(1) < 0$，此时 $y_l = 1$ 为均衡点，绿色消费者策略是购买绿色产品。

（3）当 $x_l < \dfrac{R_{5l}}{R_{3l} + H + R_6}$ 时，$F_5'(0) < 0$，$F_5'(1) > 0$，此时 $y_l = 0$ 为均衡点，绿色消费者策略是不购买绿色产品。

在需求侧视角下，减少消费者不购买绿色产品的直接收益，有助于绿色消费者由购买传统产品的思想向购买绿色产品的思想转变，进而促使制造业企业积极生产绿色产品。增加绿色消费者购买绿色产品的直接收益，积极有效落实关于绿色消费者的补贴和优惠，有利于绿色消费者购买绿色产品，迫使制造业企业积极生产绿色产品。当政府建设绿色产品相关基础设施建设投入力度为较高时，绿色消费者积极购买绿色产品，制造业企业积极生产绿色产品。上述措施均促使 y_l 趋向于 1，即促使绿色消费者选择购买绿色产品策略。

3. 政府的策略选择

依据政府的复制动态方程，令 $F_6(z_l) = 0$，则有：

（1）当 $x_l = \dfrac{C_r + P_{2l}}{P_{1l}y_l + A_l + P_{2l} + C_r - P_{1l}}$ 时，$F_6(z_l) \equiv 0$，政府策略是均衡状态。

（2）当 $x_l \neq \dfrac{C_r + P_{2l}}{P_{1l}y_l + A_l + P_{2l} + C_r - P_{1l}}$ 时，则 $z_l = 0$ 或 $z_l = 1$ 条件下，政府策略是均衡状态。

当 $z_l \in (0, 1)$ 时，这个过程的稳定性受 $(P_{1l} - A_l - P_{2l} - C_r)x_l - P_{1l}x_ly_l + C_r + P_{2l} = 0$ 的影响。若 $(P_{1l} - A_l - P_{2l} - C_r)x_l - P_{1l}x_ly_l + C_r + P_{2l} > 0$，即 $F_6{}'(0) > 0$，$F_6{}'(1) < 0$，政府策略时积极规制，反之则相反。则有：

①当 $x_l < \dfrac{C_r + P_{2l}}{P_{1l}y_l + A_l + P_{2l} + C_r - P_{1l}}$ 时，$F_6{}'(0) > 0$，$F_6{}'(1) < 0$，此时 $z_l = 1$ 为演化均衡点，政府策略是积极规制。

②当 $x_l > \dfrac{C_r + P_{2l}}{P_{1l}y_l + A_l + P_{2l} + C_r - P_{1l}}$ 时，$F_6{}'(0) < 0$，$F_6{}'(1) > 0$，此时 $z_l = 0$ 为演化均衡点，政府策略是消极规制。

由上述分析可知，在需求侧视角下，政府针对制造业企业因生产不合格绿色产品骗补行为的罚金被控制在一定范围内，有助于制造业企业积极生产绿色产品。增加政府消极规制产生的政府声誉成本，加大政府对制造业企业由于排污和碳排放的惩罚力度，积极有效落实政府给制造业企业绿色产品技术创新的补贴制度，均有利于促使制造业企业积极生产绿色产品。同时，政府声誉成本和政府给制造业企业的惩罚力度应控制在一定范围内，上述措施才能有效促使 z_s 趋向于 1，即促使政府选择积极规制策略。

（四）需求侧下稳定性分析

制造业企业、绿色消费者与政府的复制动态方程反映了有限理性的各利

益相关方通过学习、模仿而进行的策略选择过程。为求得三方演化博弈的均衡点，令

$$
\begin{cases}
F_4(x_l) = dx_l/dt = x_l(E_{4\ 1} - E_4) = 0 \\
F_5(y_l) = dy_l/dt = y_l(E_{5\ 1} - E_5) = 0 \\
F_6(z_l) = dz_l/dt = z_l(E_{6\ 1} - E_6) = 0
\end{cases}
\tag{5-58}
$$

根据上式，在 $R = \{(x_l, y_l, z_l) \mid 0 \leq x_l \leq 1, 0 \leq y_l \leq 1, 0 \leq z_l \leq 1\}$ 上存在9个均衡点，分别为 $G_1(0, 0, 0)$、$G_2(1, 0, 0)$、$G_3(0, 1, 0)$、$G_4(0, 0, 1)$、$G_5(1, 1, 0)$、$G_6(0, 1, 1)$、$G_7(1, 0, 1)$、$G_8(1, 1, 1)$、$G^*(x_l^*, y_l^*, z_l^*)$，其中 $G^*(x_l^*, y_l^*, z_l^*)$ 是下式的解。

$$
\begin{cases}
(P_{2l} - P_{1l})y_l + (A_l + P_{2l} - P_{1l})z_l + P_{1l}z_ly_l + R_{1l} - C_l - R_{4l} = 0 \\
(R_{3l} + H + R_6)x_l - R_{5l} = 0 \\
(P_{1l} - A_l - P_{2l} - C_r)x_l - P_{1l}x_ly_l + C_r + P_{2l} = 0
\end{cases}
\tag{5-59}
$$

为探讨三方演化博弈的稳定性，以下进行均衡点分析。

1. 针对均衡点 $G_1(0, 0, 0)$，此时的雅可比矩阵为：

$$
J_{G_1} = \begin{bmatrix} R_{1l} - C_l - R_{4l} & 0 & 0 \\ 0 & -R_{5l} & 0 \\ 0 & 0 & C_r + P_{2l} \end{bmatrix}
\tag{5-60}
$$

根据李雅普诺夫间接法可知，显然 $C_r + P_{2l}$ 为一个确定的正数，$-R_{5l}$ 为一个确定的负数，则均衡点 $G_1(0, 0, 0)$ 一定为鞍点。

2. 针对均衡点 $G_2(1, 0, 0)$，此时的雅可比矩阵为：

$$
J_{G_2} = \begin{bmatrix} C_l + R_{4l} - R_{1l} & 0 & 0 \\ 0 & R_{3l} + H + R_6 - R_{5l} & 0 \\ 0 & 0 & P_{1l} - A_l \end{bmatrix}
\tag{5-61}
$$

在上式中，$R_{3l} + H + R_6 - R_{5l} > 0$，即为正，则 $G_2(1, 0, 0)$ 为鞍点或不稳定点。

同理 $G_4(0, 0, 1)$、$G_5(1, 1, 0)$、$G_6(0, 1, 1)$ 和 $G_8(1, 1, 1)$ 可能成为演化稳定策略，$G_3(0, 1, 0)$ 和 $G_7(1, 0, 1)$ 可能为鞍点或不稳定点，其中，$G_5(1, 1, 0)$ 和 $G_8(1, 1, 1)$ 是较为理想的稳定状态。

3. 针对均衡点 $G_5(1, 1, 0)$，此时的雅可比矩阵为：

$$
J_{G_5} = \begin{bmatrix} P_{1l} + C_l + R_{4l} - R_{1l} - P_{2l} & 0 & 0 \\ 0 & R_{5l} - R_{3l} - H - R_6 & 0 \\ 0 & 0 & -A_l \end{bmatrix}
\tag{5-62}
$$

要使 $G_5(1, 1, 0)$ 成为稳定点，需要满足 $P_{1l} + C_l + R_{4l} - R_{1l} - P_{2l} < 0$，$R_{5l} - R_{3l} - H - R_6 < 0$，$-A_l < 0$。$A_l$ 代表政府给制造业企业绿色产品技术创新的补贴，在绿色产业持续发展下，制造业企业生产绿色产品逐渐常态化，政府给予制造业企业的绿色产品技术创新补贴会逐渐减少，甚至最后制造业企业创新补贴减少到 0，此时制造业企业绿色产品技术创新的外溢效应凸显，虽然这种外溢效应可能较小，但是这种外溢效应对政府的绿色产品技术创新补贴具有一定程度反哺效应，即此时满足 $(A_l < 0)$ 的条件。因此，在上述矩阵中，存在 $-A_l > 0$，即为正，则 $G_5(1, 1, 0)$ 为鞍点或不稳定点。

4. 针对均衡点 $G_8(1, 1, 1)$，此时的雅可比矩阵为：

$$J_{G_8} = \begin{bmatrix} R_{4l} + C_l + P_{1l} - R_{1l} - A_l - 2P_{2l} & 0 & 0 \\ 0 & R_{5l} - R_{3l} - H - R_6 & 0 \\ 0 & 0 & A_l \end{bmatrix} \quad (5\text{-}63)$$

只要 $R_{4l} + C_l + P_{1l} - R_{1l} - A_l - 2P_{2l} < 0$，$R_{5l} - R_{3l} - H - R_6 < 0$，$A_l < 0$，则均衡点 $G_8(1, 1, 1)$ 成为演化稳定策略。由上述分析可知，只要 $R_{4l} + C_l + P_{1l} - R_{1l} - 2P_{2l} < 0$ 成立，在绿色产业持续发展下，制造业企业生产绿色产品逐渐常态化，政府给制造业企业由于排污和碳排放的惩罚 P_{2l} 逐渐减少，这种惩罚会由 P_{2l} 趋向于 0，因此，均衡点 $G_8(1, 1, 1)$ 成为演化稳定策略的条件只需满足 $R_{4l} + C_l + P_{1l} - R_{1l} < 0$ 即可。这表明从政府惩罚角度促进制造业企业生产绿色产品，制造业企业生产绿色产品的收益要高于制造业企业不生产绿色产品的收益，制造业企业由于生产绿色产品付出的研发成本和政府对制造业企业骗补行为进行处罚的罚金三者之和。这样有助于制造业企业积极生产绿色产品，研发高质量绿色产品技术。

第四节　基于数值仿真的绿色技术产品推广策略分析

在模型推导基础上，采用数值模拟实验方法研究政府规制下制造业企业绿色技术产品的多阶段推广机制。参数值的大小表示度量的政府规制的执行程度，根据不同阶段的经济特点，将仿真参数的设定范围分为高、中、低三个等级。

一、起步阶段推广策略分析

在制造业企业绿色产品推广的起步阶段，绿色产品供需双方，即制造业企业和下游制造商的增量利润均为负。该阶段的核心是通过政府积极规制促进制造业企业、下游制造商、绿色消费者的绿色产品的生产、推广和购买思想转型。为了制定合理的制造业企业绿色产品推广机制，根据现阶段的经济特点，将仿真参数范围设置为高水平（0.7~0.9），利用不同数值的仿真参数分析思想转变的影响机理。

从供给侧角度，根据制造业企业绿色原材料产品推广起步阶段的经济特征，利用这些参数（P_{2s}、A_s、R_{3s}、T、R_{5s} 和 P_{1s}）的仿真图，如图 5-4 所示。

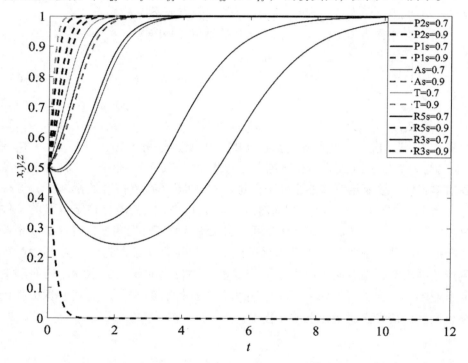

图 5-4　供给侧下绿色原材料产品推广的思想转变机制

图 5-4 从供给侧的角度展示了不同参数对初始阶段思想转变机制的影响。在高参数强度设置下，除参数 R_{5s} 外，参数值增加越多，绿色原材料产品生产和推广思想转型的稳定性收敛速度越快。从供给侧看，制造业企业在推广绿色原材料产品时和下游制造商在开发绿色产品时，增量成本普遍高于收益，促进传统制造业企业和下游制造商转变生产和推广绿色产品思想成为本阶段的重要目标，政府应对不生产绿色原材料产品的企业征税，积极有效落实政府给制造业企业绿色原材料产品技术创新的补贴制度。同时，政府针对制造业企业因生产不合格绿色原材料产品骗补行为的罚金应控制在一定范围内，有助于制造业

企业积极生产绿色原材料产品。对下游制造商而言，降低下游制造商不开发绿色产品的直接收益，有助于使下游制造商积极开发绿色产品。通过财政补贴的形式增加下游制造商开发绿色产品的直接收益，积极有效落实政府给予开发绿色产品的下游制造商的税收优惠，有利于下游制造商的策略选择为开发绿色产品，购买绿色原材料产品，刺激制造业企业向生产绿色原材料产品方向转型。

从需求侧的角度，根据制造业企业绿色产品推广起步阶段的经济特征，利用这些参数（R_{5l}、R_{3l} 和 H）的仿真图，如图 5-5 所示。

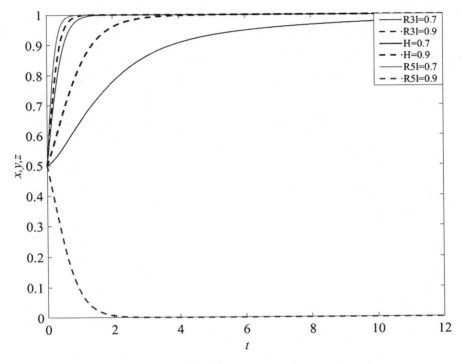

图 5-5 需求侧下绿色技术产品推广的思想转变机制

图 5-5 从需求侧的角度展示了不同参数对绿色产品生产和推广思想转型机制的影响。在高参数强度下，参数 R_{3l} 和 H 值增加越多，绿色产品生产和推广思想转型的稳定性收敛速度越快。参数 R_{5l} 模拟结果表明，在降低不购买绿色产品的绿色消费者的直接收入的同时，降低的程度应控制在一定范围内。从需求侧看，应积极宣传绿色消费理念，健全绿色消费者全面的补贴支持体制机制，鼓励消费者购买绿色产品。一方面，降低消费者不购买绿色产品的直接收益，有助于绿色消费者的思想转变为购买绿色产品，进而促使制造业企业积极生产绿色产品。另一方面，增加绿色消费者购买绿色产品的直接收

益，积极有效落实政府对购买绿色产品的绿色消费者给予补贴和优惠，有利于绿色消费者购买绿色产品，进而制造业企业积极生产和推广绿色产品。

二、发展阶段推广策略分析

在绿色产品推广的发展阶段，绿色产品上下游产业链进一步整合，制造业企业和下游制造商的财务效率与运行效率提高。该阶段的核心是通过政府的稳健规制，使下游制造商尝试开发绿色产品，绿色消费者尝试购买绿色产品，进而促进制造业企业积极生产和推广绿色产品。为了制定合理的制造业企业绿色产品推广机制，根据现阶段的经济特点，将仿真参数范围设置为中水平（0.4~0.6），利用不同数值的仿真参数分析促进绿色产品推广的影响机理。

从供给侧角度，根据制造业企业绿色原材料产品推广发展阶段的经济特征，利用这些参数（P_{2s}、A_s、R_{1s}、R_{3s} 和 T）的仿真图，如图5-6所示。

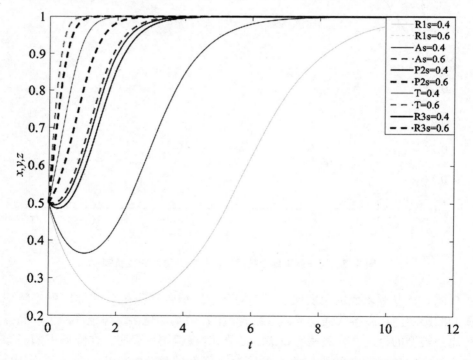

图5-6　供给侧下绿色原材料产品推广的积极推广机制

图5-6从供给侧的角度展示了不同参数对绿色原材料产品生产的影响。在参数中强度设置下，参数值增加越多，制造业企业绿色原材料产品推广的

稳定性收敛速度越快。从供给侧看，增加制造业企业生产绿色原材料产品的收益，积极有效落实政府对制造业企业绿色原材料产品技术创新的补贴制度，加大政府对制造业企业由于排污和碳排放的惩罚力度，均有利于促使制造业企业积极生产绿色原材料产品。对下游制造商而言，增加下游制造商开发绿色产品的直接收益，积极有效落实政府给予开发绿色产品的下游制造商的税收优惠，有利于下游制造商的策略选择为开发绿色产品，购买绿色原材料产品，刺激制造业企业积极生产绿色原材料产品。增加政府消极规制产生的政府声誉成本，加大政府给制造业企业由于排污和碳排放的惩罚力度，积极有效落实政府给制造业企业绿色原材料产品技术创新的补贴制度，均有利于促使制造业企业积极生产绿色原材料产品。同时，政府声誉成本和政府给制造业企业的惩罚力度应控制在一定范围内。

从需求侧的角度，根据制造业企业绿色产品推广发展阶段的经济特征，利用这些参数（ R_6、H 和 C_r ）的仿真图，如图5-7所示。

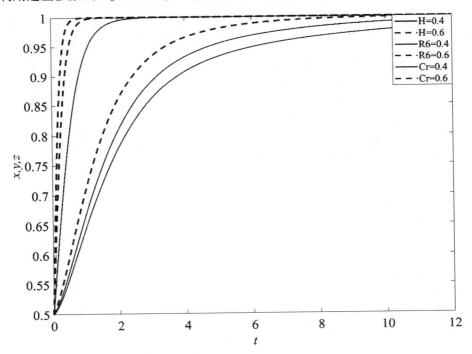

图5-7 需求侧下绿色技术产品推广的积极推广机制

图5-7从需求方的角度展示了不同参数对绿色产品生产的影响。在参数中强度设置下，参数值增加越多，制造业企业绿色产品推广的稳定性收敛速

度越快。从需求侧看，政府需要促进传统制造业企业转型升级，倡导生产和推广绿色产品。同时政府应加大建设绿色产品相关基础设施建设的投入力度，积极引导绿色消费者积极购买绿色产品，进而促进制造业企业积极生产绿色产品和推广绿色产品。

三、成熟阶段推广策略分析

在成熟阶段，制造业企业已经具备绿色生产和销售的条件，制造业企业、下游制造商、绿色消费者的增量利润为正。此时，绿色制造业的运行效率很高，财务效率高于运行效率，转化效率较低。该阶段的核心是绿色产品市场有效配置资源的作用，使下游制造商积极开发绿色产品，绿色消费者积极购买绿色产品，进而促进制造业企业积极生产和推广高质量绿色产品。为了制定合理的制造业企业绿色产品推广机制，根据现阶段的经济特点，将仿真参数范围设置为低水平（0.1~0.3），利用不同数值的仿真参数分析成熟阶段的影响机理。

从供给侧角度，根据制造业企业绿色原材料产品推广成熟阶段的经济特征，利用这些参数（ A_s 和 P_{1s} ）的仿真图，如图 5-8 所示。

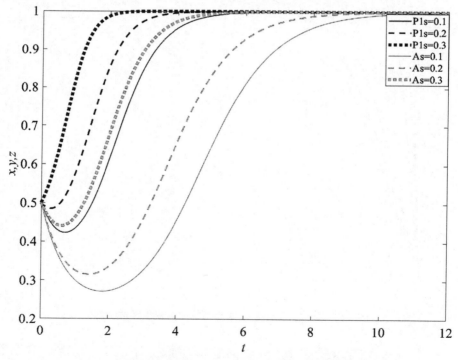

图 5-8　供给侧下绿色原材料产品推广的高质量推广机制

图 5-8 从供给侧角度分析了不同参数对绿色原材料产品推广的成熟阶段的影响。在参数低强度设置下，除 R_{5s} 参数外，参数值增加越多，制造业企业绿色原材料产品推广的稳定性收敛速度越快。从供给侧看，在制造业企业生产绿色原材料产品的过程中，政府部门在有一定的包容性措施的同时，必须一定程度上加强关系到人们健康、安全的原材料和产品的质量监管，严格控制绿色产品的不合格率，提高对制造业企业骗补行为的处罚金额。在积极落实制造业企业绿色原材料产品技术创新的补贴措施的同时，政府部门需深入制造业企业，考虑企业绿色原材料产品技术创新的切实需求，促进制造业企业积极开展绿色原材料产品技术创新活动，生产高质量绿色原材料产品。此外，政府针对制造业企业因生产不合格绿色原材料产品骗补行为的罚金应控制在一定范围内。

从需求侧的角度，根据制造业企业绿色产品推广发展阶段的经济特征，利用这些参数（ R_6 和 C_r ）的仿真图，如图 5-9 所示。

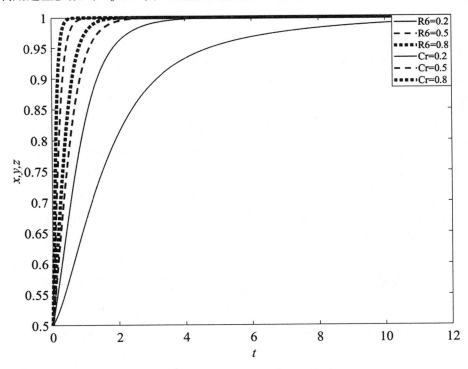

图 5-9　需求侧下绿色技术产品推广的高质量推广机制

图 5-9 从需求方的角度展示了不同参数对绿色产品生产的影响。在参数

低强度设置下，参数值增加越多，制造业企业绿色产品推广的稳定性收敛速度越快。从需求侧看，应充分运用市场机制调节制造业企业绿色产品推广，通过市场供需机制和政府宏观调控等方式推动绿色产品推广。

四、绿色技术产品推广策略综合分析

基于上述仿真实验及相关分析，从供给侧和需求侧来看有以下建议。

从供给侧来看，在起步阶段，第一，政府应该以财政补贴的形式使制造业企业的增量利润不为负。第二，政府应对不生产绿色产品的制造业企业征税，增加生产绿色产品的可能性。第三，支持绿色研发，通过有效实施政府补贴制度帮助制造业企业解决绿色技术问题。同时，政府对因为绿色原材料骗补的罚款应控制在一定范围内。在发展阶段，政府应积极推行绿色技术创新补贴制度，加大对制造业企业碳排放的处罚力度，有效地对消费者实施税收优惠政策。在成熟阶段，政府应加强绿色产品的监管推动制造业企业积极开展有应用价值的绿色技术创新活动，生产高品质的绿色产品，并且政府对制造业企业骗补的罚款应控制在一定范围内。

从需求侧来看，在起步阶段，政府应为绿色产品市场的购买者提供一些政策补贴。一方面，政府应制定政策，降低不购买绿色产品消费者的直接利益；另一方面，政府应有效落实消费者购买绿色产品的补贴和优惠制度。此外，政府应通过经济激励合理引导绿色产品市场的发展方向。在发展阶段，政府的目标是推动传统制造业企业的转型，提倡通过结构调整生产绿色产品，不仅要通过减税政策来适当降低绿色产品的价格，还要减少绿色产品的库存，以满足消费者的需求。需要强调的是，政府应加大对与绿色产品相关基础设施建设的投资。在成熟阶段，政府应通过制定减少对下游制造商和消费者的补贴等政策措施来规范市场，充分发挥资源配置在绿色产品市场中的决定性作用。

基于上述分析可以看出，增加制造业企业的污染和欺诈行为的处罚、绿色创新补贴和税收优惠及增加绿色消费者的购买补贴等均有利于制造业企业积极生产绿色产品，绿色消费者积极购买绿色技术产品，进而促进制造业企业绿色技术产品推广。绿色产品相关基础设施建设是制造业企业绿色产品快速推广的重要机制，绿色创新补贴是绿色产品高质量推广的核心机制。

第五节　本章小结

本章研究了客户合作下和政府规制下制造业企业绿色技术产品前期销售和后期推广的问题。首先，本章理论分析了客户合作下绿色技术产品销售模式，归纳总结了制造业企业绿色技术产品销售的关键影响因素；其次，使用了 IVIFGWHM 算子和基于理想解和信息熵的主客观时序权重方法，分析了客户合作下制造业企业绿色技术产品的销售机制；再次，理论分析了政府规制下制造业企业绿色技术产品推广的供给侧和需求侧，构建了制造业企业、政府、下游制造商和绿色消费者四个主体下两个三方动态博弈模型，分析了博弈的稳定性；最后，运用 Matlab 软件进行仿真模拟，从三个阶段分析了政府规制下制造业企业绿色技术产品供给侧和需求侧下的推广机制。

第六章

多主体合作下制造业企业绿色技术创新的
绩效评价及分析

本章将主要解决第二章构建的模型中多主体合作下制造业企业绿色技术创新绩效的评价问题。在知识创造阶段、技术转化阶段、产品推广阶段后，为了解多主体合作下制造业企业绿色技术创新的效率和效果，需对多主体合作下制造业企业绿色技术创新的效率和效果进行评估、总结与分析。这有助于制造业企业既能有效优化绿色技术创新活动的实施过程，又能够帮助制造业企业与多主体紧密结合，优化多主体合作下制造业企业绿色技术创新过程，充分创造绿色创新成果。为此，本章主要目的是设计多主体合作下制造业企业绿色技术创新绩效评价指标体系，以及构建有效的评价模型。具体如图6-1。

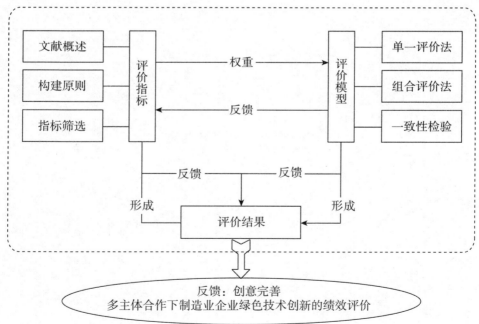

图6-1 多主体合作下制造业企业绿色技术创新绩效评价的分析框架

第一节 企业绿色创新绩效评价相关研究概述

一、企业绿色创新绩效评价指标体系研究概述

国外学者 Arundel 和 Kemp 从技术产出、知识产出、直接绩效、间接绩效四个方面构建了绿色创新绩效评价指标体系①，而 Cheng 和 Shiu 则从生态组织创新、生态工艺创新和生态产品创新三个维度设置评价体系②。Wong 等将制造业企业绿色创新绩效分为绿色产品创新绩效和绿色过程创新绩效。③ Tseng 等建立的指标体系包括管理创新、工艺创新、产品创新、技术创新四个方面。④ Ghisetti 和 Rennings 研究指出能源因素是影响绿色创新效率的重要因素之一，在绿色创新相关评价时应充分考虑。⑤ Rumanti 等基于案例研究方法，研究认为开放式背景下知识共享对绿色创新效率有显著的促进作用。⑥ Guo 等研究指出在工艺和产品方面的绿色创新有利于提高绿色技术创新水平，

---

① ARUNDEL A V, KEMP R. Measuring eco-innovation [J]. Working Papers, 2009 (17): 1-40.

② CHENG C C, SHIU E C. Validation of a proposed instrument for measuring eco-innovation: An implementation perspective [J]. Technovation, 2012, 32 (6): 329-344.

③ Wong C W Y, Lai K, Shang K C, et al. Green operations and the moderating role of environmental management capability of suppliers on manufacturing firm performance [J]. International Journal of Production Economics, 2012, 140 (1): 283-294; Wong S K S. Environmental requirements, knowledge sharing and green innovation: Empirical evidence from the electronics industry in China [J]. Business Strategy and the Environment, 2013, 22 (5): 321-338.

④ TSENG M L, WANG R, CHIU A S F, et al. Improving performance of green innovation practices under uncertainty [J]. Journal of Cleaner Production, 2013, 40: 71-82.

⑤ Ghisetti C, Rennings K. Environmental innovations and profitability: How does it pay to be green? An empirical analysis on the German innovation survey [J]. Journal of Cleaner production, 2014, 75: 106-117.

⑥ Rumanti A A, Samadhi T M A A, Wiratmadja I I, et al. Conceptual model of green innovation toward knowledge sharing and open innovation in Indonesian SME [C]. Washington: 2017 4th International Conference on Industrial Engineering and Applications (ICIEA). IEEE, 2017: 182-186.

在评价绿色技术创新水平时应将两者纳入其中。① 此外，Suresti 等研究认为创新体系的成熟度涉及微观企业自身因素和企业所处外部环境因素，如政府的创新政策、企业的创新能力等。②

国内学者朱永跃等从企业内部环境和外部环境两个维度构建了企业绿色技术创新环境评价指标体系。③ 毕克新等研究指出经济、社会、环境等方面的效率和效果是影响绿色工艺创新的重要因素。④ 武春友等从绿色技术、绿色生产、绿色排放、绿色投入、绿色文化五个方面选取了企业绿色度评价指标体系。⑤ 孙群英和曹玉昆构建了包括绿色文化、创新投入、创新管理、制度环境、资源环境、文化环境的企业绿色技术创新能力评价指标体系。⑥ 孙振清等运用熵权 TOPSIS 法研究了我国区域绿色创新能力，指出环境因素对区域创新能力有重要影响。⑦

国内外研究视角、研究主体丰富，指标体系的选择具有全面性及系统性，这些文献确立的指标对构建本研究指标具有重要的借鉴作用。

二、多主体合作绩效评价指标体系研究概述

Tsai 和 Liao、Inkinen 等研究指出知识管理对企业开放性创新具有重要影

---

① Guo Y Y, Xia X N, Zhang S, et al. Environmental regulation, government R&D funding and green technology innovation: Evidence from China provincial data [J]. Sustainability, 2018, 10 (4): 940.

② SURESTI A, DINATA U G S, WATI R. Maturity analysis of the innovation system in the livestock industries of West Sumatra, Indonesia [J]. IOP Conference Series Earth and Environmental Science, 2018, 122 (1): 012071.

③ 朱永跃, 马志强, 陈永清. 企业绿色技术创新环境的多级模糊综合评价 [J]. 科技进步与对策, 2010, 27 (9): 102-105.

④ 毕克新, 杨朝均, 黄平. 中国绿色工艺创新绩效的地区差异及影响因素研究 [J]. 中国工业经济, 2013, (10): 57-69.

⑤ 武春友, 陈兴红, 匡海波. 基于 AHP-标准离差的企业绿色度可拓学评价模型及实证研究 [J]. 科研管理, 2014, 35 (11): 109-117.

⑥ 孙群英, 曹玉昆. 基于可拓关联度的企业绿色技术创新能力评价 [J]. 科技管理研究, 2016, 36 (21): 62-67.

⑦ 孙振清, 陈文倩, 兰梓睿. 基于熵权 TOPSIS 法的区域绿色创新能力研究 [J]. 企业经济, 2019, 38 (2): 20-26.

响，企业应重点关注知识管理并构建相应的管理框架。① Szücs 研究认为合作绩效的评价应包括主观指标和客观指标。② Thomas 等探究了产学研合作绩效构成，指出合作所产生的市场价值是影响产学研合作绩效的关键因素。③ Witte 等重点探究了合作的远近对合作绩效的影响。④ Tang 等、Kobarg 等研究认为在合作创新中，合作绩效的产生源于知识管理，通过知识螺旋方式可以产出合作绩效，如专利等。⑤

　　国内学者曹静等从要素和过程两个层次来分析产学研结合技术创新绩效的影响因素。⑥ 罗小芳研究指出产学研合作创新绩效是产学研合作创新的效率和效果，应从多方面加以考虑。⑦ 张英华和彭建强从供应链视角出发，将信息协同、业务协同、财务指标、客户服务、协同抵御风险能力纳入供应链协同创新绩效评价指标体系。⑧ 司林波和孟卫东构建了装备制造业技术协同创新绩效评价体系，包括技术推动评价、政策激励、互惠关系等方面评价指标。⑨ 孙善林和彭灿构建了包括显性绩效、隐性绩效和协同绩效三个维度的产学研协同

① TSAI C T, LIAO W F. A framework for open innovation assessment ［J］. International Journal of Innovation Management, 2014, 18 (5): 1450040; INKINEN H T, KIANTO A, VANHA-LA M. Knowledge management practices and innovation performance in Finland ［J］. Baltic Journal of Management, 2015, 10 (4): 1746-5265.

② SZÜCS F. Research subsidies, industry-university cooperation and innovation ［J］. Research Policy, 2018, 47 (7): 1256-1266.

③ THOMAS A, PAUL J. Knowledge transfer and innovation through university-industry partnership: An integrated theoretical view ［J］. Knowledge Management Research and Practice, 2019, 17 (4): 436-448.

④ WITTE P, SLACK B, KEESMAN M, et al. Facilitating start-ups in port-city innovation eco-systems: A case study of Montreal and Rotterdam ［J］. Journal of Transport Geography, 2018, 71: 224-234.

⑤ KOBARG S, STUMPF-WOLLERSHEIM J, WELPE I M. University-industry collaborations and product innovation performance: The moderating effects of absorptive capacity and innovation competencies ［J］. Journal of Technology Transfer, 2018, 43 (6): 1696-1724.

⑥ 曹静, 范德成, 唐小旭. 产学研结合技术创新绩效评价研究 ［J］. 科技进步与对策, 2010, 27 (7): 114-118.

⑦ 罗小芳. 企业产学研合作原始创新机制研究 ［D］. 哈尔滨: 哈尔滨工程大学, 2013.

⑧ 张英华, 彭建强. 供应链协同创新绩效评价指标体系构建 ［J］. 社会科学家, 2016 (10): 71-75.

⑨ 司林波, 孟卫东. 装备制造业技术协同创新绩效评价及政府作用力仿真研究: 基于组合 DEA 模型和 MATLAB 仿真模型 ［J］. 科技进步与对策, 2017, 34 (15): 55-64.

创新项目绩效评价指标体系。① 李飞和李晗研究指出评价体系的构建应有相应的基础理论体系，并设计了协同创新评价指标。②

三、相关评价方法研究概述

国内外学者应用不同的评价方法研究了创新、制造业相关的评价问题。Ren 和 Wang 运用投入产出方法评价了工业企业的绿色创新效率，并进行了对比研究③；Guo 和 Yang 评价了各个地区的绿色创新效率④；Liu 等研究了煤炭行业的可持续性评价，综合考虑了环境因素、生产因素等多方面因素⑤；Wang 等采用 DEA-RAM 模型对中国制造业的绿色创新绩效进行了测度⑥；Lin 等采用 DEA 窗口分析方法对中国 28 个制造业的绿色技术创新效率进行了评价⑦；曹桂华和李登辉运用熵值法对我国集成电路上市公司创新绩效进行了评价⑧；韩兵等运用两阶段 DEA 分别对高技术企业技术创新绩效进行了研究⑨；聂名华

① 孙善林，彭灿. 产学研协同创新项目绩效评价指标体系研究 ［J］. 科技管理研究，2017，37（4）：89-95.
② 李飞，李晗. 基于动态能力的高校协同创新过程评价 ［J］. 科技管理研究，2018，38（4）：71-78.
③ Ren Y J, Wang C X. Research on the regional difference and spatial effect of green innovation efficiency of industrial enterprises in China ［J］. Revista Ibérica de Sistemas e Tecnologias de Informação，2016（E10）：373-384.
④ Guo X F, Yang H T. A combination of EFG-SBM and a temporally-piecewise adaptive algorithm to solve viscoelastic problems ［J］. Engineering Analysis with Boundary Elements，2016，67：43-52.
⑤ Liu J, Liu H, Yao X L, et al. Evaluating the sustainability impact of consolidation policy in China's coal mining industry：A data envelopment analysis ［J］. Journal of Cleaner Production，2016，112：2969-2976.
⑥ Wang W X, Yu B, Yan X, et al. Estimation of innovation's green performance：A range-adjusted measure approach to assess the unified efficiency of China's manufacturing industry ［J］. Journal of Cleaner Production，2017，149：919-924.
⑦ Lin S, Sun J, Marinova D, et al. Evaluation of the green technology innovation efficiency of China's manufacturing industries：DEA window analysis with ideal window width ［J］. Technology Analysis and Strategic Management，2018，30（10）：1166-1181.
⑧ 曹桂华，李登辉. 基于熵值法的我国集成电路上市企业创新绩效评价实证研究 ［J］. 理论月刊，2018（12）：143-150.
⑨ 韩兵，苏屹，李彤，等. 基于两阶段 DEA 的高技术企业技术创新绩效研究 ［J］. 科研管理，2018，39（3）：11-19.

和齐昊运用纳入非期望产出的 DEA-SBM 模型测算了中国工业企业的两阶段绿色创新效率①；孙振清等运用熵权 TOPSIS 法对我国区域绿色创新投入能力、绿色产出能力、绿色环境能力以及绿色扩散能力 4 个维度进行了测度②。

此外，制造业相关能力评价的方法较多。赵丽等运用层次分析法评价了区域制造业可持续发展能力。③ 冯志军运用 DEA-SBM 方法对工业企业绿色创新效率进行了测度。④ 李廉水等运用 FAHP-熵权组合赋权的灰色关联投影法综合评价模型对我国区域制造业综合发展能力进行了研究。⑤ 余红伟和胡德状运用三阶段 DEA 模型对区域的制造业质量竞争力进行了测评。⑥ 李廉水等采用基于模糊层次分析法和离差最大化法的组合赋权法计算指标权重，构建了制造业新型化评价模型。⑦ 曹慧等运用共线性和变异系数法进行了省级绿色创新能力评价指标筛选，并运用德尔菲法和变异系数法来计算各指标权重。⑧ 李琳和王足运用遗传算法的投影寻踪模型对我国区域制造业绿色竞争力进行了评价。⑨ 在评价方法方面，大多采用 DEA 模型、组合权重、层次分析法、熵权法、主成分分析法等单一评价方法，较少与其他评价方法进行组合评价，存在评价结果缺乏一致性等问题。

① 聂名华，齐昊. 对外直接投资能否提升中国工业绿色创新效率：基于创新价值链与空间关联的视角 [J]. 世界经济研究，2019，(2)：111-122，137.
② 孙振清，陈文倩，兰梓睿. 基于熵权 TOPSIS 法的区域绿色创新能力研究 [J]. 企业经济，2019，38 (2)：20-26.
③ 赵丽，孙林岩，刘杰. 区域制造业可持续发展能力的评价体系构建及应用 [J]. 科技进步与对策，2009，26 (9)：51-54.
④ 冯志军. 中国工业企业绿色创新效率研究 [J]. 中国科技论坛，2013 (2)：82-88.
⑤ 李廉水，杨浩昌，刘军. 我国区域制造业综合发展能力评价研究：基于东、中、西部制造业的实证分析 [J]. 中国软科学，2014，(2)：121-129.
⑥ 余红伟，胡德状. 中国区域制造业质量竞争力测评及影响因素分析 [J]. 管理学报，2015，12 (11)：1703-1709.
⑦ 李廉水，程中华，刘军. 中国制造业"新型化"及其评价研究 [J]. 中国工业经济，2015 (2)：63-75.
⑧ 曹慧，石宝峰，赵凯. 我国省级绿色创新能力评价及实证 [J]. 管理学报，2016，13 (8)：1215-1222.
⑨ 李琳，王足. 我国区域制造业绿色竞争力评价及动态比较 [J]. 经济问题探索，2017，(1)：64-71，81.

第二节 多主体合作下制造业企业绿色技术创新绩效
评价指标体系构建

一、多主体合作下制造业企业的绿色技术创新绩效的特点

多主体合作下制造业企业的绿色技术创新绩效评价是对多主体合作下制造业企业的通过一系列绿色技术创新活动所取得的创新成果进行评估、总结与分析。[①] 成功的多主体合作下制造业企业绿色技术创新绩效评价指标体系是制造业企业绿色技术创新及其战略的指标化，有助于制造业企业有效优化绿色技术创新活动的实施过程。多主体合作下制造业企业绿色技术创新主体主要包括制造业企业和多主体（高校和科研机构、政府、中介、上下游企业、消费者等）。制造业企业是绿色技术创新的发起主体和核心主体，对绿色技术创新效率和效果起着关键作用。多主体在资源供给、资本供给、技术服务、产品需求、合作政策、政策激励等方面为制造业企业开展绿色技术创新活动提供支持。制造业企业绿色技术创新活动的阶段性、多样性、衔接性及多主体合作特征，决定了多主体合作下制造业企业绿色技术创新绩效的复杂性、合作性等特点。[②]

从多主体合作下制造业企业绿色技术创新绩效的作用来看，包括直接绩效和间接绩效，即满足市场、用户的需要和环境的可持续性是保证绿色技术创新成功的首要条件，也是绿色技术创新过程的起点和归宿，成功的依托多主体合作进行绿色技术相关的新产品开发和工艺创新将给制造业企业带来巨大的绿色经济效益，同时提高制造业企业绿色竞争力，改善生态环境。从多主体合作下制造业企业绿色技术创新绩效形成来看，完整的绿色技术创新绩效评价包括产出绩效和过程绩效。从制造业企业主导绿色技术创新的多主体合作视角出发，绿色技术创新绩效包括制造业企业主导绩效和多主体合作绩效。同时，考虑多主体合作对制造业企业绿色技术创新活动的资源供给、资本供给、技术服务、产品需求、合作政策、政策激励等方面的支持和保障，

---

① 张英华，彭建强. 供应链协同创新绩效评价指标体系构建［J］. 社会科学家，2016（10）：71-75.

② 罗小芳. 企业产学研合作原始创新机制研究［D］. 哈尔滨：哈尔滨工程大学，2013.

在对多主体合作下制造业企业绿色技术创新绩效评价时，应着重强调多主体给制造业企业带来的直接绩效和间接绩效。[①] 制造业企业与多主体之间的互惠合作关系是评价多主体合作下制造业企业绿色技术创新绩效的重要指标，为此构建了多主体合作下制造业企业绿色技术创新绩效的理论框架，如图 6-2 所示。图 6-2 充分体现了多主体合作下制造业企业绿色技术创新绩效的阶段性、多样性、衔接性及多主体等特点，为本书后续构建多主体合作下制造业企业绿色技术创新绩效评价指标体系奠定了理论基础。

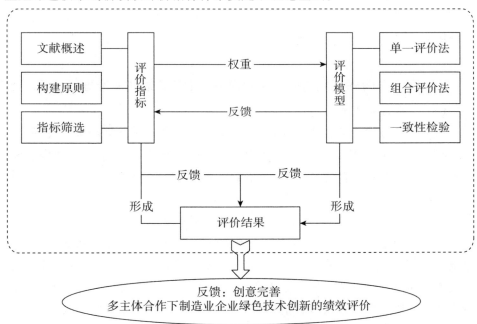

图 6-2 多主体合作下制造业企业绿色技术创新绩效的理论框架

除上述特点外，选取的多主体合作下制造业企业绿色技术创新绩效指标应具有科学性、实用性、可比性、利于对策提出、绿色发展等特点。这就要求在充分表征多主体合作下制造业企业绿色技术创新绩效时，应注意以下原则：科学性原则，在构建多主体合作下制造业企业绿色技术创新绩效评价指标体系时，要充分从多主体合作下制造业企业绿色技术创新过程出发，从本质上反映多主体合作下制造业企业绿色技术创新的特征。实用性原则，针对

① 司林波，孟卫东. 装备制造业技术协同创新绩效评价及政府作用力仿真研究：基于组合 DEA 模型和 MATLAB 仿真模型 [J]. 科技进步与对策，2017, 34（15）：55-64.

多主体合作下制造业企业绿色技术创新绩效指标的选取要保证指标具有现实意义，绿色技术创新绩效的评价结果能够反映现实情况。可比性原则，为使多主体合作下制造业企业绿色技术创新绩效评价工作更具有代表性和普适性，需要对多主体合作下很多的制造业企业进行绿色技术创新绩效的评价和比较。利于对策提出原则，通过评价多主体合作下制造业企业绿色技术创新绩效发现多主体合作下制造业企业绿色技术创新过程中存在的一些问题，并根据评价结果提出有利于提高多主体合作下制造业企业绿色技术创新绩效的对策建议，而且也要考虑评价指标的选择，要有助于政府出台绿色创新政策。绿色发展原则，绩效评价应从有利于区域、企业绿色发展原则考虑。

二、多主体合作下制造业企业的绿色技术创新绩效评价指标体系构建

（一）指标初步筛选

依据绿色技术创新、产学研协同创新及市场导向下企业创新绩效评价相关文献，无论是从直接绩效和间接绩效，或创新产出绩效和创新过程绩效，或者企业主导绩效和多主体合作绩效等方面评价企业绿色技术创新绩效，都不外乎集中于创新要素投入、创新科技产出、创新经济产出、创新社会效应等方面①。绿色技术创新要素投入与制造业企业绿色技术创新各个阶段关联性较强，主要包括人、财、物的投入。制造业企业与学研方合作创新产出的绿色技术及其依据客户导向的技术应用主要体现的是绿色技术创新科技产出。多主体合作下制造业企业绿色技术创新经济产出是衡量制造业企业通过与学研方合作应用绿色技术实践，消费者积极购买绿色产品等合作方式而获取的创新收益，此外，这些收益还包括政府基于减排给予的优惠及补贴。多主体合作下制造业企业绿色技术创新社会效应包括创新带来的宏观经济、绿色社会、资源环境等效应，其中，宏观经济效应体现在企业引领的辐射效应等方面，绿色社会效应体现在公众绿色环保消费意识等方面，资源环境效应主要体现在资源节约、三废减少等方面。因此，多主体合作下制造业企业绿色技术创新绩效评价指标包括绿色技术创新的要素投入、科技产出、新经济产出、社会效应 4 个方面，表 6-1 展示了初始的绩效评价指标体系。

① 隋俊，毕克新，杨朝均，等. 制造业绿色创新系统创新绩效影响因素：基于跨国公司技术转移视角的研究 [J]. 科学学研究，2015，33（3）：440-448；李廉水，杨浩昌，刘军. 我国区域制造业综合发展能力评价研究：基于东、中、西部制造业的实证分析 [J]. 中国软科学，2014，(2)：121-129；赵云皓，叶子仪，辛璐，等. 构建市场导向的绿色技术创新体系 [J]. 环境与可持续发展，2018，43（5）：5-8.

表 6-1   多主体合作下制造业企业绿色技术创新绩效评价初始指标体系

维度	序号	指标层	主要参考文献
绿色技术创新要素投入	1	绿色 R&D 经费内部支出占内部总支出的比例	李婉红等（2013）① 毕克新等（2015）② 司林波和孟卫东（2017）③ 朱承亮等（2018）④ 杨玉桢和李姗（2019）⑤
	2	制造业企业绿色技术人员中来自学研方的比例	
	3	绿色技术引进及现有技术改造费用	
	4	环保项目系统投资与研发费用的比例	
	5	污染设备运行费用	
	6	环境保护系统设备在同行业中的水平	
	7	R&D 项目经费内部支出的政府资金的比例	
	8	给付学研方绿色 R&D 经费占绿色 R&D 经费内部支出的比例	
	9	绿色技术创新能源消耗总量	
	10	用户建议对绿色技术研发影响程度	
绿色技术创新科技产出	11/12	绿色新产品数/水平	毕克新等（2013）⑥ 毕克新等（2014）⑦
	13/14	绿色发明专利数申请数/水平	
	15	传统技术中绿色技术改造的比例	
	16	绿色专利授权数增长率	

---

① 李婉红，毕克新，孙冰．环境规制强度对污染密集行业绿色技术创新的影响研究：基于 2003—2010 年面板数据的实证检验 [J]．研究与发展管理，2013，25（6）：72-81.

② 毕克新，杨朝均，隋俊．跨国公司技术转移对绿色创新绩效影响效果评价：基于制造业绿色创新系统的实证研究 [J]．中国软科学，2015（11）：81-93.

③ 司林波，孟卫东．装备制造业技术协同创新绩效评价及政府作用力仿真研究：基于组合 DEA 模型和 MATLAB 仿真模型 [J]．科技进步与对策，2017，34（15）：55-64.

④ 朱承亮，刘瑞明，王宏伟．专利密集型产业绿色创新绩效评估及提升路径 [J]．数量经济技术经济研究，2018，35（4）：61-79.

⑤ 杨玉桢，李姗．基于因子分析的产学研协同创新绩效评价研究 [J]．数学的实践与认识，2019，49（3）：21-28.

⑥ 毕克新，杨朝均，黄平．中国绿色工艺创新绩效的地区差异及影响因素研究 [J]．中国工业经济，2013，（10）：57-69.

⑦ 毕克新，王禹涵，杨朝均．创新资源投入对绿色创新系统绿色创新能力的影响：基于制造业 FDI 流入视角的实证研究 [J]．中国软科学，2014，（3）：153-166.

维度	序号	指标层	主要参考文献
绿色技术创新科技产出	17	新产品开发项目数中绿色项目数的比例	李琳和王足（2017）① 钱丽等（2018）②
	18	联合发表 SCI 收录的论文数	
	19	联合申请课题数	
	20	国家、省名牌绿色产品数占比	
	21	绿色技术成果转化率	
绿色技术创新经济产出	22	绿色新产品占新产品总量比重	罗小芳等（2013）③ 毕克新等（2015）④ 毕克新等（2016）⑤ 熊彬等（2019）⑥
	23	绿色新产品销售收入	
	24	绿色新产品出口创汇率	
	25	新产品销售收入中绿色产品销售收入的比例	
	26	绿色新产品的市场占有率	
	27	政府基于减排给予的优惠及补贴	
	28	用户对绿色技术产品接受程度	
	29	绿色创新合作增加的绿色创新项目投资回报率	
	30	绿色创新合作增加的绿色新产品开发的成功率	
	31	绿色创新合作增加的净利润率	
	32	绿色产品销售收入增长率	

① 李琳，王足．我国区域制造业绿色竞争力评价及动态比较［J］．经济问题探索，2017（1）：64-71，81.

② 钱丽，王文平，肖仁桥．共享投入关联视角下中国区域工业企业绿色创新效率差异研究［J］．中国人口·资源与环境，2018，28（5）：27-39.

③ 罗小芳．企业产学研合作原始创新机制研究［D］．哈尔滨：哈尔滨工程大学，2013.

④ 毕克新，杨朝均，隋俊．跨国公司技术转移对绿色创新绩效影响效果评价：基于制造业绿色创新系统的实证研究［J］．中国软科学，2015，11：81-93.

⑤ 毕克新，付珊娜，田莹莹．低碳背景下我国制造业绿色创新系统演化过程：创新系统功能视角［J］．科技进步与对策，2016，33（19）：61-68.

⑥ 熊彬，李宁，杨朝均．中国工业绿色创新绩效的地区差异及趋同性研究［J］．软科学，2019，33（2）：65-68.

续表

维度	序号	指标层	主要参考文献
绿色技术创新社会效应	33	单位利润资源消耗降低率	隋俊等（2015）① 李旭（2015）② 王海龙等（2016）③ 钱丽等（2018）④
	34	单位利润能源消耗降低率	
	35	绿色产品顾客满意程度	
	36	全员劳动生产率的增长率	
	37	公众环境偏好、意识改善程度	
	38	采纳环境管理体系的水平	
	39	工业废物循环利用率	
	40	单位利润碳排放量	
	41	单位利润三废污染物排放量	
	42	形成国家或行业绿色技术标准数	

（二）预测试指标

表 6-1 所示初始指标体系是通过对国内外文献归纳总结构建的，具有一定的理论价值，为进一步使指标体系更具有实践意义，我们对表 6-1 中的指标进行了专家打分，进而筛选出专家认为既有理论价值，又有实践意义的指标。我们邀请了 6 位制造业企业绿色技术创新项目管理者和 4 位绿色技术创新研究专家依据 1（非常不重要）到 7（非常重要）对表 6-1 中的指标进行评估，在综合第一次专家评估后，将新的评估表返还专家进行第二次评估，经过多轮综合反馈和专家评估，最后 10 位专家的评估结果趋于一致。通过专家打分我们将得分均值小于 5 的指标剔除，在初选指标中我们剔除了绿色技术创新能源消耗总量、绿色新产品销售收入、绿色产品顾客满意程度 3 个指

① 隋俊，毕克新，杨朝均，等．跨国公司技术转移对我国制造业绿色创新系统绿色创新绩效的影响机理研究 [J]．中国软科学，2015，(1)：118-129.
② 李旭．绿色创新相关研究的梳理与展望 [J]．研究与发展管理，2015，27 (2)：1-11.
③ 王海龙，连晓宇，林德明．绿色技术创新效率对区域绿色增长绩效的影响实证分析 [J]．科学学与科学技术管理，2016，37 (6)：80-87.
④ 钱丽，王文平，肖仁桥．共享投入关联视角下中国区域工业企业绿色创新效率差异研究 [J]．中国人口·资源与环境，2018，28 (5)：27-39.

标。需要说明的是，考虑到评价专家的人数、不同行业等因素，评价结果可能有一定的局限性，因此本文选取指标的评估值均大于等于5。

（三）正式测试指标

根据多主体合作下制造业企业绿色技术创新的特点，设计的问卷包括两部分内容。一是公司基本特征，包括企业性质、企业规模、成立年限、是否产生高污染及所属行业；二是多主体合作下制造业企业绿色技术创新绩效指标，这一部分内容主要针对制造业企业主导的多主体合作下绿色技术创新项目展开调查，要求填写人员综合考量所有绿色技术创新项目进行填写。为了获得制造业企业主导的多主体合作下绿色技术创新项目的调研数据，调研对象设定为近5年至少担任过3项多主体合作下绿色技术创新项目的负责人。

为从源头保证数据质量，在正式调查之前，采用相关文献中指标及领域内主要学者的测量指标，制订预调查问卷，在哈尔滨工程大学 MBA 和 EMBA 学员中发放了50份问卷，回收36份，依据问卷结果对问卷进行修订。本文问卷调查范围包括哈尔滨、大庆、北京、石家庄、镇江等，这些地区具有一定的社会网络关系，保障了问卷数据的真实性和可靠性。本文使用修订后的问卷开展调研，共发放400份，回收229份，回收率为57.25%，删除错误项和缺失项问卷，获取188份有效问卷，问卷有效率为82.10%，基本满足实证研究要求。调查问卷统计中本科及以上学历占84.14%，技术人员占33.25%，技术管理者占45.58%，中高层管理者占21.17%。

为避免偏差效应，对研究数据进行同源方法偏差和未回应者偏差检验。在同源方法偏差上，本研究采用 Harman 单因素分析方法进行检验，运行 SPSS 软件提供的探索性因子分析程序，结果表明：未旋转第一个主成分的载荷量为 17.96，不存在单一因素能解释大部分变异因子的情况，同源方法偏差不会造成显著影响。在未回应者偏差上，本研究未回应者偏差为90%，满足进一步研究需求。

1. 指标间相关性分析

相关性检验结果如表6-2—6-5所示。（1）关于绿色技术创新要素投入指标的相关性分析，剔除后的9个指标中环保项目系统投资与研发费用的比例、污染设备运行费用两个指标的相关性为0.750，高于0.7，考虑到相对值在评价中更具有实用价值，因此剔除污染设备运行费这个指标。（2）关于绿色技术创新科技产出指标的相关性分析，11个指标中绿色新产品水平和国家、省名牌绿色产品数占比两个指标的相关性为0.713，高于0.7，绿色新产品数/水平是绿色产品方面的综合反映，而国家、省名牌绿色产品数占比仅为综合反映中的一部分，因此仅选用绿色新产品数/水平。（3）关于绿色技术创新经济产出指标的相关性分析，剔除后的 10 个指标中绿色产品销售收入增长率指标与绿色创新项目投资回报率指标具有相关性，相关性为 0.722，高于0.7，绿色创新项目投资回报率是项目管理领域关注的关键指标之一，为此剔除绿色产品销售收入增长率指标。（4）绿色技术创新社会效应指标的相关性均低于 0.7，不需要剔除绿色技术创新社会效应维度中的指标。

表6-2 绿色技术创新要素投入指标的相关性检验

	X1	X2	X3	X4	X5	X6	X7	X8	X9	X10
X1	1									
X2	0.340	1								
X3	0.516	0.418	1							
X4	0.479	0.369	0.486	1						
X5	0.542	0.431	0.538	0.750	1					
X6	0.306	0.376	0.322	0.233	0.288	1				
X7	0.423	0.29	0.468	0.427	0.464	0.385	1			
X8	0.288	0.212	0.316	0.227	0.212	0.166	0.239	1		
X9	—	—	—	—	—	—	—	—		
X10	0.423	0.293	0.462	0.441	0.455	0.302	0.457	0.227	0.522	1

表6-3 绿色技术创新科技产出指标的相关性检验

	X11	X12	X13	X14	X15	X16	X17	X18	X19	X20	X21
X11	1										
X12	0.581	1									
X13	0.487	0.490	1								
X14	0.595	0.594	0.479	1							
X15	0.608	0.612	0.466	0.625	1						
X16	0.589	0.592	0.523	0.489	0.578	1					
X17	0.396	0.497	0.494	0.504	0.551	0.478	1				

续表

	X11	X12	X13	X14	X15	X16	X17	X18	X19	X20	X21
X18	0.626	0.606	0.484	0.611	0.624	0.600	0.492	1			
X19	0.574	0.507	0.402	0.524	0.539	0.519	0.405	0.553	1		
X20	0.650	0.713	0.457	0.630	0.593	0.530	0.454	0.557	0.538	1	
X21	0.518	0.578	0.452	0.569	0.571	0.544	0.422	0.553	0.475	0.572	1

表6-4　绿色技术创新经济产出指标的相关性检验

	X22	X23	X24	X25	X26	X27	X28	X29	X30	X31	X32
X22	1										
X23	0.425	—									
X24	0.491	—	1								
X25	0.515	—	0.515	1							
X26	0.475	—	0.384	0.437	1						
X27	0.478	—	0.441	0.493	0.538	1					
X28	0.638	—	0.480	0.549	0.619	0.533	1				
X29	0.506	—	0.462	0.604	0.449	0.520	0.473	1			
X30	0.556	—	0.340	0.471	0.569	0.485	0.538	0.562	1		
X31	0.428	—	0.403	0.518	0.373	0.413	0.471	0.502	0.402	1	
X32	0.568	—	0.432	0.609	0.503	0.497	0.522	0.722	0.573	0.472	1

2. 单个指标的信度和效度检验

为保障选取的指标的可靠性、代表性，本研究运用 Cronbach's alpha 系数和因子分析法进行单个指标的信度和效度检验。信度检验被定义为：某次测验分数的真实变异数与总变异数之比 $R = (S_r^2 - S_e^2)/S_r^2 = 1 - S_e^2/S_r^2$。Cronbach's alpha 是一个衡量信度的重要标准，$\alpha = [K/(K-1)][1 - (\sum S_i^2)/S_r^2]$。在问卷调查基础和相关性分析基础上，我们进行了因子分析，结果如表6-6所示，4个核心维度的 Cronbach α 值均大于0.75，维度中指标的因子载荷大多高于0.7，表明多主体合作下制造业企业绿色技术创新绩效评价指标体系的4

个核心维度是合理的，每个维度中指标能够反映所在维度的真实情况。此外，我们发现绿色技术创新的经济产出和要素投入受到了广泛重视，这与制造业企业追求利润最大化的目标相对应，绿色技术创新社会效应指标为其次受到重视的。效度检验是用来表征评价体系能否被客观现实真实地反映出来①，本书的多主体合作下制造业企业绿色技术创新绩效评价指标体系是在国内外文献归纳总结的基础上，通过专家论证、问卷调查方式，基于多种研究方法，将理论论证与数据实验相结合所设计的，具有丰富的内容效度、合理的结构效度、准确的准则效度。因此，从效度方面看，本书的多主体合作下制造业企业绿色技术创新绩效评价指标体系是合理的。

表 6-5 绿色技术创新社会效应指标的相关性检验

	X33	X34	X35	X36	X37	X38	X39	X40	X41	X42
X33	1									
X34	0.512	1								
X35	—	—	—							
X36	0.424	0.402	—	1						
X37	0.448	0.428	—	0.627	1					
X38	0.405	0.328	—	0.483	0.491	1				
X39	0.427	0.259	—	0.354	0.433	0.283	1			
X40	0.475	0.483	—	0.567	0.616	0.413	0.369	1		
X41	0.323	0.342	—	0.472	0.465	0.346	0.207	0.455	1	
X42	0.391	0.374	—	0.559	0.516	0.433	0.360	0.553	0.486	1

3. 多主体合作下制造业企业绿色技术创新绩效评价指标体系

本文设计的多主体合作下制造业企业绿色技术创新绩效评价指标体系如表 6-6 所示。该体系包括绿色技术创新要素投入、绿色技术创新科技产出、绿色技术创新经济产出、绿色技术创新社会效应 4 个核心维度，反映了直接绩效和间接绩效，创新产出绩效和创新过程绩效，企业主导绩效和多主体合

① Sarmento E D M, Nunes A. Entrepreneurship, job creation, and growth in fast-growing firms in Portugal: Is there a international role for policy? [M]. London: International Studies in Entrepreneurship, 2015.

作绩效等方面内容，真实反映多主体合作下制造业企业绿色技术创新的绩效状况。

表 6-6　多主体合作下制造业企业绿色技术创新绩效评价指标体系

维度	序号	指标层	因子载荷	变量解释方差（%）	内部一致性系数（α）
绿色技术创新要素投入	1	绿色 R&D 经费内部支出占内部总支出的比例	0.73	74.62	0.811
	2	企业绿色技术人员中来自学研方的比例	0.71		
	3	绿色技术引进及现有技术改造费用	0.77		
	4	环保项目系统投资与研发费用的比例	0.71		
	5	环境保护系统设备在同行业中的水平	0.66		
	6	R&D 项目经费内部支出的政府资金的比例	0.71		
	7	给付学研方绿色 R&D 经费占绿色 R&D 经费内部支出的比例	0.76		
	8	用户建议对绿色技术研发影响程度	0.69		
绿色技术创新科技产出	9/10	绿色新产品数/水平	0.79	76.51	0.918
	11/12	绿色发明专利数申请数/水平	0.74		
	13	传统技术中绿色技术改造的比例	0.81		
	14	绿色专利授权数增长率	0.78		
	15	新产品开发项目数中绿色项目数的比例	0.68		
	16	联合发表 SCI 收录的论文数 PH	0.81		
	17	联合申请课题数 PH	0.72		
	18	绿色技术成果转化率	0.75		

续表

维度	序号	指标层	因子载荷	变量解释方差（%）	内部一致性系数（α）
绿色技术创新经济产出	19	绿色新产品占新产品总量比重	0.77	70.21	0.896
	20	绿色新产品出口创汇率	0.67		
	21	新产品销售收入中绿色产品销售收入的比例	0.77		
	22	绿色新产品的市场占有率	0.73		
	23	政府基于减排给予的优惠及补贴	0.74		
	24	用户对绿色技术产品接受程度	0.81		
	25	绿色创新合作增加的绿色创新项目投资回报率	0.75		
	26	绿色创新合作增加的绿色新产品开发的成功率	0.73		
	27	绿色创新合作增加的净利润率	0.67		
绿色技术创新社会效应	28	单位利润资源消耗降低率	0.69	75.58	0.870
	29	单位利润能源消耗降低率	0.74		
	30	全员劳动生产率的增长率	0.78		
	31	公众环境偏好、意识改善程度	0.81		
	32	采纳环境管理体系的水平	0.66		
	33	工业废物循环利用率	0.76		
	34	单位利润碳排放量	0.79		
	35	单位利润三废污染物排放量	0.68		
	36	形成国家或行业绿色技术标准数	0.74		

第三节　多主体合作下制造业企业绿色技术创新绩效评价模型

一、模型选择分析

目前大多评价方法属于单一评价方法，实际上不同方法评价的机理、主体不同，应用不同的评价方法评价同一个问题时，存在单一评价方法评价结果的非一致性问题，由此，学者们提出了组合评价的思路。目前，对组合评价的研究主要集中在评价权重的组合（组合赋权法）和评价结论的组合两方面。关于评价权重的组合研究已有一些研究成果，并在评价决策方面对组合赋权方法进行了构建与应用。而相比组合赋权方法，运用评价结论的组合更加直接，避免了权重组合结果带来的偏差。① 常见的基于评价结论的组合方法主要有离差最大化方法、Borda 法、平均值法、Copeland 法等优化组合评价方法。② 然而在实际组合评价应用中，由于不同组合评价方法的组合机理、组合评价值及应用对象的不同，会引起组合评价结论出现非一致性和收敛性较差等问题。针对该问题，陈国宏和李美娟③提出了复组合评价方法，通过计算机模拟实验验证了组合评价收敛性，由此彭张林等④提出了基于评价结论的二次组合评价方法。然而，复组合评价方法大多集中在理论探索阶段，在应用研究的方面相对较少，而且复组合评价尚未形成一个系统性的方法体系；虽然二次组合评价方法组合误差更小，但仍然存在收敛性差的问题。因此，有必要对组合评价方法进行进一步研究，以此降低组合评价结果的误差，为多主体合作下制造业企业绿色技术创新绩效评价提供新思路。

针对上述问题，在借鉴现有评价方法的基础上，提出了基于相容性和一致性的多主体合作下制造业企业绿色技术创新绩效评价方法。在熵权法、

① 李美娟，徐林明，陈国宏. 基于一致性的动态组合评价方法研究［J］. 中国管理科学，2016，24（10）：149-155.

② 彭张林，张强，王素凤，等. 基于评价结论的二次组合评价方法研究［J］. 中国管理科学，2016，24（9）：156-164.

③ 陈国宏，李美娟. 组合评价收敛性验证的计算机模拟实验［J］. 系统工程理论与实践，2005（5）：74-82.

④ 彭张林，张强，王素凤，等. 基于评价结论的二次组合评价方法研究［J］. 中国管理科学，2016，24（9）：156-164.

TOPSIS 法和离差最大化法单一评价的基础上，构建了分别由漂移度组合评价法、灰色关联度组合评价法和均值组合评价法构成的多主体合作下制造业企业绿色技术创新绩效的组合评价模型，分别运用方差平均值方法和 Spearman 等级相关系数对组合评价结果进行收敛性检验和一致性检验。该模型具有较好的收敛性，通过多次组合评价，三种组合评价下多主体合作下制造业企业绿色技术创新绩效评价结果趋于一致，最终得到一致性的绿色技术创新绩效评价结论，不仅可以将同种性质的评价方法组合在一起，达到单一评价方法评价结果取长补短的效果，而且可以利用多层次信息，更加多角度、全方位的研究，更加贴近评价对象的全貌，同时也消除了各种单一评价方法评价结果的非一致性问题，为多主体合作下制造业企业绿色技术创新绩效评价问题提供了新思路。

二、基于一致性的组合评价模型构建

（一）评价模型构建思路

步骤 1：规范化处理制造业企业绿色技术创新绩效评价指标原始数据；

步骤 2：分别运用熵权法、TOPSIS 法和离差最大化法进行单一评价，选用 Spearman 等级相关系数进行评价结果的一致性检验，若一致性较强，则分别运用漂移度组合评价法、灰色关联度组合评价法和均值组合评价法进行第一次组合评价；

步骤 3：运用方差平均值方法对第一次组合评价结果进行收敛性检验，若不收敛，则基于 Spearman 等级相关系数的一致性检验，若一致性较强，则再次分别运用漂移度组合评价法、灰色关联度组合评价法和均值组合评价法进行第二次组合评价；

步骤 4：运用方差平均值方法对第二次组合结果进行收敛性检验。若第二次组合评价结果收敛，则得到最终评价结果，否则继续组合评价执行步骤 2 和 3，直到最终组合评价结果收敛为止。具体步骤如图 6-3 所示。

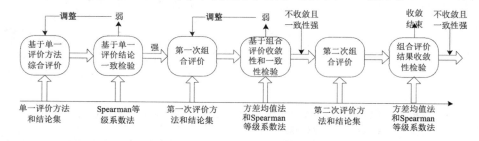

图 6-3　多主体合作下制造业企业绿色技术创新绩效评价模型的构建思路

(二) 指标规范化处理

首先要确定多主体合作下制造业企业绿色技术创新绩效评价各指标的功效函数。v_{ij} 是第 i 个系统第 j 个指标即序参量，α_{ij} 表示系统临界点序参量的上限值，β_{ij} 表示系统临界点序参量的下限值。p_{ij} 是变量 v_{ij} 对系统的贡献值，且 $p_{ij} \in [0,1]$。因此，正向指标和负向指标的功效系数为[①]：

$$p_{ij} = \begin{cases} (v_{ij} - \beta_{ij})/(\alpha_{ij} - \beta_{ij}) \\ (\alpha_{ij} - v_{ij})/(\alpha_{ij} - \beta_{ij}) \end{cases} \tag{6-1}$$

(三) 单一评价法

1. 熵权法

熵权法是一种客观确定权重的方法，根据信息论基本原理，信息是整个系统的一个有序度量，而熵是整个系统的一个无序度量。在多主体合作下制造业企业绿色技术创新绩效评价中，评价各指标的信息熵越小，该指标所代表的信息量就越大，权重就越高，反之则相反。熵权法具体步骤如下[②]：

(1) 设 f_{ij} 为指标的比重，其中 $i = 1, 2, \cdots, n$；$j = 1, 2, \cdots, m$，则计算公式为：

$$f_{ij} = v_{ij} / \sum_{i=1}^{n} v_{ij} \tag{6-2}$$

其中，v_{ij} 为第 i 个制造业企业第 j 个绿色技术创新绩效评价指标的原始数据。

(2) 设 h_j 为第 j 个评价指标的熵值，w_j 为第 j 个评价指标的权重，则有：

$$w_j = (1 - h_j) / \left(m - \sum_{j=1}^{m} h_j \right) \tag{6-3}$$

其中，$h_j = -\dfrac{1}{\ln n} \sum_{i=1}^{n} f_{ij} \ln(f_{ij})$，若 $f_{ij} = 0$，则 $f_{ij} \ln f_{ij} = 0$。

(3) 设 P_i 表示多主体合作下制造业企业绿色技术创新绩效得分，则得分计算公式为：

$$P_i = \sum_{j=1}^{m} w_j v_{ij} \tag{6-4}$$

---

① 李柏洲，尹士，罗小芳. 集成供应链企业合作创新伙伴动态选择研究 [J]. 工业工程与管理，2018，23 (3)：123-131.
② 王妮，孙建民，李凯，等. 一种基于聚类分析与熵权模糊评价的虚拟企业综合决策算法研究 [J]. 工业工程与管理，2016，21 (3)：25-31.

2. TOPSIS 法

TOPSIS 法是一种适用于多项指标、对多个评价主体进行比较选择的逼近于理想值排序的分析方法。该方法的核心在于确定各个指标的正理想解和负理想解，所谓正理想解是设想的最优值，各个属性值均满足绿色技术创新绩效最优的值，负理想解与正理想解相反，是设想的最坏值。最后，按照加权欧式距离公式求出各个评价主体与正理想解和负理想解之间的欧式距离①，由此可得绩效得分。

（1）构建绩效指标数据加权矩阵。设定制造业企业集合为 M ，包含的指标集为 S ，则 M_i 对指标 S_j 的值记为 p_{ij} ；将各赋权的指标权重 w_j 与无量纲化矩阵相乘，得到加权矩阵 $R = (r_{ij})_{m \times n}$ ，其中 $r_{ij} = ? \ w_j \times p_{ij}$ 。

（2）计算正、负理想多主体合作下制造业企业绿色技术创新绩效。基于上述多主体合作下制造业企业绿色技术创新绩效指标数据加权矩阵计算正、负理想值：

$$Y_j^+ = \max_{1 \leq i \leq m} \{r_{ij}\} \ , \ Y_j^- = \min_{1 \leq i \leq m} \{r_{ij}\} \quad\quad (6-5)$$

由此，可得到制造业企业绿色技术创新绩效的正理想解 $Y^+ = (Y_1^+,$ $Y_2^+, \cdots, Y_m^+)$ ，负理想解 $Y^- = (Y_1^-, Y_2^-, \cdots, Y_m^-)$ 。

（3）计算多主体合作下制造业企业绿色技术创新绩效得分与理想得分的欧氏距离。设 d_i^+ 为第 i 个制造业企业绿色技术创新绩效得分与正理想得分的欧氏距离，d_i^- 为第 i 个制造业企业绿色技术创新绩效得分与负理想得分的欧氏距离，则有：

$$d_i^+ = \sqrt{(Y_1^+ - Y_{1i})^2 + \cdots + (Y_m^+ - Y_{mi})^2}, \ d_i^- =$$
$$\sqrt{(Y_1^- - Y_{1i})^2 + \cdots + (Y_m^- - Y_{mi})^2} \quad\quad (6-6)$$

（4）多主体合作下制造业企业绿色技术创新绩效得分结果。设定绩效得分与正理想得分的相对贴近度为 $C_i = d_i^- / (d_i^+ + d_i^-)$ ，C_i 值越大，则多主体合作下制造业企业绿色技术创新绩效越高。

---

① Micale R，La Fata C M，La Scalia G. A combined interval-valued ELECTRE TRI and TOPSIS approach for solving the storage location assignment problem ［J］. Computers & Industrial Engineering，2019，135（9）：199-210.

3. 离差最大化法

离差最大化法具体步骤如下①：

（1）$v_{ij}(i = 1, 2, \cdots, n; j = 1, 2, \cdots, m)$ 表示第 i 个制造业企业第 j 个指标规范化处理后的值。设 w_j 为第 j 个指标的权重，$w_j \geqslant 0$。$E_{ij}(w)$ 表示制造业企业 i 与其他所有制造业企业绿色技术创新绩效指标值的总离差为（$k = 1, 2, \cdots, n$），则有：

$$E_{ij}(w) = \sum_{j=1}^{m} |v_{ij}w_j - v_{ik}w_j| \tag{6-7}$$

（2）设 $E_j(w)$ 表示制造业企业间绩效指标值的总离差为：

$$E_j(w) = \sum_{i=1}^{n} E_{ij}(w) = \sum_{i=1}^{n} \sum_{k=1}^{n} |v_{ij} - v_{ik}| w_j \tag{6-8}$$

（3）在所有制造业企业绿色技术创新绩效指标值的总离差最大条件下，构造关于加权向量 w_j 的目标函数为：

$$maxE(w) = \sum_{j=1}^{m} \sum_{i=1}^{n} \sum_{k=1}^{n} |v_{ij} - v_{ik}| w_j \tag{6-9}$$

$$s.t. \quad \sum_{j=1}^{m} w_j = 1, \ w_j \geqslant 0$$

（4）对公式（6-9）最优化模型作 Lagrange 函数，并求其偏导数，由此可得权重向量：

$$w_j = \frac{\sum_{i=1}^{n} \sum_{k=1}^{n} |v_{ij} - v_{ik}|}{\sum_{j=1}^{m} \sum_{i=1}^{n} \sum_{k=1}^{n} |v_{ij} - v_{ik}|} \tag{6-10}$$

（5）设 V_i 表示多主体合作下制造业企业绿色技术创新绩效得分，则得分计算公式为：

$$V_i = \sum_{j=1}^{m} w_j v_{ij} \tag{6-11}$$

（四）组合评价法

相容性：本研究的多主体合作下制造业企业绿色技术创新绩效评价是基于熵权法、TOPSIS 法和离差最大化法三种单一评价结果进行组合评价的，组合评价结果的科学合理性取决于所选取的熵权法、TOPSIS 法和离差最大化法

---

① 李廉水，程中华，刘军. 中国制造业"新型化"及其评价研究 ［J］. 中国工业经济，2015，（2）：63-75.

的评价结果是否合理。不同的单一评价方法对不同的评价问题适用程度是有一定差异的，单一评价方法对某个特定待评价问题而言，若适用此方法，则称此方法为相容的方法，构成这一问题的单一评价方法集。因此，需要对上述熵权法、TOPSIS法和离差最大化法的评价结果进行一致性相容性检验，只有选择的单一评价方法相容时，组合评价结果才是科学合理有效的。[①] 构建基于相容性的评价模型的前提需设定方法集 M_0。根据方法集中的方法，选取多主体合作下制造业企业绿色技术创新绩效评价指标，基于组合评价方法对制造业企业绿色技术创新绩效进行评价，具体研究方法如下[②]：

1. 漂移度组合评价法

（1）将各种单一评价方法评价值的平均值作为漂移性测度的参照系，则有 t_k 时刻的熵权法、TOPSIS法和离差最大化法的评价值 $u_{ij}(t_k)$ 与参照系 $\bar{u}(t_k)$ 的相关系数 $r_j(t_k)$，由此计算熵权法、TOPSIS法和离差最大化法的漂移度为：

$$p_j(t_k) = 1 - r_j(t_k)，j = 1，2，\cdots，b \qquad (6-12)$$

（2）依照漂移度大的单一评价方法赋予较小的权重，反之则相反的原则，则 t_k 时刻第 j 种方法的权重为：

$$w_j(t_k) = \frac{\min_{1 \le j \le b}[p_j(t_k)] + \max_{1 \le j \le b}[p_j(t_k)] - p_j(t_k)}{\sum_{j=1}^{b}\{\min_{1 \le j \le b}[p_j(t_k)] + \max_{1 \le j \le b}[p_j(t_k)] - p_j(t_k)\}} \qquad (6-13)$$

其中，$j = 1，2，\cdots，b；k = 1，2，\cdots，N$。

（3）设 t_k 时刻第 i 个制造业企业第 j 种方法的评价结论为 $u_{ij}(t_k)$，因此，基于漂移度权重 $w_j(t_k)$ 的组合评价结果为：

$$P_i(t_k) = \sum_{j=1}^{b} u_{ij}(t_k) w_j(t_k)，i = 1，2，\cdots，m \qquad (6-14)$$

2. 灰色关联度组合评价法

（1）设有 n 个制造业企业，每个制造业企业绿色技术创新绩效评价有 m 个单一评价方法，单一评价方法的制造业企业绿色技术创新绩效评价结果数据为 $x_1，x_2，\cdots，x_m$。$x_i = [x_i(1)，x_i(2)，\cdots，x_i(n)]$，其中，$i = 1，2，\cdots，m$。

---

① 李美娟，徐林明，陈国宏. 基于一致性的动态组合评价方法研究 [J]. 中国管理科学，2016，(10)：149-155.

② 陈国宏，李美娟. 组合评价收敛性验证的计算机模拟实验 [J]. 系统工程理论与实践，2005，25 (5)：74-82.

令 x_0 为理想评价结果，则 x_0 与 x_i 关于第 k 个元素的关联系数为：

$$\xi_i(k) = \frac{\Delta\min + \rho\Delta\max}{\Delta_i(k) + \rho\Delta\max} , \quad i = 1, 2, \cdots, n; \quad k = 1, 2, \cdots, m \quad (6-15)$$

其中，$\Delta\min = \min_i\{\min_k[\mid x_0(k) - x_i(k) \mid]\}$；$\Delta\max = \max_i\{\max_k[\mid x_0(k) - x_i(k) \mid]\}$；$\rho$ 为分辨系数，取值 0.5。

（2）设 w_k 表示单一评价结果的权重，则有第 i 个单一评价结果与理想结果关联度为：

$$\gamma_i = \sum_{k=1}^{m} w_k\xi_i(k) \quad (6-16)$$

（3）均值组合评价法

设 x_{ij} 为第 i 种单一评价方法第 j 个制造业企业绿色技术创新绩效的评价结果，其中，$i = 1, 2, \cdots, n$；$j = 1, 2, \cdots, m$，则均值组合评价下制造业企业绿色技术创新绩效评价结果为：

$$\bar{X} = \sum_{j=1}^{m} x_{ij}/n \quad (6-17)$$

（五）评价结论的一致性检验和收敛性检验

1. 一致性检验。不同的单一评价方法得到的结果存在差异，但是针对同一个评价主题，不同单一评价方法的评价结果具有相似性特点。基于 Spearman 等级相关系数对评价结果进行一致性检验，其公式为[①]：

$$r_{ij} = 1 - \left[6\sum_{s=1}^{n} d_s^2/n(n^2 - 1)\right] \quad (6-18)$$

其中，$i = 1, 2, \cdots, r$；$j = 1, 2, \cdots, r$。d_s 表示两种组合评价方法的等级差。若 $r_{ij} > 0$，表明两个方法之间具有正相关；若 $r_{ij} < 0$，表明负相关；若 $r_{ij} = 0$，表明不相关。

2. 收敛性及偏差检验。在获取第一次和第二次组合评价下制造业企业绿色技术创新绩效评价结果的基础上，方差平均值的计算结果公式为[②]：

$$S_{mean \times i}^2 = \frac{1}{m}\sum_{i=1}^{m} s_i^2 \quad (6-19)$$

若 $S_{mean \times 2}^2 < S_{mean \times 1}^2$，则认为与第一次组合评价结果相比，第二次组合评价结果的收敛程度更佳，组合效果更好，具有高收敛性效果；检验 $S_{mean \times i}^2$ 是否等

---

① 李美娟，徐林明，陈国宏. 基于一致性的动态组合评价方法研究 [J]. 中国管理科学，2016，(10)：149-155.

② 彭张林，张强，王素凤，等. 基于评价结论的二次组合评价方法研究 [J]. 中国管理科学，2016，24（9）：156-164.

于0，若 $S^2_{mean \times i}$ 等于0，则说明上述三种组合评价方法排序结果相同，作为最终多主体参与下制造业企业绿色技术创新绩效结果。

3. 全部多主体参与下制造业企业绿色技术创新绩效的组合评价值与"真实值"的误差平方和计算公式为[①]：

$$SSE_t = \sum_{i=1}^{n} (\bar{r_i} - r_{it})^2 \qquad (6\text{-}20)$$

其中，$\bar{r_i}$ 为全部多主体参与下制造业企业绿色技术创新绩效组合评价值的均值。

第四节　应用结果与分析

为验证提出的多主体合作下制造业企业绿色技术创新绩效评价指标体系和评价方法的科学性和有效性，本书选取具有代表性的哈尔滨高新技术产业开发区中9家制造业企业（省略具体企业名称），分别运用本文提出的指标体系和评价方法对这9家制造业企业的绿色技术创新绩效进行评价。本书研究数据源于制定多主体合作下制造业企业绿色技术创新绩效评价指标体系中正式测试指标时的问卷调查。现有9家制造业企业（A到I），首先对获取的原始数据进行规范化处理得到第 i 个制造业企业第 j 个指标的规范化值 v_{ij}，其中，$i = 1, 2, \cdots, 9$；$j = 1, 2, \cdots, 36$。分别运用熵权法、TOPSIS法和离差最大化法对9家制造业企业进行单一评价，结果如表6-7所示。

表6-7　基于单一评价方法的多主体合作下制造业企业绿色技术创新绩效评价结果

	离差最大化法	排序	TOPSIS法	排序	熵权法	排序
A	0.6421	2	0.7587	2	0.6973	3
B	0.6118	4	0.6066	4	0.6601	4
C	0.5577	6	0.5124	6	0.5663	6
D	0.6396	3	0.6752	3	0.7097	2
E	0.4761	8	0.4471	8	0.4336	8
F	0.7070	1	0.7669	1	0.7616	1

① 彭张林，张强，王素凤，等. 基于评价结论的二次组合评价方法研究 [J]. 中国管理科学，2016，24（9）：156-164.

	离差最大化法	排序	TOPSIS 法	排序	熵权法	排序
G	0.3872	9	0.3255	9	0.3617	9
H	0.5245	7	0.4676	7	0.5228	7
I	0.5718	5	0.5686	5	0.6078	5

由表 6-7 可以看出，运用熵权法、TOPSIS 法和离差最大化法得出多主体合作下制造业企业绿色技术创新绩效的评价值和排序结果有不同之处，为了验证第一次组合评价的可靠性和可行性，利用选用 Spearman 等级相关系数分别对三种单一评价方法的多主体合作下制造业企业绿色技术创新绩效评价结果进行一致性检验，如表 6-8 所示。

表 6-8 单一评价方法评价结果 Spearman 等级相关系数矩阵

	离差最大化法	TOPSIS 法	熵权法	平均值
离差最大化法	1.000	0.968	0.965	0.988
TOPSIS 法	0.968	1.000	0.961	0.993
熵权法	0.965	0.961	1.000	0.993
平均值	0.988	0.993	0.993	1.000

由表 6-8 可以看出，运用三种单一评价方法得到的多主体合作下制造业企业绿色技术创新绩效评价结果与离差最大化法、TOPSIS 法和熵权法评价结果的平均值之间求取的 Spearman 等级相关系数分别为 0.988、0.993、0.993，表明离差最大化法、TOPSIS 法和熵权法的结果具有较高的正相关系数，一致性和可靠性较好。在上述研究基础上，分别运用组合法中漂移度评价法、均值评价法以及灰色关联评价法的评价结果见表 6-9。

由表 6-9 可以看出，运用漂移度组合评价法、均值组合评价法和灰色关联度组合评价法得出的多主体合作下制造业企业绿色技术创新绩效的评价结果相似、评价顺序相同，基于此运用方差平均值方法进行收敛性检验，可得 $S^2_{mean \times 1} = 0$，检验结果收敛，则经过第一次组合迅速收敛为 0，得到一致性评价结论。按第一次漂移度组合评价法、灰色关联度组合评价法和均值组合评价法的多主体合作下制造业企业绿色技术创新绩效评价结果由优到劣的排序为：F、A、D、B、I、C、H、E、G。将此评价结果分别反馈给 9 家参评制造业企业，企业绿色技术创新项目管理者对上述评价结果中的评价排序表示比较满意，符合自身企业在这 9 家制造业企业的绿色技术创新绩效的顺序；对评价得分而言，得分的差距性整体得到了管理者的基本认同。因此，通过实证分析，基于一致性组合评价方法组合误差更小，能够提高组合评价结果的一致性和收敛性程度，有效降低不同单一方法的组合误差，增强综合评价结论的可靠性和科学性；对评价体系而言，制造业企业要依据自身实际情况，从适合反馈绿色技术创新绩效实际情况进行指标内容调整，以达到综合反馈、反馈得当的要求，为提高多主体合作下制造业企业绿色技术创新活动效率和效果提供重要支持。

表 6-9　第一次组合评价的多主体合作下制造业企业绿色技术创新绩效评价结果

	漂移度法	排序	均值法	排序	灰色关联度法	排序
A	0.6898	2	0.6994	2	0.8372	2
B	0.6293	4	0.6262	4	0.6543	4
C	0.5508	6	0.5455	6	0.5305	6
D	0.6748	3	0.6748	3	0.7607	3
E	0.4531	8	0.4523	8	0.4331	8
F	0.7417	1	0.7452	1	1.0000	1
G	0.3634	9	0.3581	9	0.3658	9
H	0.5110	7	0.5050	7	0.4841	7
I	0.5850	5	0.5828	5	0.5788	5

第五节　本章小结

本章研究了多主体合作下制造业企业绿色技术创新绩效评价问题，设计了评价指标体系和构建了评价模型。首先，根据绿色技术创新绩效评价的相关文献，依据指标特点和设计原则，从绿色技术创新的要素投入、科技产出、经济产出、社会效应四个维度构建了多主体合作下制造业企业绿色技术创新绩效评价指标体系。其次，运用指标间相关性分析及单个指标的探索性因子分析方法进行了指标的筛选，设计了具有理论价值和实践意义的指标体系。再次，设计了基于一致性的熵权法、TOPSIS 法和离差最大化法的单一评价方法和漂移度组合评价法、灰色关联度组合评价法和均值组合评价法的评价模型。最后，对指标体系和组合评价模型，进行了应用研究。

第七章

多主体合作下制造业企业绿色技术创新系统的协同演化分析

本章将主要解决第二章构建的模型中多主体合作下制造业企业绿色技术创新系统的协同演化问题。在知识创造阶段、技术转化阶段、产品推广阶段、绩效评价后，为促进制造业企业与多主体合作下的绿色技术创新系统升级，需要对多主体合作下制造业企业绿色技术创新系统协同演化的路径与机制进行总结与分析。这既有助于制造业企业管理者有效优化绿色技术创新活动的实施过程，又为政府部门环境规制政策的制定提供理论基础与实践指导。为此，本章主要目的是分析政府环境规制政策（命令型规制、市场型规制、自愿行动型规制、公众参与型规制）对多主体合作下制造业企业绿色技术创新系统协同演化的影响。具体如图7-1。

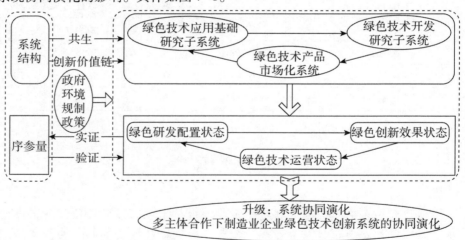

图7-1 多主体合作下制造业企业绿色技术创新系统协同演化的分析框架

第一节 多主体合作下企业创新演化研究概述

国内外学者对主体间合作创新演化相关进行了丰富的研究，主要集中在合作网络、合作博弈等方面。在主体间合作创新合作网络演化方面。Raymond 等[1]、Perez 和 Sanchez[2]、Hermans 等[3]研究了合作创新网络的演化形态。Powell 等[4]研究了合作创新网络结构变化。Tanimoto 研究指出了创新演化机理,分析了产学研合作创新网络的演化特征。[5] 曹霞和刘国巍运用 Netlogo 多主体仿真平台实现了产学研合作创新网络的演化仿真,揭示了其动态演化规律。[6] Sarmento 和 Nunes 将时间融入创新网络动态演化过程中,分析了演化过程中不同阶段。[7] 在主体间合作创新合作博弈演化方面。D'Aspremont 和 Jacquemin 利用博弈论研究了企业间合作创新问题[8];Kalaignanam 等利用博弈论对两个规模不对称的企业合作进行了研究[9]。Okamuro[10]、Amir 等(2008)[11]均指出为成员合作创新有利于成本节约;Ding 和 Huang 认为合作创新有助于

① Sparrowe R T, Liden R C, Wayne S J, et al. Social networks and the performance of individuals and groups [J]. Academy of Management Journal, 2001, 44 (2): 316-325.

② Perez M P, Sánchez A M. The development of university spin-offs: Early dynamics of technology transfer and networking [J]. Technovation, 2003, 23 (10): 823-831.

③ Hermans F, Van Apeldoorn D, Stuiver M, et al. Niches and networks: Explaining network evolution through niche formation processes [J]. Research Policy, 2013, 42 (3): 613-623.

④ Powell W W, White D R, Koput K W, et al. Network dynamics and field evolution: The growth of interorganizational collaboration in the life sciences [J]. American Journal of Sociology, 2005, 110 (4): 1132-1205.

⑤ Tanimoto J. Goevolutionary, coexisting learning and teaching agents model for prisoner's dilemma games enhancing cooperation with assortative heterogeneous networks [J]. Physica A: Statistical Mechanics & Its Applications, 2013, 392 (13): 2955-2964.

⑥ 曹霞, 刘国巍. 基于博弈论和多主体仿真的产学研合作创新网络演化 [J]. 系统管理学报, 2014, 23 (1): 21-29.

⑦ Sarmento E D M, Nunes A. Entrepreneurship, job creation, and growth in fast-growing firms in Portugal: Is there a international role for policy? [M]. London: International Studies in Entrepreneurship, 2015.

⑧ D'Aspremont C, Jacquemin A. Cooperative and noncooperative R&D in duopoly with spillovers [J]. American Economic Review, 1988, 78 (5): 1133-1137.

⑨ Kalaignanam K, Shankar V, Varadarajan R. Asymmetric new product development alliances: Win-win or winlose partnerships? [J]. Management Science, 2007, 53 (3): 357-374.

⑩ Okamuro H. Determinants of successful R&D cooperation in Japanese small businesses: The impact of organizational and contractual characteristics [J]. Research Policy, 2007, 36 (10): 1529-1544.

⑪ Amir R, Jin J Y, Troege M. On additive spillovers and returns to scale in R&D [J]. International Journal of Industrial Organization, 2008, 26 (3): 695-703.

集群企业获得新的竞争优势①。曹霞和张路蓬②引入 Lotka-Volterra 模型构建了政府、企业与公众消费者之间的三方演化博弈模型，认为创新激励以及污染税费征收对企业绿色技术创新均有促进作用。张倩和姚平从演化经济学的视角，探讨了政府环境规制、企业技术创新和公众环保监督的混合策略均衡动态演化博弈过程。③ Wang 等基于进化博弈理论，探讨了建筑承包商与众多分包商合作创新的过程和方法。④ Wei 和 Chan 基于进化博弈理论，建立了在有限理性条件下，以军工企业和民企为主体，中国卫星产业军民协同创新的进化博弈模型。⑤ Song 等以契约安排为基础，采用动态博弈模型，研究了研发企业协同创新的激励机制。⑥ 张娟等建立了政府与企业间的环境规制博弈模型。⑦ 戚湧和王明阳通过构建政府、企业、金融机构三方博弈模型，对企业推进技术创新、实施绿色化生产的影响因素进行了研究。⑧

　　有关多主体合作下以企业为主体的合作创新演化相关研究较少。段楠楠等构建了绿色技术创新企业关系演化博弈模型，分析了政府绿色技术创新补贴率对绿色技术创新系统稳定性的影响。⑨ 毕克新等将我国制造业绿色创新系

---

① Ding X H, Huang R H. Effects of knowledge spillover on inter-organization resource sharing decision in collaborative knowledge creation [J]. European Journal of Operational Research, 2010, 201 (3)：949-959.

② 曹霞，张路蓬. 企业绿色技术创新扩散的演化博弈分析 [J]. 中国人口·资源与环境, 2015, 25 (7)：68-76；曹霞，张路蓬. 环境规制下企业绿色技术创新的演化博弈分析：基于利益相关者视角 [J]. 系统工程, 2017, 35 (2)：103-108.

③ 张倩，姚平. 波特假说框架下环境规制对企业技术创新路径及动态演化的影响 [J]. 工业技术经济, 2018, 37 (8)：52-59.

④ Wang Y Y, Ren H, Ji F R. Cooperative innovation evolutionary game analysis of industrialized building supply chain [J]. Applied Mechanics and Materials, 2018, 878：213-218.

⑤ WEI F, CHAN W. The Cooperative Stability Evolutionary Game Analysis of the Military-Civilian Collaborative Innovation for China's Satellite Industry [J]. Mathematical Problems in Engineering, 2019 (3)：1-17.

⑥ SONG B, JIN P H, ZHAO L J. Incentive Mechanism of R&D Firms' Collaborative Innovation Based on Organisational Ambidexterity [J]. Discrete Dynamics in Nature and Society, 2019 (3)：1-3.

⑦ 张娟，耿弘，徐功文，等. 环境规制对绿色技术创新的影响研究 [J]. 中国人口·资源与环境, 2019, 29 (1)：168-176.

⑧ 戚湧，王明阳. 绿色金融政策驱动下的企业技术创新博弈研究 [J]. 工业技术经济, 2019, 38 (1)：3-10.

⑨ 段楠楠，徐福缘，倪明. 考虑知识溢出效应的绿色技术创新企业关系演化分析 [J]. 科技管理研究, 2016, 36 (20)：157-163.

统的演化分为 3 个阶段：初创阶段、形成与成长阶段、成熟与转移阶段。① 杨朝均和呼若青认为我国工业绿色创新系统协同发展水平在时间上呈现"上升—下降—再上升"的波动式演进趋势。② 王旭和杨有德从资源捕获和价值创造两个维度在企业生命周期视角下揭示了绿色技术创新对政府补贴影响的动态变化规律。③ 王伟和张卓建立了奖惩偿联合机制下政府和企业的演化博弈模型，研究认为联合作用的效果较单补贴更加明显，会加快企业的演化速度，促进企业绿色创新策略的选择。④

现有研究文献和创新实践表明：企业创新模式逐渐演变为开放的合作创新网络模式，与高校、科研机构、政府、中介、供应链、消费者等多主体的合作已成为企业创新的重要内容。⑤ 国内外研究仅从主体间、创新要素、外界因素视角研究了创新系统演化问题，奠定了本书研究的基础，同时，通过分析发现已有研究忽视了主导企业与多主体的生态学特征，而且在技术创新过程中没有充分体现技术创新和价值增值的本质。而共生理论是生态学的重要理论，能够使绿色技术创新系统可持续运行；创新价值链是创新过程与价值链的融合，既体现了从无到有的创新过程，又反映了价值增值的过程。但是目前多主体合作下基于共生理论对绿色技术创新系统协同演化的研究较少。因此，本研究在理论分析多主体合作下制造业企业绿色技术创新系统共生结构与共生演化路径的基础上，构建多主体合作下制造业企业绿色技术创新系统演化的三维 Logistic 方程，运用三维 Logistic 方程探究政府不同的环境规制对多主体合作下制造业企业绿色技术创新系统的影响，为我国多主体合作下制造业企业开展绿色技术创新活动提供方法策略。

---

① 毕克新，付珊娜，田莹莹. 低碳背景下我国制造业绿色创新系统演化过程：创新系统功能视角 [J]. 科技进步与对策，2016, 33 (19)：61-68.

② 杨朝均，呼若青. 我国工业绿色创新系统协同演进规律研究 [J]. 科技进步与对策，2017, 34 (12)：49-54.

③ 王旭，杨有德. 企业绿色技术创新的动态演进：资源捕获还是价值创造 [J]. 财经科学，2018, (12)：53-66.

④ 王伟，张卓. 创新补贴、失败补偿对企业绿色创新策略选择的影响 [J]. 软科学，2019, 33 (2)：86-92.

⑤ 张倩，姚平. 波特假说框架下环境规制对企业技术创新路径及动态演化的影响 [J]. 工业技术经济，2018, 37 (8)：52-59；张娟，耿弘，徐功文，等. 环境规制对绿色技术创新的影响研究 [J]. 中国人口·资源与环境，2019, 29 (1)：168-176；戚湧，王明阳. 绿色金融政策驱动下的企业技术创新博弈研究 [J]. 工业技术经济，2019, 38 (1)：3-10.

第二节 多主体合作下制造业企业绿色技术创新系统结构及演化路径分析

一、绿色技术创新系统的结构分析

多主体合作下制造业企业绿色技术创新是在政府环境规制政策下制造业企业通过与高校、科研机构的合作对绿色技术进行研发，将适合市场化的绿色技术应用于绿色产品生产，进而将该产品实现市场化过程的活动。多主体合作下制造业企业绿色技术创新系统涉及制造业企业、高等院校、科研机构、政府部门、非营利中介机构、供应链、消费者等主体。其中，制造业企业主导多主体合作绿色技术创新活动，其他主体为制造业企业开展绿色技术创新活动提供服务支持。多主体合作下制造业企业绿色技术创新系统是一个复杂系统，系统内主体间、要素间、环境间相互作用，通过有序运行，促进系统可持续发展。① 多主体合作下制造业企业绿色技术创新系统具体可分为绿色技术应用基础研究（BGTA）、绿色技术开发研究（RGTA）、绿色技术产品市场化（MGTA）三大子系统。多主体合作下制造业企业绿色技术创新系统结构如图 7-2 所示。

根据图 7-2，在多主体合作下制造业企业绿色技术创新系统中，BGTA 子系统反映制造业企业与高等院校、科研院所合作开展的绿色技术知识创造活动；RGTA 子系统反映制造业企业与高等院校、科研院所开发绿色技术知识，与技术中介、供应链合作开发绿色技术成果及其产品化；MGTA 子系统反映制造业企业与客户及消费者合作销售、推广绿色产品，形成绿色技术产品市场化。三大子系统均是制造业企业主导，高校和科研机构、政府、中介机构、供应链、消费者等多主体合作参与，政府政策支持贯穿于多主体合作下制造业企业的绿色技术创新系统。作为多主体合作的主导主体，制造业企业拥有企业家、资金等创新资源；高等院校和科研机构为绿色技术创新提供智力支持；政府是绿色技术创新环境中重要的支持主体；中介机构是制造业企业绿色技术知识转化为绿色技术成果市场化的重要服务主体。

---

① 曹霞，张路蓬．企业绿色技术创新扩散的演化博弈分析［J］．中国人口·资源与环境，2015，25（7）：68-76．

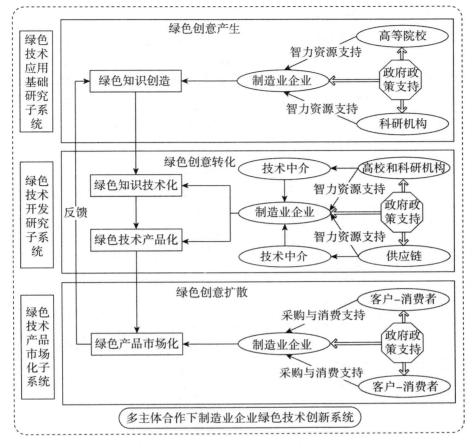

图7-2　多主体合作下制造业企业绿色技术创新系统结构图

二、绿色技术创新系统的演化路径分析

(一) 系统的运行机理

多主体合作下制造业企业绿色技术创新系统是不同的子系统有效嵌入结合的结果,系统运行需要合理的运行机理,只有有序运行才能够保证多主体合作下制造业企业绿色技术创新系统产出高附加值产品。多主体合作下制造业企业绿色技术创新系统的运行机理涉及方方面面,多主体合作下制造业企业绿色技术创新系统具有共生现象,多主体是系统的共生单元,共生基质是绿色技术创新资源,共生界面是维持多主体合作的联盟或共同体,共生环境服务于系统运行的政府部门支持政策。复杂巨系统是指规模巨大且结构复杂

的系统①，多主体合作下制造业企业绿色技术创新系统的内部运行呈现出复杂系统的运行特征。多主体合作下制造业企业绿色技术创新系统具有协同学特征。主要表现为在政府部门引导和支持下，首先，制造业企业主导学研合作开展绿色技术知识创造；其次，与高等院校、科研院所、技术中介、供应链合作开发绿色技术知识并形成绿色技术成果及其产品；最后，制造业企业与客户及消费者合作销售、推广绿色产品，并获取一定的利润，形成的利润为三大子系统提供资金支持，推动子系统持续运行。

（二）系统的演化路径

基于上述运行机理分析，我们发现多主体合作下制造业企业绿色技术创新系统具有非线性、开放性特征，主要表现在多主体合作下制造业企业绿色技术创新的产出支持系统持续运行，进而影响制造业绿色技术创新系统，制造业绿色技术创新系统中不同的子系统相互作用，具有非线性、开放性、复杂性特征。多主体合作下制造业企业绿色技术创新系统中，政府部门是绿色技术创新的牵头者和引导者，是影响绿色技术创新开端的关键主体，制造业企业是绿色技术创新的发起者和主导者。绿色技术应用基础研究子系统中高等院校、科研院所发挥着重要的绿色技术知识创造作用，绿色技术开发研究子系统中高等院校、科研院所、技术中介、供应链支持制造业企业将绿色技术知识形成绿色技术成果及其产品化，进而制造业企业主导绿色技术产品市场化子系统。

多主体合作下制造业企业绿色技术创新系统的演化表现为由低端的高能耗和高污染的传统产业链升级为绿色高质量产业链，还表现为多主体合作下制造业企业绿色技术创新的产出支持系统持续运行，制造业绿色技术创新系统中不同的子系统相互作用，产生跨越绿色产业链的升级。多主体合作下制造业企业绿色技术创新系统中制造业企业、高等院校、科研机构、中介机构、供应链、消费者等主体之间的非线性相互作用共同促进了系统从无序向有序状态的转化。当在政府政策的支持下和多主体合作下制造业企业绿色技术创新系统内共生单元、共生基质、共生界面及共生环境融合到升级的边缘时，多主体合作下制造业企业绿色技术创新系统及其内部子系统均会从现有相对混沌状态升级为一种新的稳定状态，促使多主体合作下制造业企业绿色技术创新系统升级为高质量的系统，这个过程中系统演化路径见图7-3。图7-3中分叉是指当多主体合作下制造业企业绿色技术创新系统进入演化动力临界

---

① 魏宏森，曾国屏．系统论的基本规律［J］．自然辩证法研究，1995（4）：22-27．

值时，系统可能出现不同的稳定状态。

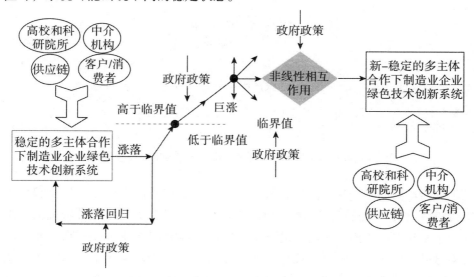

图 7-3　多主体合作下制造业企业绿色技术创新系统演化路径图

第三节　多主体合作下制造业企业绿色技术创新系统协同演化的实证分析

一、基于 Logistic 模型的演化方程建立与求解

（一）状态变量和序参量分析

状态变量反映多主体合作下制造业企业绿色技术创新系统的演化行为，在确定系统状态变量过程中，不仅需要明晰系统的形成过程，而且要明确多主体合作下制造业企业绿色技术创新系统的运行过程。① 本书将多主体合作下制造业企业绿色技术创新系统的主要运行过程概括为下述几个阶段，如图 7-4 所示。

---

① 苏屹，姜雪松，雷家骕，等. 区域创新系统协同演进研究 [J]. 中国软科学，2016（3）：44-61.

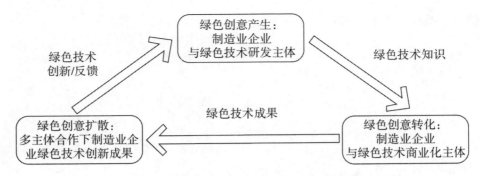

图 7-4　多主体合作下制造业企业绿色技术创新系统运行简图

　　首先，制造业企业与高校和科研机构的绿色技术创新合作，高校和科研机构的绿色技术创新资源被输入制造业企业中，促使了高校和科研机构与制造业企业开展绿色技术创新活动。这一阶段主要是制造业企业与高校和科研机构通过合作方式将各自的绿色技术创新资源融入创新活动中，本书用绿色研发配置状态描述这一阶段，它描述了多主体合作下的制造业企业绿色技术研发资源状况。

　　其次，制造业企业通过与高校、科研机构、中介机构、供应链合作，将创造的绿色技术知识进行开发实验，把绿色技术知识转化为绿色技术成果，进而应用于制造业企业产品创新和工艺创新，最终与客户和消费者合作，销售和推广绿色技术产品，实现市场化效果。绿色技术知识的技术化、绿色技术的产品化及绿色技术产品的市场化的过程形成了制造业企业的实际绿色技术创新产出。为此以绿色技术运营状态来描述多主体合作下的制造业企业绿色技术管理能力。

　　最后，这些新产生的成果再一次回到多主体合作下制造业企业绿色技术创新中，继续支持这个过程持续循环。但下一阶段的多主体合作下制造业企业绿色技术创新系统升级为高层次系统，在这个过程中，各种创新要素交互融合促进产出成果增加，为此以绿色创新效果状态来描述多主体合作下的制造业企业绿色技术创新实践。

　　作为系统关键状态变量的序参量对多主体合作下制造业企业绿色技术创新系统运转具有长期影响。[1] 多主体合作下制造业企业绿色技术创新系统存在着自组织运动，当控制变量达到阈值条件时，多主体合作下制造业企业绿色

---

① 苏屹，姜雪松，雷家骕，等. 区域创新系统协同演进研究 [J]. 中国软科学, 2016 (3)：44-61.

技术创新系统会向更高级的状态演化。从动态视角来看，绿色技术运营状态代表了多主体合作下制造业企业绿色技术创新系统的发展速度，在长时期内引导多主体合作下制造业企业绿色技术创新系统演化。阈值条件下的绿色技术运营表现为多主体合作下制造业企业绿色技术创新系统序参量。随着制造业企业与多主体合作绿色创新的深度和广度的增强，多主体合作下制造业企业以复制惯例的方式促进绿色技术创新，实现创新习惯并具有记忆性、连续性特征，由此本书将作为序参量的运营状态称为"绿色技术运营惯例"。

（二）Logistic 共生演化方程模型

为明确变量间关系，系统的演化研究要确定出调整参数。多主体合作下制造业企业绿色技术创新系统的发展规律与 Logistic 共生反应相类似，具有复杂性。根据以上内容可得到多主体合作下制造业企业绿色技术创新系统的变量、参数表，具体如表 7-1 所示。对于系统演化过程的描述，通常用 Logistic 方程来表示，基础 Logistic 方程如下：

$$\begin{cases} \dfrac{1}{\rho_1}\dfrac{dx_1}{dt} = (k_1\rho_1 - x_1 - x_2)\,x_1 - d_1x_1 \\ \dfrac{1}{\rho_2}\dfrac{dx_2}{dt} = (k_2\rho_2 - x_1 - x_2)\,x_2 - d_2x_2 \end{cases} \tag{7-1}$$

表 7-1　变量与参数表

变量	变量名称	变量解释
状态变量 1	绿色研发配置状态：x_1	描述多主体合作下的研发资源状况，反映制造业企业与研发主体之间的合作情况
状态变量 2	绿色技术运营状态：x_2	描述多主体合作下的技术管理状况，反映制造业企业与商业化相关主体之间的合作情况
状态变量 3	绿色创新效果状态：x_3	描述多主体合作下的创新业务状况，反映多主体合作下制造业企业的绿色技术创新绩效
控制变量	政府环境规制政策：δ	政府环境规制政策激励多主体合作下制造业企业绿色技术创新动力强弱的综合水平
调整参数 1	绿色技术研发配置指数：α	衡量多主体合作下制造业企业绿色研发配置水平，通过年鉴指标获得
调整参数 2	绿色技术运营惯例指数：β	衡量多主体合作下制造业企业绿色技术运营水平，通过年鉴指标获得

续表

变量	变量名称	变量解释
调整参数3	绿色技术创新效果指数：γ	衡量多主体合作下制造业企业绿色创新效果水平，通过年鉴指标获得

在构建多主体合作下制造业企业绿色技术创新系统演化模型之前，Logistic 方程定义如下：定义 x_1 表示多主体合作下制造业企业绿色技术创新系统的绿色研发配置状态，x_2 表示多主体合作下制造业企业绿色技术创新系统的绿色技术运营状态，x_3 表示多主体合作下制造业企业绿色技术创新系统的绿色创新效果状态。α、β、γ 分别是绿色研发配置状态 x_1、绿色技术运营状态 x_2 和绿色创新效果状态 x_3 的调整参数。$dx_i/dt(i = 1, 2, 3)$ 是与时间相关的变化率。考虑到制造业企业绿色技术创新迫切性和政府环境规制政策，本书选取政府规制政策作为外部控制变量。定义 δ 是控制变量，即政府规制政策激励多主体合作下制造业企业绿色技术创新动力强弱的综合水平，δ 是 x_1、x_2、x_3 这三个状态变量的共同控制变量。

第一，绿色研发配置状态 x_1 演化方程。在初始状态下，制造业企业与高校和科研机构间具有一定的绿色技术创新活动，绿色技术运营状态正向影响绿色研发配置状态，随着多种绿色技术商业化程度不断增强，制造业企业绿色技术需求的不断提升促使企业与高校和科研机构提高绿色研发配置水平。而制造业企业绿色技术运营过程又受到政府规制政策的影响。因此，在政府规制政策 δ 影响下，状态变量 x_1 的 Logistic 演化方程为：

$$\frac{1}{\alpha}\frac{dx_1}{dt} = \delta x_1 + \delta \frac{\beta}{\alpha}x_2 + \gamma x_1 x_3 \qquad (7-2)$$

式（7-2）中 δx_1 表示在控制变量政府规制政策 δ 影响下 x_1 的自身影响因子；$\delta(\beta/\alpha) x_2$ 表示在政府规制政策 δ 作用下，x_2 对 x_1 的影响因子，即绿色技术运营促进了绿色研发配置水平的提升，δ 反映政府规制政策对 x_1 的影响；$\gamma x_1 x_3$ 表示 x_1 对 x_3 的影响，反映出多主体合作下制造业企业绿色技术创新绩效会随着绿色研发配置水平的提升而增加。

第二，绿色技术运营状态 x_2 演化方程。在初始状态下，制造业企业高效的绿色技术运营状态对绿色研发配置水平和绿色技术创新绩效的提高具有显著作用。随着制造业企业高效的绿色技术运营状态达到一定程度，制造业企业与高校、科研机构及中介机构等主体间合作逐渐达到一定的深度和广度，这制约了制造业企业异质性的绿色技术知识创造，制造业企业高效的绿色技术运营带来的边际收益出现了递减情况。因此，在政府规制政策 δ 影响下，状态变量 x_2 的 Logistic 演化方程为：

$$\frac{1}{\beta}\frac{dx_2}{dt} = -\delta x_2 - \alpha\delta x_1 x_2 + \frac{\gamma}{\beta}x_3 \qquad (7-3)$$

式（7-3）中 $(\gamma/\beta)x_3$ 描述 x_3 对 x_2 的影响，$-\alpha\delta x_1 x_2$ 描述 x_1 对 x_2 的影响，$-\delta x_2$ 描述在 δ 影响下 x_2 的自身影响因子。

第三，绿色创新效果状态 x_3 演化方程。一方面，制造业企业自身吸收能力对多主体合作下制造业企业绿色技术创新绩效具有重要的影响；另一方面，政府环境政策对多主体合作下制造业企业绿色技术创新绩效具有重要的影响。制造业企业高效的绿色技术运营状态有助于提高多主体合作下的创新业务水平。因此，在政府规制政策 δ 影响下，状态变量 x_3 的 Logistic 演化方程为：

$$\frac{1}{\gamma}\frac{dx_3}{dt} = \varphi_1 x_3 + \varphi_2\delta\frac{\alpha}{\gamma}x_1 + \varphi_3\delta\frac{\beta}{\gamma}x_2 \qquad (7-4)$$

式（7-4）中 $\varphi_1 x_3$ 表示多主体合作下制造业企业绿色技术创新绩效自身影响因子，φ_1 为常数，多主体合作下制造业企业可持续发展的内生动力促进绿色技术创新绩效提升；$\varphi_2\delta(\alpha/\gamma)x_1$ 和 $\varphi_3\delta(\beta/\gamma)x_2$ 分别为在政府规制政策作用下，高绿色研发配置状态和绿色技术运营状态对多主体合作下制造业企业绿色技术创新绩效产生的积极影响，φ_2 和 φ_3 为常数，通常大于 1。

综上所述，基于 Logistic 方程由绿色技术运营状态、绿色研发配置状态、绿色创新效果状态融合的系统协同演化模型为[①]：

$$\begin{cases} \dfrac{1}{\alpha}\dfrac{dx_1}{dt} = \delta x_1 + \delta\dfrac{\beta}{\alpha}x_2 + \gamma x_1 x_3 \\[2mm] \dfrac{1}{\beta}\dfrac{dx_2}{dt} = -\delta x_2 - \alpha\delta x_1 x_2 + \dfrac{\gamma}{\beta}x_3 \\[2mm] \dfrac{1}{\gamma}\dfrac{dx_3}{dt} = \varphi_1 x_3 + \varphi_2\delta\dfrac{\alpha}{\gamma}x_1 + \varphi_3\delta\dfrac{\beta}{\gamma}x_2 \end{cases} \qquad (7-5)$$

假设 $\varphi_1 = 1$ 表示在无外界因素的作用下，绿色技术创新绩效能保持持续稳态提升；$\varphi_2 = \varphi_3 = 2$ 表示高绿色研发配置状态和绿色技术运营状态能够倍增绿色技术创新绩效，促进多主体合作协同下制造业企业绿色技术创新系统向高级形式发展。将式（7-5）进一步转化为一般性的系统协同演化模型为：

---

① 李柏洲，王丹，赵健宇，等. 基于 B-Z 反应的企业实践社群知识流动演化研究 [J]. 管理工程学报，2019，33（3）：84-92.

$$\begin{cases} \dfrac{dx_1}{dt} = \alpha\delta x_1 + \beta\delta x_2 + \alpha\gamma x_1 x_3 \\[2mm] \dfrac{dx_2}{dt} = -\beta\delta x_2 - \alpha\beta\delta x_1 x_2 + \gamma x_3 \\[2mm] \dfrac{dx_3}{dt} = \gamma x_3 + 2\alpha\delta x_1 + 2\beta\delta x_2 \end{cases} \qquad (7\text{-}6)$$

其中 α、β、γ、δ 的计算方式有：

$\delta = \sqrt[i]{\prod\limits_{i=1}^{n} \dfrac{\delta_i}{\bar{\delta_i}} k_{\delta_i}}$ $(i = 1, 2, 3, \cdots, n)$ 为控制变量，描述外界的政府规

制政策激励多主体合作下制造业企业绿色技术创新系统动力强弱的综合水平。

$\alpha = \sqrt[i]{\prod\limits_{i=1}^{n} \dfrac{\alpha_i}{\bar{\alpha_i}} k_{\alpha_i}}$ $(i = 1, 2, 3, \cdots, n)$ 为 x_1 的调整参数，描述多主体合

作下制造业企业绿色技术运营水平。

$\beta = \sqrt[i]{\prod\limits_{i=1}^{n} \dfrac{\beta_i}{\bar{\beta_i}} k_{\beta_i}}$ $(i = 1, 2, 3, \cdots, n)$ 为 x_2 的调整参数，描述多主体合

作下制造业企业绿色研发配置水平。

$\gamma = \sqrt[i]{\prod\limits_{i=1}^{n} \dfrac{\gamma_i}{\bar{\gamma_i}} k_{\gamma_i}}$ $(i = 1, 2, 3, \cdots, n)$ 为 x_3 的调整参数，描述多主体合

作下制造业企业绿色创新效果水平。

上述状态变量中 k 表示指标的权系数。

（三）模型稳定性分析

多主体合作下制造业企业绿色技术创新系统演化需要从混乱到有序，为获取系统稳定状态，则有：

$$\begin{cases} p_1 = p_1^0 + \mu_1 \\ p_2 = p_2^0 + \mu_2 \\ p_3 = p_3^0 + \mu_3 \end{cases} \qquad (7\text{-}7)$$

式（7-7）中 μ_1、μ_2、μ_3 为定态解的微小扰动；假设 $p_1^0 = p_2^0 = p_3^0 = 0$，则通过线性化处理后，可得新的多主体合作下制造业企业绿色技术创新协同演化方程：

$$\begin{cases} \dfrac{dx_1}{dt} = \alpha\delta x_1 + \beta\delta x_2 \\[2mm] \dfrac{dx_2}{dt} = -\beta\delta x_2 + \gamma x_3 \\[2mm] \dfrac{dx_3}{dt} = \gamma x_3 + 2\alpha\delta x_1 + 2\beta\delta x_2 \end{cases} \tag{7-8}$$

根据矢量形式 $\dfrac{dX}{dt} = VX$ 可得：

$$V = \begin{bmatrix} \alpha\delta & \beta\delta & 0 \\ 0 & -\beta\delta & \gamma \\ 2\alpha\delta & 2\beta\delta & \gamma \end{bmatrix} \tag{7-9}$$

则满足非零解的条件为 $V - \lambda I = 0$，即：

$$\begin{vmatrix} \alpha\delta - \lambda & \beta\delta & 0 \\ 0 & -\beta\delta - \lambda & \gamma \\ 2\alpha\delta & 2\beta\delta & \gamma - \lambda \end{vmatrix} = 0 \tag{7-10}$$

解方程可得：

$$\lambda^3 + (\beta\delta - \alpha\delta - \gamma)\lambda^2 + (\alpha\gamma\delta - 3\beta\gamma\delta - \alpha\beta\delta^2)\lambda + \alpha\beta\gamma\delta^2 = 0 \tag{7-11}$$

基于胡尔维茨判别法，由于不满足方程中所有特征根均为负实部条件，故多主体合作下制造业企业绿色技术创新系统无法满足稳态条件，不存在系统阈值。[①] 以下运用 Matlab 仿真分析控制变量 δ 对系统演化趋势的影响，使多主体合作下制造业企业绿色技术创新系统向更高级的有序状态发展，形成新的状态。

二、数据收集与变量测量

本研究通过统计年鉴指标数据获得绿色研发配置状态、绿色技术运营状态和绿色创新效果状态的调整参数 α、β 和 γ 以及政府规制政策外部控制变量 δ 的数值。本研究数据源于《中国环境年鉴》《中国能源统计年鉴》《中国环境统计年鉴》《中国科技统计年鉴》《工业企业科技活动统计年鉴》《中国环境经济核算报告》《中国工业统计年鉴》《中国科技论文统计报告》及各地区统计年鉴。本研究搜集了 2015—2017 年我国 30 个省级行政区的各项指标数据

① 李柏洲，王丹，赵健宇，等．基于 B-Z 反应的企业实践社群知识流动演化研究［J］．管理工程学报，2019，33（3）：84-92.

（由于西藏数据不全，本文暂不考虑）。在数据收集时，考虑到绿色研发配置存在一定的滞后性，将滞后期设为一年，即绿色研发配置采用 2015 年和 2016 年的数据，其余均采用 2016 年和 2017 年的数据，并基于数据的代表性和可得性，筛选后的评价指标如表 7-2 所示。

表 7-2 多主体合作下制造业企业绿色技术创新系统评价指标

变量名称	变量测量指标	指标单位	主要合作主体及说明
绿色技术运营	制造业单位授权绿色发明专利所带来的利润	万元/件	高等院校、科研机构、技术中介、供应链、客户和消费者等
	制造业与学研方联合发表单位论文创造的绿色专利数	件/篇	
	制造业绿色研发经费占主营业务收入的比重	%	
	制造业单位新产品开发绿色项目的产值	万元/项	
	制造业绿色产品产值占总产值的比重	%	
	制造业利润总额占绿色新产品销售收入的比重	%	
	制造业绿色技术交易额占绿色新产品销售收入的比重	%	
绿色研发配置	学研方绿色研发经费内部支出额中来自制造业的资金	万元	高等院校、科研机构、技术中介等
	学研方绿色研发经费内部支出额中来自制造业的比重		
	制造业绿色技术创新人员全时当量中来自学研方的比重	%	
	制造业绿色技术创新人员中来自学研方的全时当量	人年	
	制造业与学研方绿色技术创新共享重点实验室数量	个	
	制造业绿色技术创新中公共技术服务平台服务情况	项次	
	制造业绿色技术获取改造经费占主营业务收入的比重	%	
绿色创新效果	制造业绿色发明专利授权数	件	高等院校、科研机构、技术中介、客户和消费者等
	制造业联合发表论文数	篇	
	制造业绿色新产品销售收入	万元	
	制造业就业人员劳动生产率	万元/人	
	制造业单位利润能耗	元/吨标准煤	
	制造业固体废弃物综合利用率	%	

变量名称	变量测量指标		指标单位	主要合作主体及说明
政府环境规制政策	命令型规制	环保机构行政处罚案件与制造业企业数的比重	件/家	制造业感知来自政府部门政策影响的类型
	市场型规制	惩罚：排污费征收额与制造业企业数的比重	万元/家	
		补贴：制造业污染治理投资额占利润总额的比重	%	
	自愿行动型规制	制造业绿化及生态环保投资占利润总额的比重	%	
	公众参与型规制	人大和政协的合计提案数与制造业企业数的比重	个/家	

本研究运用绿色研发配置状态、绿色技术运营状态和绿色创新效果状态的调整参数和政府规制政策外部控制变量的计算公式，计算 2017 年和 2016 年 α_i、β_i、γ_i 和环境规制政策 δ_i 的数值，具体如表7-3和表7-4所示。其中，δ_1 表示命令型规制政策，δ_2 表示市场型规制政策，δ_{21} 和 δ_{22} 表示补贴市场型规制政策和惩罚市场型规制政策，δ_3 表示制造业企业自愿行动型规制政策，δ_4 表示公众参与型规制政策，δ 表示环境规制政策。

表 7-3　2017 年评价指标数值计算的结果

省份	α	β	γ	δ_1	δ_{21}	δ_{22}	δ_3	δ_4	δ_2	δ
北京	0.9000	1.4670	1.7123	7.7589	1.5654	0.4214	0.1035	0.7810	3.4851	0.7142
天津	1.1420	0.4107	0.5741	0.4252	1.1833	0.2322	0.0130	0.5772	0.7093	0.1872
河北	0.6246	0.1840	0.6912	0.9975	1.0704	0.5982	0.4094	0.7296	1.0333	0.6467
山西	0.5675	0.3381	0.2593	2.9231	4.7411	6.7064	7.8046	3.1813	3.7228	2.6661
内蒙古	0.5406	0.1173	0.3389	1.1117	2.1739	3.6638	2.8494	0.5565	1.5546	1.5314
辽宁	0.6719	0.9043	0.6225	0.6983	1.4905	0.6679	0.8478	1.2213	1.0202	0.7744
吉林	0.6026	0.3202	0.4289	0.3157	0.5861	0.4802	0.2321	0.5704	0.4302	0.3787
黑龙江	0.5401	0.3328	0.3611	0.4874	1.3176	1.2800	0.9593	0.5921	0.8013	0.7721
上海	0.8061	0.3845	1.6981	0.4814	0.4031	0.7521	0.0307	0.2843	0.4405	0.3624
江苏	0.6504	1.0192	2.2323	0.3017	0.4701	0.2426	0.3828	0.3769	0.3766	0.5286
浙江	0.6531	0.6824	1.4022	0.3604	0.2228	0.4361	0.8413	0.3985	0.2834	0.6179
安徽	0.6529	0.5863	1.0854	0.1812	0.2844	0.5991	0.5192	0.5306	0.2270	0.5262
福建	0.6042	0.4618	0.8725	0.3181	0.2417	0.2490	0.3310	0.5747	0.2773	0.3758
江西	0.6756	0.4113	0.6916	0.2727	0.6319	0.2339	0.6425	0.6113	0.4151	0.4558
山东	0.6393	0.6823	1.6315	0.3999	0.3989	0.7573	0.4010	0.3513	0.3994	0.6670
河南	0.5454	0.5062	0.8512	0.3581	0.3770	0.5137	0.2916	0.6410	0.3674	0.4652
湖北	0.7540	0.7011	1.1514	0.3427	0.3781	0.3644	0.3990	1.5052	0.3599	0.4955

续表

省份	α	β	γ	δ_1	δ_{21}	δ_{22}	δ_3	δ_4	δ_2	δ
湖南	0.6670	0.7395	0.9140	0.2276	0.3099	0.2238	0.4377	0.5962	0.2656	0.3927
广东	0.7069	1.4959	2.4856	0.4498	0.1584	0.2581	0.2995	0.2132	0.2669	0.4759
广西	0.6362	0.2170	0.5048	0.4950	0.6054	0.2563	0.1689	1.3597	0.5475	0.3307
海南	0.3927	0.0447	0.2046	2.4866	1.6298	1.4284	0.2155	1.1503	2.0131	0.5967
重庆	0.5480	0.3129	0.7782	0.7017	0.5757	0.2200	0.6690	1.1643	0.6356	0.5194
四川	0.6529	1.2237	0.9065	0.3495	0.3859	0.2446	0.6133	1.1471	0.3672	0.4727
贵州	0.6246	0.2057	0.4334	0.5616	0.7899	0.3215	0.4634	0.1521	0.6661	0.4554
云南	0.6515	0.4108	0.3632	0.5675	0.4987	0.4146	1.4166	2.1441	0.5320	0.5804
陕西	0.9807	0.9120	0.7774	2.2941	0.8812	0.4190	1.4105	0.5266	1.4218	0.8990
甘肃	0.5732	0.4944	0.2606	1.3802	1.3740	1.6683	1.0877	1.5465	1.3771	0.8983
青海	0.7799	0.1511	0.1354	0.8959	1.4923	0.8228	0.9044	3.8888	1.1563	0.5842
宁夏	0.4325	0.0407	0.1204	0.7779	1.8230	5.0410	4.3983	1.6307	1.1909	1.3353
新疆	0.3232	0.2087	0.2776	1.0784	1.9394	0.4834	0.8571	0.9970	1.4462	0.6386

表 7-4 2016 年评价指标数值计算的结果

省份	α	β	γ	δ_1	δ_{21}	δ_{22}	δ_3	δ_4	δ_2	δ
北京	0.9105	1.5530	1.5980	3.2994	0.9605	0.1930	0.1555	0.6320	1.7802	0.5406
天津	0.8779	0.4938	1.0067	0.4762	1.3334	0.1187	0.3022	0.4361	0.7969	0.4119
河北	0.6577	0.1968	0.6266	0.7314	1.3894	0.2178	0.2433	0.8498	1.0080	0.4277
山西	0.4129	0.4993	0.2076	1.5192	3.3201	6.9431	7.8468	1.0969	2.2459	2.2449
内蒙古	0.5796	0.2305	0.2198	0.9085	2.0647	1.6385	1.8654	0.8951	1.3696	0.9794
辽宁	0.7054	0.9114	0.5803	1.5889	1.3604	0.5558	1.4135	0.9765	1.4702	0.9048
吉林	0.6817	0.3894	0.5254	0.4594	0.6357	0.1579	0.1170	0.3912	0.5404	0.2691
黑龙江	0.6332	0.3610	0.4288	0.8659	1.0987	0.9425	0.4458	1.0866	0.9754	0.6474
上海	1.0119	0.6470	1.6951	0.7762	0.3575	0.3906	0.2091	0.4392	0.5267	0.5196
江苏	0.7519	0.9796	2.3255	0.4147	0.4470	0.1560	0.2501	0.3608	0.4305	0.4446
浙江	0.6993	0.7450	1.4012	0.7191	0.2580	0.3110	0.3187	0.5987	0.4307	0.4946
安徽	0.7688	0.5893	1.0712	0.1468	0.3347	0.4238	0.4767	0.4974	0.2217	0.4680
福建	0.6318	0.4259	0.8590	0.4938	0.2762	0.1765	0.1334	0.5411	0.3694	0.2940
江西	0.7839	0.8567	0.6680	0.3108	0.9582	0.0948	0.2309	0.6421	0.5457	0.2989
山东	0.7219	0.5998	1.6455	0.5300	0.4295	0.3136	0.1810	0.3848	0.4771	0.4595
河南	0.6247	0.4839	0.8448	0.3701	0.4177	0.2684	0.1072	0.6480	0.3932	0.3127
湖北	0.8805	0.9975	1.2034	0.3879	0.3970	0.3179	0.1801	1.0030	0.3924	0.4055

续表

省份	α	β	γ	δ_1	δ_{21}	δ_{22}	δ_3	δ_4	δ_2	δ
湖南	0.7116	0.8430	0.9269	0.3082	0.4539	0.1433	0.6770	0.9803	0.3740	0.4282
广东	0.8335	1.4582	2.3946	1.1725	0.2090	0.0741	0.3048	0.3579	0.4950	0.4045
广西	0.7165	0.2855	0.4931	0.6752	0.5203	0.2188	0.8641	1.1034	0.5927	0.4848
海南	0.4221	0.0140	0.2362	4.2321	1.6515	0.3888	0.0760	2.0356	2.6437	0.3685
重庆	0.7607	0.5599	0.8161	0.9111	0.7231	0.0505	0.1887	1.4064	0.8117	0.2819
四川	0.6877	1.2217	0.8731	0.4237	0.4465	0.1257	0.1715	0.9069	0.4350	0.3008
贵州	0.6126	0.2270	0.3868	0.9200	0.9029	0.1705	0.1295	1.1588	0.9114	0.2971
云南	0.5763	0.5208	0.3451	1.2965	0.5649	0.9390	3.7727	2.5511	0.8558	1.0114
陕西	0.9335	1.1079	0.7657	1.0933	1.2592	0.4128	0.4742	1.3638	1.1734	0.6476
甘肃	0.4994	0.4301	0.2178	1.5497	1.3752	2.8414	1.7947	1.8551	1.4599	1.1284
青海	0.8401	0.1017	0.1227	1.4489	1.5765	5.2192	1.5055	1.7575	1.5114	1.0987
宁夏	0.4205	0.0497	0.1417	1.0616	2.1500	5.5131	4.9100	1.3709	1.5108	1.5516
新疆	0.5883	0.1985	0.2321	0.9088	2.1281	0.6827	0.6549	1.6730	1.3907	0.6164

三、实证结果与分析

通过计算得到了 2016 年、2017 年多主体合作下制造业企业绿色技术创新系统的绿色研发配置状态、绿色技术运营状态和绿色创新效果状态的调整参数和政府规制政策外部控制变量的具体数值，通过序参量方程得到了多主体合作下制造业企业绿色技术创新系统序参量在一定的外界条件下随时间的演进解。本书针对上述构建的多主体合作下制造业企业绿色技术创新系统协同演化方程（7-6）进行实证研究，通过控制 δ_1 命令型规制政策，δ_2 市场型规制政策（δ_{21} 和 δ_{22} 补贴市场型规制政策和惩罚市场型规制政策），δ_3 制造业企业自愿行动型规制政策，δ_4 公众参与型规制政策，δ 环境规制政策的值可以看到多主体合作下制造业企业绿色技术创新系统在不同的政府环境规制政策下序参量的演进轨迹。设初始状态为 $X_0 = [x_1，x_2，x_3]$，为了对政府环境规制政策激励多主体合作下制造业企业绿色技术创新系统动力强弱的综合水平进行区分，本书令 $\delta = 0.1$ 反映政府环境规制政策对较弱支持多主体合作下制造业企业的绿色技术创新系统处于不确定状态；令 $\delta = 1$ 反映政府环境规制政策积极支持多主体合作下制造业企业绿色技术创新过程中在绿色技术研发、创新业务参与程度、绿色产品生产及销售等方面创造了良好的环境，对系统发展有一定的推动作用。[①]

为考察政府环境规制政策对多主体合作下制造业企业绿色技术创新系统协同演化的影响，本书从区域视角和不同政策视角开展研究，一是从区域视角探究政府环境规制政策的强度对多主体合作下制造业企业绿色技术创新系统协同演化的影响；二是探究命令型规制、市场型规制、自愿行动型规制、公众参与型规制的政策强度对多主体合作下制造业企业绿色技术创新系统协同演化的影响。

第一，图 7-5 是全部样本地区在现行政府环境规制政策激励（图 7-5a）和强政府环境规制政策激励（图 7-5b）下多主体合作下制造业企业绿色技术创新系统协同演化趋势。横轴表示时间 t，纵轴表示 x_1、x_2、x_3 的模拟值（系统演化），赋初始值为 $X_0 = [1，1，0]$。多主体合作下制造业企业开展绿色研发配置和绿色技术运营活动，制造业企业绿色创新效果依赖于绿色研发配置和绿色技术运营活动，存在一定的滞后性，因此初始状态赋值为 0。可以看出，在 $\delta =$

---

① 苏屹，姜雪松，雷家骕，等．区域创新系统协同演进研究［J］．中国软科学，2016（3）：44-61.

0.6515 的政府环境规制政策激励强度下，制造业企业绿色创新效果在 $t = 1$ 时的值介于 3 和 4 之间，当强化政府环境规制政策激励（$\delta = 1$）后，制造业企业绿色创新效果出现大幅提升，在 $t = 1$ 时的值大于 6，且系统长久发展实现协同演化。这表明针对我国多主体合作下制造业企业绿色技术创新系统整体情况，需要增强外部政府环境规制政策，强化系统内部各主体间的协同效应。

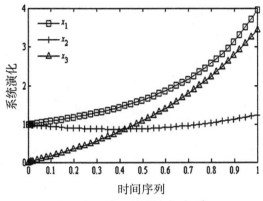

（a）现行政府环境规制政策激励（$\delta = 0.6515$）

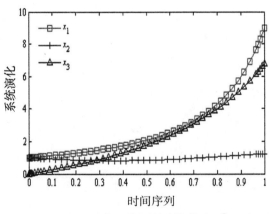

（b）强政府环境规制政策激励（$\delta = 1$）

图 7-5　全部样本多主体合作下制造业企业绿色技术创新系统协同演化轨迹

分地区具体分析，图 7-6—7-9 分别描述东部、中部、西部、东北地区多主体合作下制造业企业绿色技术创新系统协同演化趋势。比较 4 个地区政府环境规制政策激励强度，可看出中部地区 = 0.7633 > 西部地区 = 0.7565 > 东北地区 = 0.6244 > 东部地区 = 0.4769。说明现行状态下，对多主体合作下制造业企业绿色技术创新发展的政府环境规制制度激励，中部地区程度最大，西部地区次之，东北地区第三，东部地区最小。原因可能在于东部地区制造业企业较多，政府环境规制政策还不够完善和成熟，而西部地区和东北地区制造业企业数量较少，中部地区两者兼有。

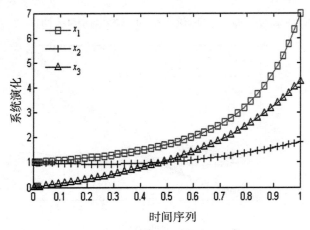

（a）现行政府环境规制政策激励（δ=0.4769）

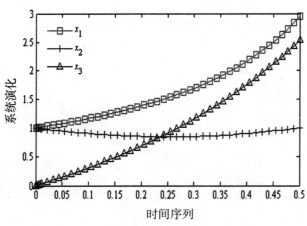

（b）强政府环境规制政策激励（δ=1）

图7-6　东部地区多主体合作下制造业企业绿色技术创新系统协同演化轨迹

由图7-6可以看出，在δ=0.4769的政府环境规制政策激励强度下，制造业企业绿色创新效果在 $t=0.5$ 时的值约为1，系统演化趋势长时间后趋于协同。当强化政府环境规制政策激励（δ=1）后，制造业企业绿色创新效果出现大幅提升，在 $t=0.5$ 时的值为2.5，系统协同效果较弱。这表明针对东部地区多主体合作下制造业企业绿色技术创新系统情况，需加强实施外部政府环境规制政策，促进系统主体间积极协同。

由图 7-7 可以看出，在 $\delta = 0.7633$ 的政府环境规制政策激励强度下，制造业企业绿色创新效果在 $t = 1$ 时的值小于 5，系统演化趋势有一定的协同效果但不明显。当强化政府环境规制政策激励（$\delta = 1$）后，制造业企业绿色创新效果出现提升，在 $t = 1$ 时的值大于 6，系统演化趋势协同效果不明显。这表明针对中部地区多主体合作下制造业企业绿色技术创新系统情况，需增强外部政府环境规制政策，加强系统主体间协同发展程度。

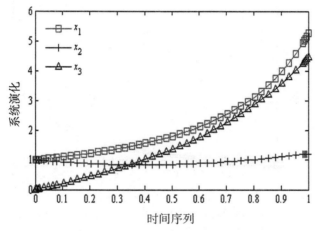

（a）现行政府环境规制政策激励（δ =0.7633）

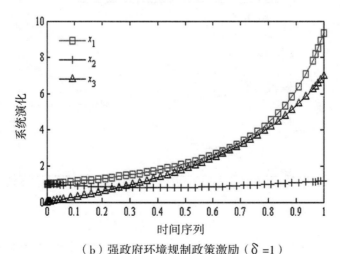

（b）强政府环境规制政策激励（δ =1）

图 7-7 中部地区多主体合作下制造业企业绿色技术创新系统协同演化轨迹

由图 7-8 可以看出，在 $\delta = 0.7565$ 的政府环境规制政策激励强度下，制造业企业绿色创新效果在 $t = 0.5$ 时的值约为 1，系统演化趋势有一定的协同效果但不明显。当强化政府环境规制政策激励（$\delta = 1$）后，制造业企业绿色创新效果提升程度较大，在 $t = 0.5$ 时的值约为 1.3，系统发展存在离散的现象。这表明针对西部地区多主体合作下制造业企业绿色技术创新系统情况，维持现有外部政府环境规制政策，核心是积极重视和提高系统内部各主体长期发展的协同效应。

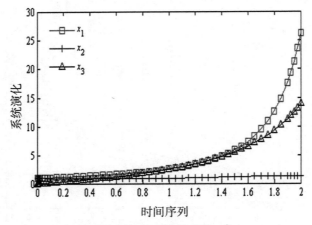

（a）现行政府环境规制政策激励（δ =0.7565）

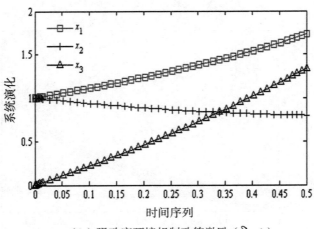

（b）强政府环境规制政策激励（δ =1）

图7-8　西部地区多主体合作下制造业企业绿色技术创新系统协同演化轨迹

由图7-9可以看出，在 $\delta = 0.6244$ 的政府环境规制政策激励强度下，制造业企业绿色创新效果在 $t = 1$ 时的值约为 2，系统演化趋势有一定的协同效果但不明显。当强化政府环境规制政策激励（$\delta = 1$）后，制造业企业绿色创新效果出现一定的提升，在 $t = 1$ 时的值大于 4，系统发展存在离散的现象。这表明针对东北地区多主体合作下制造业企业绿色技术创新系统情况，增强现有外部政府环境规制政策，重要的是同时应积极重视和提高系统内部各主体长期发展的协同效应。

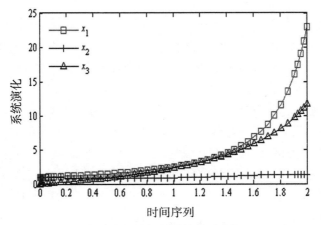

（a）现行政府环境规制政策激励（$\delta = 0.6244$）

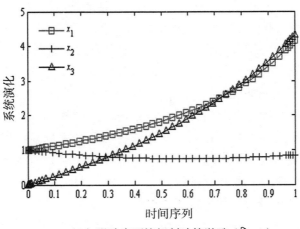

（b）强政府环境规制政策激励（$\delta = 1$）

图 7-9 东北地区多主体合作下制造业企业绿色技术创新系统协同演化轨迹

在 δ 从政府环境规制政策弱激励到强激励的变化过程中，一是，各地区无论是绿色技术运营状态还是绿色创新效果状态都出现了趋优方向的变化，这个结果表明外部政府环境规制政策对于多主体合作下制造业企业绿色技术创新系统的协同演化有很强的正向激励作用；二是，政府环境规制制度激励，中部地区程度最大，西部地区次之，东北地区第三，东部地区最小。随着激励水平的增强，东部地区绿色技术创新效果的增加规模和速度最优，紧随其后是中部地区，西部和东北的增加规模和速度相当，排在最后。原因可能为：东部地区的多主体合作下制造业企业绿色创新系统协同效应较好，政府环境政策加强了现有绿色技术运营状态与绿色创新效果状态间协同程度，促使制造业企业积极响应现有环境规制政策，针对不同类型环境政策进行快速决策；中部地区的多主体合作下制造业企业绿色创新系统演化趋势有一定的协同效果但不明显，制造业企业对于政策效力的强化具有一定的反应；西部和东北的多主体合作下制造业企业绿色创新系统演化趋势都出现了不协同的现象，与制造业企业自身绿色研发配置状态发展相对滞后、外部政策环境不成熟、自身吸收能力弱等有关。此外，我们注意到无论是在既定的政府环境规制政策激励下还是在强激励状态下，绿色技术运营状态的演化增长速度都远大于绿色研发配置状态。在现行政府环境规制政策激励水平下，当 $t = 0.5$ 时，各区域的绿色研发配置状态从大到小依次为东部、中部、西部和东北相当。在强政府环境规制政策激励水平下，同样选取 $t = 0.5$ 时，从大到小依次仍为东部、中部、西部和东北相当，但与现行政策激励水平下相比，在强激励水平下绿色研发配置状态有了一定的提高，但不明显。上述表明政府环境规制政策激励对多主体合作下制造业企业绿色技术的研发有一定的积极影响，但是显著性不强。

　　第二，由于篇幅所限这里仅给出北京市在不同命令型规制、市场型规制、自愿行动型规制、公众参与型规制的政策强度对多主体合作下制造业企业绿色技术创新系统协同演化的影响。为设定命令型规制、市场型规制、公众参与型规制、自愿行动型规制初始值，假定政府需要根据制造业企业现行状况实施不同的环境规制政策，且制造业企业在绿色技术创新活动较差时政府主要实施命令型规制政策，在绿色技术运营活动较差时政府主要实施市场型规制政策，在绿色研发配置和绿色技术运营活动较好时主要实施公众参与型规制政策，在积极开展绿色技术创新活动时主要实施自愿行动型规制政策。此外，为使多主体合作下制造业企业绿色技术创新系统协同演化方程有效，我们设定初始值分别为 [0.1, 0.1, 0]、[1, 0.1, 0.1]、[1, 1, 0.1]、[1, 1, 1]。图 7-10—7-13 是北京在现行命令型规制、市场型规制、公众参与型规制、自愿行动型规制的政策激励（图 7-10a）和强命令型规制、市场型规制、公众参与型规制、自愿行动型规制政策激励（图 7-10b）下多主体合作下制造业企业绿色技术创新系统协同演化趋势。横轴表示时间 t，纵轴表

示 x_1、x_2、x_3 的模拟值（系统演化）。

由图 7-10 可以看出，在弱命令型规制激励强度下，北京市多主体合作下制造业企业绿色创新效果在 $t = 1$ 时的值约为 0.1，绿色研发配置驱动绿色创新效果提升，系统演化趋势有一定的协同效果。当强化命令型规制激励（$\delta = 1$）后，制造业企业绿色创新效果出现一定的提升，在 $t = 1$ 时的值大于 2.5，系统协同演化趋势明显增强。这说明就北京市而言，目前多主体合作下制造业企业绿色技术创新系统的外部命令型规制政策应积极地进一步加强，推进系统内部各主体长期发展的协同效应。

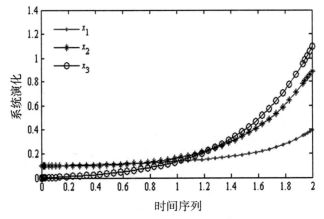

（a）弱政府环境规制政策激励（$\delta = 0.1$）

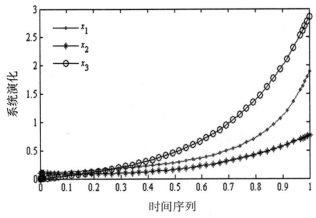

（b）强政府环境规制政策激励（$\delta = 1$）

图 7-10 命令型规制下北京市多主体合作下制造业企业绿色技术创新系统协同演化轨迹

　　由图 7-11 可以看出，在弱市场型规制激励强度下，北京市多主体合作下制造业企业绿色创新效果在 $t = 0.5$ 时的值约为 0.5，系统演化趋势有一定的协同效果。当强化市场型规制激励（$\delta = 1$）后，制造业企业绿色创新效果出现较大的提升，在 $t = 0.5$ 时的值大于 3，系统协同演化趋势的效果与弱市场型规制激励强度下相当。这说明就北京市而言，目前多主体合作下制造业企业绿色技术创新系统的外部市场型规制政策需要积极地进一步加强，同时积极提高系统内部各主体长期发展的协同效应。

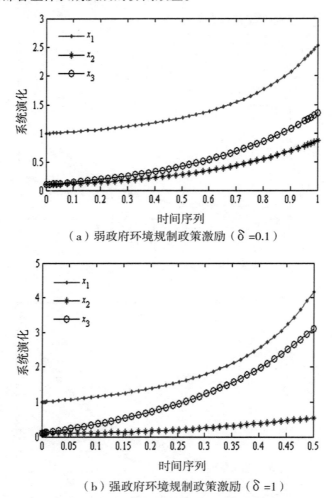

（a）弱政府环境规制政策激励（$\delta = 0.1$）

（b）强政府环境规制政策激励（$\delta = 1$）

图 7-11　市场型规制下北京市多主体合作下制造业企业绿色技术创新系统协同演化轨迹

　　由图 7-12 可以看出，在弱公众参与型规制激励强度下，北京市多主体合作下制造业企业绿色创新效果在 $t = 0.5$ 时的值小于 1，系统演化趋势有一定的协同效果。当强化公众参与型规制激励（$\delta = 1$）后，制造业企业绿色创新效果出现较大的提升，在 $t = 0.5$ 时的值接近于 6，系统演化趋势出现了不协同的现象。这说明就北京市而言，目前多主体合作下制造业企业绿色技术创新系统的外部公众参与型规制政策应缓慢地进一步加强，重要的是同时应积极重视和提高系统内部各主体长期发展的协同效应。

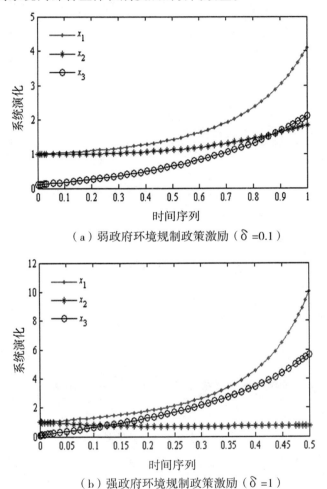

（a）弱政府环境规制政策激励（$\delta =0.1$）

（b）强政府环境规制政策激励（$\delta =1$）

图 7-12　公众参与型规制下北京市多主体合作下制造业企业绿色技术创新系统协同演化轨迹

由图 7-13 可以看出，在弱自愿行动型规制激励强度下，北京市多主体合作下制造业企业绿色创新效果在 $t = 0.5$ 时的值为 3，系统演化趋势的协同效果明显。当强化自愿行动型规制激励（$\delta = 1$）后，制造业企业绿色创新效果出现较大的提升，在 $t = 0.5$ 时的值大于 10，系统演化趋势出现了不协同的现象。这说明就北京市而言，目前多主体合作下制造业企业绿色技术创新系统的外部自愿行动型规制政策应缓慢地进一步加强，重要的是同时应积极重视和提高系统内部各主体长期发展的协同效应。

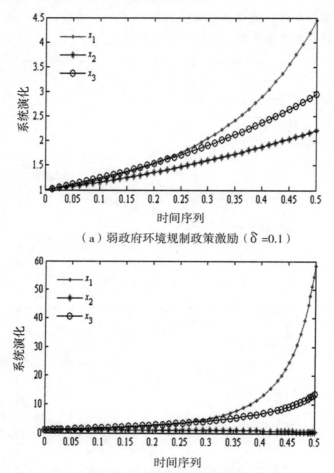

（a）弱政府环境规制政策激励（δ=0.1）

（b）强政府环境规制政策激励（δ=1）

图7-13　自愿行动型规制下北京市多主体合作下制造业企业绿色技术创新系统协同演化轨迹

　　基于上述分析，目前北京市多主体合作下制造业企业绿色技术创新系统的外部环境规制政策中，发挥作用的程度由大到小为命令型规制、市场型规制、公众参与型规制、自愿行动型规制。命令型规制政策和市场型规制政策应积极地进一步加强，同时对市场型规制政策下通过增强绿色研发配置状态方式积极提高系统内部各主体长期发展的协同效应；公众参与型规制政策和自愿行动型规制政策应缓慢地进一步加强，重要的是同时应积极重视和提高系统内部各主体长期发展的协同效应。

　　综上所述，本章探究了政府环境规制政策的强度对多主体合作下制造业企业绿色技术创新系统协同演化的影响，并以北京市为例，分析了命令型规制、市场型规制、自愿行动型规制、公众参与型规制的政策强度对多主体合作下制造业企业绿色技术创新系统协同演化的影响。结论为：（1）绿色技术运营状态是多主体合作下制造业企业绿色技术创新系统协同演化的关键因素，它是系统的序参量；（2）外部政府环境规制政策对于多主体合作下制造业企业绿色技术创新系统的协同演化有很强的正向激励作用，政府环境规制政策推动了系统的演化行为；（3）目前外部环境规制政策中，发挥作用的效果由大到小为命令型规制、市场型规制、公众参与型规制、自愿行动型规制。

第四节　本章小结

　　本章研究了多主体合作下制造业企业绿色技术创新系统的协同演化，分析了政府环境规制政策对系统演化的影响。首先，本章理论分析了多主体合作下制造业企业绿色技术创新系统结构及演化路径；其次，构建了多主体合作下制造业企业绿色技术创新系统协同演化的 Logistic 模型；再次，确定了绿色技术运营状态、绿色研发配置状态、绿色创新效果状态为状态变量，设定了政府环境规制政策为控制变量；最后，实证研究了政府环境规制政策的强度对多主体合作下制造业企业绿色技术创新系统协同演化的影响，并以北京市为例，分析了命令型规制、市场型规制、自愿行动型规制、公众参与型规制的政策强度对系统协同演化的影响，并分析了系统演化的序参量及控制变量。

第八章

促进多主体合作下制造业企业绿色技术创新发展的对策与建议

本章将在第二章构建的多主体合作下制造业企业绿色技术创新过程及演化的理论模型和第三章到第七章对多主体合作下制造业企业绿色技术创新过程及演化的绿色知识创造、绿色技术转化、绿色产品推广、绿色创新绩效评价及系统协同演化分别分析的基础上，提出促进多主体合作下制造业企业绿色技术创新发展的对策与建议。

第一节　完善多主体合作下制造业企业绿色技术创新过程中知识创造机制

一、完善制造业企业绿色技术创新中学研合作伙伴选择过程

选择合理的评价方法和构建全面综合的评价指标体系是制造业企业绿色技术创新中学研合作伙伴选择过程的关键环节。制造业企业通过与适宜的学研伙伴开展绿色创新合作能有效降低能耗成本、提升绿色创新水平、提高绿色新产品开发的成功率。但是，在实际运行中，绿色创新合作失败的情况经常出现，导致合作失败的一个重要原因就是选择了不合适的合作伙伴。由于合作双方信息不对称，彼此了解不够，关于对方的绿色创新资源禀赋情况不能完全掌握，采用的不恰当的合作伙伴选择方法，无法使主体间绿色创新资源嵌入和融合，会降低合作效率和弱化合作目标，会出现合作失败的情况[①]，因此，异质性绿色创新资源在合作创新中具有重要作用。

1. 充分考虑异质性绿色创新资源在多主体合作下绿色创新的作用。（1）制造业企业应在对潜在合作对象的搜寻工作上加以努力，增加搜寻途径，并提高搜寻工作的管理水平。在市场上，很难找到能够与自身绿色创新资源具有互

---

① 李柏洲，尹士，罗小芳. 集成供应链企业合作创新伙伴动态选择研究 [J]. 工业工程与管理，2018，23（3）：123-131.

补性的学研机构，因为合作对象之间存在严重的信息不对称，会导致合作者很难对一些新出现的绿色技术做出正确的价值评估。因此，可以通过提高信息公开度、提升学研机构选择精准性的方式改变这种不利局面。此外，制造业企业应对企业的组织机构进行调整，对潜在合作对象加强信息搜寻与分析工作。（2）提高合作匹配的针对性与多样性。一是选择与自身资源拥有和匹配方面的合作级别和模式。例如，强绿色 R&D 能力的制造业企业应选择共建科研机构、共同开发等合作模式，提高合作效益和效果。二是提高合作对象的多样性。制造业企业缺乏的绿色创新资源广泛分布于其他主体，一个主体难以拥有所有的绿色创新资源，为此制造业企业应广泛地开展合作，同时需要斟酌预估合作的质量和效果，实现有效的多样合作；与绿色用户合作会客观把握市场的需求，提高为用户服务的水平；与科研机构、高校合作能让制造业企业了解国际领先绿色技术与知识，提高绿色产品的竞争力。（3）提高合作资源的融合水平。制造业企业将异质性绿色资源组合在一起对于其发挥互补作用效果不明显，应注重绿色资源整合、融合与治理，减少冗余绿色资源，充分发挥重要绿色资源的作用。此外，还应增强合作人员之间的沟通，尽量减少绿色知识转移惰性，提高合作资源的知识转移与吸收能力。

2. 重视绿色创新能力、信任与沟通程度、兼容性水平等关键要素。（1）制造业企业应选择与其绿色创新所需创新水平、技术结构、组织架构、创新氛围等相匹配的合作伙伴。一是制造业企业要对科研院所和大学提供的技术进行认真研究和鉴定；二是制造业企业应建立有助于其绿色创新项目学研合作伙伴选择的评价指标体系，在选择评价指标时，应综合衡量大学和科研院所的合作实力，包括其绿色创新水平、绿色资源禀赋、绿色技术结构和创新文化等因素；三是制造业企业应重视合作伙伴以往的合作记录，优先选择在信誉和合作实力方面较强的学研机构，此外，也应考虑到绿色合作为大学和科研院所带来的利益，尽量使合作取得双赢的效果。（2）设计相应的动态监督机制。在合作绿色创新过程中，制造业企业应从大学和科研院所方面获得绿色知识和技术，并将绿色知识技术化、产品化和市场化，假如制造业企业寻找绿色创新资源时，学研方只将其显性绿色知识转移给制造业企业，而将隐性绿色知识保留，这样绿色合作创新将很难进行。同时，如果制造业企业在绿色技术合作创新的过程中，学研方不履行约定进行进一步研发与设计，将对合作绿色创新产生不利影响。因此，在签订合同时，制造业企业必须按照学研方的特点，建立动态监督机制对大学和科研院所的合作行为进行监督和约束。制造业企业要与学研方保持紧密沟通，对大学和科研院所执行合同的情况进行不断的交流，关于未来的改进方向及时制订方案。对于合作伙伴出现违背合同约定行为的情况，应及早发现并及时采取措施，保证合作绿色创新的正常运行。因此，在构建评价指标体系过程中，绿色创新能力（绿色知识创造水平、绿色技术转化能力、绿色创新研发能力、绿色信息集成能力）、信任与沟通程度（合作意愿、学研机构声誉、过去的合作经验、利益分配的共识程度）、兼容性水平（技术兼容性、战略目标兼容性、创新文化兼容性和管理理念兼容性）应合理纳入理论框架，这些因素对制造业企业选择绿色创新学研合作伙伴选择具有重要的参考价值。

二、优化产学研合作下制造业企业绿色技术创新的知识创造环境

优化产学研合作下制造业企业绿色技术创新的知识创造环境，需要考虑其中的环境关键影响因素和合理的合作模式。

第一，绿色创新的政府支持是一种长期激励机制，可以促进产学研合作下制造业企业绿色知识创造。政府应创造公正有序的创新环境和氛围，保证市场在绿色创新资源配置中的决定性作用，减少政府的干预，但是政府可以设置绿色项目，鼓励和支持产学研间的绿色技术合作和交流。通过微信、网络等新型媒体形式，制造业企业应提高对绿色创新战略实施的宣传力度，增加制造业企业绿色创新的正外部性，建立产学研绿色创新合作网络平台，克服制造业企业绿色创新的人才、技术和知识流动困难的问题。政府应提高绿色金融系统的服务水平，重视创新资金在绿色创新合作过程中的关键性作用，特别是在制造业企业绿色创新战略实施的初期，通过绿色融资和绿色信贷等方式，推动制造业企业绿色创新能力的提升。政府应注重绿色知识产权保护，在大学、科研院所和制造业企业不断进行绿色知识产权宣传教育等活动，提高绿色知识产权保护意识，鼓励制造业企业和个体利用专利、商标以及行业标准等形式进行知识产权保护，并促进制造业企业利用知识产权战略实现绿色技术开发及其商业化。此外，政府应提高对环保的重视程度，激励制造业企业在产品整个生命周期进行绿色开发、生产和销售，切断污染环境的源头。

第二，提高制造业企业管理者对绿色知识创造的重视程度。一方面，创造优越的绿色创新环境。政府要利用环境政策强制性的特点，同时也要考虑制造业企业的承受能力，合理制定政策强度，从政策方面约束制造业企业的绿色知识创造的行为。此外，政府也要善于利用绿色税收优惠、绿色采购等经济激励措施，鼓励制造业企业积极进行绿色知识创造活动，促进绿色消费导向，让绿色成为新产品的一大特色，使绿色技术和产品不断得到宣传和使

用，借助政府、用户、产品竞争者等外部压力推动企业管理者对绿色知识创造的重视。另一方面，提升管理者自身绿色文化修养。管理者将绿色发展当成自己的责任，并和员工达成绿色发展的共识，利用参加网络培训、讲座等途径提高管理者对绿色知识共享、转移及创造的支持，提升制造业企业实施绿色知识创造的内在动力和综合水平。

第三，合作方式的选择要满足合作双方长远发展的战略。制造业企业与大学和科研院所在绿色创新的价值观方面不太一致①，其利益最大化的目标和长远发展的战略也存在一定的差异。制造业企业在选择合作绿色创新合作方时，一方面要实现制造业企业利润最大化的目标和可持续发展的战略目标，另一方面也要顾及大学和科研院所的利益，有利于大学和科研院所不断开展绿色创新的开发研究工作。制造业企业与大学和科研院所的合作绿色创新要基于平等互惠的原则进行，双方处于同等地位，拥有相同的权利和义务，同时保护双方的利益，才能实现共赢，否则容易导致合作双方合作前的错误选择行为和合约履行中的背信行为。双方通过合作实现双赢，才有助于合作绿色创新更顺利有效地开展。同时，制造业企业选择合作方式之后，应构建合适的监督机制和风险管理机制，防止合作绿色创新过程中制造业企业与学研机构合作关系破裂。

第二节　提高多主体合作下制造业企业绿色技术创新过程中技术转化能力

一、完善产学研用合作下制造业企业绿色知识技术化服务体系

针对高校与科研机构的绿色创新成果与制造业企业绿色创新需求不匹配的问题，完善产学研用合作下制造业企业绿色知识技术化服务体系是解决此问题的关键所在。

第一，构建嵌入式绿色知识服务体系，完善产学研绿色创新项目库。嵌入式绿色知识服务能够为用户送上知识互动、思想交流、个体定制等优质且不受时空影响的绿色服务。大学、科研院所绿色成果商业化是完成绿色创新

---

① 曹霞，于娟. 联盟伙伴视角下产学研联盟稳定性提升路径：理论框架与实证分析 [J]. 科学学研究，2016, 34 (10)：1522-1531.

活动非常重要的一步，创建嵌入式绿色创新知识服务科研团队，可以让大学、科研院所真正了解制造业企业的切实所需，满足绿色创新供给和需求相匹配的要求，成立绿色创新项目库。为实现此目的，可以从三方面进行努力：一是，提高综合绿色技术分析能力，大学、科研院所利用大数据、云计算等跨学科绿色技术不断提升科研人员的综合分析能力；二是，创建平等、互利互信的合作绿色创新氛围，只有在平等、互利互信的基础上，合作双方才能开诚布公，交流合作创新的想法与思路，减少合作创新过程中的风险与摩擦，提高合作成功的概率；三是，采用嵌入式绿色创新人才培养方式，制造业企业与大学、科研院所签订协议联合培养基础理论与实践均擅长的综合人才，提高产学研联盟中人员的交流频率与交流深度，减小产学研绿色知识距离，增强大学、科研院所的绿色技术基础研究能力。

第二，通过线上线下互补的方式解决公共信息平台不完善的难题，创建综合立体的绿色创新信息共享与互助平台以达到为制造业企业绿色创新服务的目的。（1）线上服务平台方面。增强制造业企业与材料供应商、顾客之间的相互密切联系，通过线上销售平台的用户评价和网络社交平台紧密跟踪顾客的需求信息，并且为制造业企业建立网络档案，及时发布宣传制造业企业绿色创新模范案例、优良标准、相关法律法规，以及制造业企业的需求和发展趋势。完善线上服务管理系统的功能，增强服务管理系统线上推广交流功能，通过大数据等先进技术实时发起和跟踪制造业企业以及利益相关者的需求，为顾客提供个性化、标准化的绿色创新服务。线上服务平台在处理不受时空限制寻找最优合作对象、及时了解最新政策趋势等方面具有重要优势。（2）线下服务平台方面。凭借现有服务实体与技术部门，不断增强线下绿色创新服务平台的绿色融资、评价预测、信息咨询和标准制定等绿色服务水平。线下服务平台能够提供专业、系统、综合的智力服务，推动绿色技术创新与市场的紧密融合，大幅度提高制造业企业绿色创新效益与效果。

第三，针对没有将绿色知识技术化的供给者或需求者。在宏观层面，国家和地方政府应采取适当的法规和政策，加强学研机构与制造业企业之间的合作。学研机构可以根据制造业企业的需要，创造出易于转让的绿色知识，制造业企业也可以获得自己感兴趣的绿色技术。在微观层面，绿色知识的供给者和绿色技术的需求者应该更好地理解其他各方的意愿要素，供给者应该提供更多实用的绿色知识；需求者应当对绿色新产品开发提出技术要求。此外，建立更加便捷的绿色知识技术化平台，减少绿色知识的供给者和绿色技术的需求者之间的壁垒，有助于促进制造业企业绿色发展。

二、提高绿色集成供应链合作下制造业企业绿色技术产品化能力

随着公民环保意识的增强，绿色产品越来越受到消费者的重视。一方面，在绿色化浪潮下，消费者对产品的节能环保性能要求将越来越高，另一方面，在需求动态化的环境下，研发和制定出个性化、多样化的绿色新产品已成为供应链企业面临的难题①。外部绿色供应链集成有助于制造业企业整合内外部绿色技术资源，通过与绿色供应商和绿色客户合作，提高绿色新产品的开发速度和质量，实现绿色新产品开发的个性化、多样化特征，满足绿色消费者动态化需求。如何有效通过外部绿色供应链集成增强绿色新产品的开发速度和质量，提高绿色技术产品化水平是当前制造业企业迫切需要解决的问题。

第一，积极与外部绿色供应链集成并建立长期战略合作伙伴关系，加强绿色新产品开发信息系统建设。这不仅可以使信息共享有效实现并且使绿色原材料的采购成本和绿色新产品生产成本以及交易成本得到最大化的降低，而且可以优化绿色新产品开发资源配置，从而提高制造业企业和外部集成绿色供应链的整体竞争优势，显著提高制造业企业绿色新产品的开发速度和质量。在这个过程中，制造业企业与外部绿色供应链集成产生的知识螺旋效应不可被忽视。知识螺旋帮助制造业企业依托既有知识，融合绿色供应商和绿色客户的知识，进而追求绿色新产品开发所需的目标知识。这有利于减缓绿色新产品开发知识落差或跨域绿色新产品开发知识鸿沟，提高绿色新产品的开发速度和质量。

制造业企业应长远布局绿色技术创新的发展战略，将绿色新产品开发置于战略顶端，各项制度应积极支持开发绿色新产品。同时制造业企业应将知识管理嵌入绿色新产品开发中，通过绿色知识资源的共享、优化、整合、配置等方式，实现绿色知识创造，促进绿色新产品开发。此外，制造业企业应把握行业内绿色供应商和绿色客户的活动情况，及时调整绿色新产品开发策略。一方面，制造业企业应积极培养与绿色供应商和绿色客户之间的互惠关系，将这些主体纳入一个具有理性、互惠环境的共同体中，制定促进知识共享的促进措施；另一方面，制造业企业应制定针对性奖惩激励机制，与绿色供应商和绿色客户互惠互利、协同合作，同时应注意对自身知识产权的保护。

① SHARMA A, LYER G R. Resource-constrained product development: Implications for green marketing and green supply chains [J]. Industrial Marketing Management, 2012, 41 (4): 599-608.

此外，政府应关注绿色消费者和绿色供应链的环保诉求，进而影响制造业企业绿色创新决策。

第二，提高绿色技术知识管理在绿色新产品开发中的地位。绿色知识管理的目的在于既有知识通过社会化、外在化、联结化和内在化的方式追求绿色新产品开发所需的目标知识，从而减缓知识落差或跨域知识鸿沟，提高绿色新产品的开发速度和质量。共同化为制造业企业绿色新产品开发创意的产生提供帮助；外在化可以激励绿色供应商和绿色客户提出创意；联结化为整合来自绿色供应商和绿色客户创意的转移提供帮助；内在化可以激励制造业企业通过"干中学"等方式发现问题并提出新的绿色新产品开发创意。因此，制造业企业应增强绿色新产品开发方面的知识管理程度，熟记知识螺旋对绿色新产品的开发速度和质量的中介推动作用。制造业企业应在绿色新产品开发团队中建立知识型、学习型文化组织，促进跨部门间的知识共享和整合；应尽量将来自绿色供应商和绿色客户的隐性知识显性化，实现自有知识和外部知识的融合，为绿色新知识的创造提供重要的支持。对员工个体而言，制造业企业应通过团队建设、奖惩制度、技能培训等方式加强员工知识管理水平，提高员工绿色知识创造水平。

第三，增强高管环保意识，营造绿色转型氛围。一是高层管理者在绿色新产品开发中不应急于求成，要注重绿色新产品的开发质量；二是应将绿色环保理念置于战略高度，并将其真正融入制造业企业的绿色新产品开发中，提高绿色新产品的开发质量；三是政府应积极引导社会环保意识体系的建立，营造良好的绿色理念和绿色氛围，开拓绿色产品新市场；四是，政策制定者应与制造业企业高管建立关系纽带，通过组织制造业企业家培训班、行业协会等方式定期向高管传递环境保护信息，提高高管环保意识。

第三节　优化多主体合作下制造业企业绿色技术创新过程中产品推广策略

一、优化与客户合作下制造业企业绿色技术产品销售过程

绿色技术产品市场化是支持多主体合作下制造业企业开展绿色技术创新活动的可持续发展的关键过程，没有有效的市场化就不能满足持续性的绿色技术创新活动的要求，不能进一步调整现有绿色技术创新的过程，甚至表现

为现有绿色技术创新的失败。积极销售绿色技术产品是市场化的开端，将绿色新产品推向市场需要与制造业企业现有和未来潜力客户合作，通过客户合作关系实现绿色技术产品的前期市场销售。在与客户合作的过程中，一方面制造业企业需要制订与客户合作的合理规划和方案，应基于互惠文化给予客户特殊的关注与支持，与客户在资金、产品等方面协商沟通，使合作过程无缝衔接，另一方面制造业企业需要结合现有绿色技术产品的特点，合理定位产品所在价值链位置，针对性分析产品面对终端消费者的需求，通过这些需求选择匹配、合理的客户。

在与客户合作下制造业企业绿色技术产品销售的过程中，绿色产品水平、绿色商业运营能力、可持续合作潜力和绿色技术能力是影响销售过程的重要因素。高水平的绿色商业运营不仅有助于减少运营过程中的碳排放，而且可以增强以制造业企业为核心的绿色供应链管理集中程度。强烈的合作意向和长期的合作是绿色产品销售的基础，可持续合作潜力能够降低绿色产品成本，制造业企业可以获得更多的绿色产品销售收益。绿色技术能力是评价绿色供应商是否满足绿色客户要求的指标[1]，对制造业企业可持续发展目标的实现越来越重要。此外，绿色客户的时间偏好对制造业企业绿色技术产品销售也有重要影响。因此，制造业企业需要重点关注绿色产品水平、绿色商业运营能力、可持续合作潜力和绿色技术能力这些关键因素，同时这种关注应是持续的，这符合绿色客户的时间度偏好，制造业企业需一直保持较高的绿色产品销售能力。

二、优化政府规制下制造业企业绿色技术产品推广环境

制造业企业绿色技术产品的推广归根结底在于消费者进行绿色消费。政府应制定绿色消费政策，鼓励引导绿色消费。具体如下：

（一）加大绿色宣传教育，树立绿色消费观念

随着信息技术的发展，平台模式为信息传播提供了有力支持，加速了信息传播的效率和效果，同时这些平台在绿色消费、生态环境保护等方面也发挥了宣传效应。现有知名平台受众范围较大，有利于广泛宣传绿色环保理念，使消费者能够形成良好的绿色消费观念，主动接受绿色技术产品。一方面，政府可以通过现有知名平台（如新浪、今日头条等）广泛宣传绿色消费理念

---

① LEE H S, CHOI Y. Environmental performance evaluation of the Korean manufacturing industry based on sequential DEA [J]. Sustainability, 2019, 11 (3): 874.

的重要性和环境保护的急迫性，在电视平台播放环保公益广告，使消费者置身于以绿色消费、绿色发展为理念的氛围中；另一方面，政府部门应在实践中发挥应有的带头作用，深入社区、村落宣传绿色发展理念，鼓励保护环境的实践活动，开展以绿色消费为主题的节能环保活动，与民众一起开展实践活动。

此外，在绿色消费服务支持方面，政府部门应制定相应的、全面的绿色技术产品支持政策，尽量减少消费者的后顾之忧，通过税收、补贴等方式鼓励消费者参与到绿色消费活动中，积极落实现有绿色消费支持政策，如新能源电动汽车支持政策、储能产品支持政策。同时，政府部门应与制造业企业协商沟通，通过制造业企业自身降低绿色技术产品成本，鼓励消费者进行绿色消费，实现供给侧和需求侧双轮促进。

（二）政府鼓励支持，营造绿色消费氛围

人类生存依赖度最强的是生态环境，任何生命的生存与延续均需要在良好的生态环境中。为减少制造业企业的生态破坏，建设良好的生态环境，政府部门应从宏观和微观方面发挥自身职能，鼓励支持绿色消费，营造绿色消费环境。政府可以从以下几方面入手：政府应该支持并鼓励企业进行绿色制造，给予参与绿色生产的企业一定的资金援助和配套的政策支持。一方面，制定多元化的绿色产品供给体系，尽可能地丰富市场上绿色产品的种类，特别是绿色原材料要进行突破式创新生产；政府需要在资金上大力支持绿色制造企业，并在政策上向绿色产品的高科技项目倾斜；对排放污染物、废弃物的企业进行监管，鼓励制造业企业选用绿色、环保、可持续的材料，并给予选用此生产计划的企业财政上的支持。另一方面，政府应该制定与绿色产品使用者相关的税收优惠政策，在政策支持下降低生产成本，缩小绿色产品与传统产品的价格差距，使更多的消费者购买绿色产品，扩展到不同层次的消费者市场。与此同时，满足不同消费者个性需求的激励机制也是必不可少的，政府应该加大宣传，加强推广，制定配套优惠政策，并且完善绿色制造业基础设施建设；鼓励消费者尽可能地选用绿色材料、环保材料，不断科普环保知识，推广环保产品，让更多的消费者选择购买绿色制造有机产品。

（三）完善绿色消费政策，优化绿色消费体制机制

虽然政府部门制定了关于绿色消费的相关法律法规，但从总体来看，缺乏完善的、系统的法律法规体系，绿色消费的法治化建设水平低下，很大一部分政策法规过于宽泛，没有落实于实践。新时期，中央政府积极推行绿色创新，地方政府积极配合，鼓励绿色生产、绿色消费。但是，绿色制造产业

创新的三个主要参与方，政府、制造业企业和消费者应该履行的责任和享受的权力，并没有明确的划分，使得绿色制造业消费市场一片混乱，很多企业骗补、过分包装，将普通产品强行变成绿色产品，扰乱市场秩序。因此，建立完善的法律政策法规，规范绿色消费市场，引导合情、合理、合法的绿色消费显得尤为重要。各级政府积极制定绿色制造、绿色消费政策，表现最明显的是北京市，北京市市政府制定了健全的、符合绿色消费理念的节能减排政策，仅用了三年的时间就使得大多数消费者树立了绿色消费的理念，优先购买节能环保的产品。新时代引领新的消费趋势，制造业企业不仅需要向智造企业转变，更需要尽自己所能创造和生产更多的绿色产品，促使制造业企业由传统的模式向绿色智造模式转型，并不断升级。自节能减排环保政策实施以来，大多数制造业企业积极迎合政府政策，加强 R&D 的投入，不断增加节能产品数量，增强节能产品品质。随着消费者对绿色节能产品的需求的增加，以及政府政策和消费者双重作用的驱动下，制造业企业需要加快产品的更新换代，注入更多的研发资金进行新材料和新产品的开发。久而久之，制造业企业逐渐形成了一个绿色创新生态系统的雏形，根据用户的需求，制造业企业会弹性地扩大生产规模，进而降低原材料成本，降低整个制造业企业的成本。在政府政策的引导下，消费者会更加理性，综合考虑绿色产品的性能和价格，制造业企业会调整自身策略，满足整个产业绿色创新生态系统。

第四节　改进多主体合作下制造业企业绿色技术创新绩效评价机制

一、完善制造业企业绿色技术创新绩效评价过程

在开展多主体合作下制造业企业绿色技术创新绩效评价活动时，需确定评价主体，不同的评价主体有不同的评价结果倾向。如制造业企业开展评价活动倾向于主观评价自身绿色技术创新活动，由于主观评价，可能导致虚化评价结果情况；而政府部门开展评价活动倾向于客观评价绿色技术创新活动，由于对绿色技术创新活动了解不深，可能导致不能充分体现绿色技术创新绩效。为此，引入第三方绿色技术创新绩效评价机制是结合主观评价和客观评价的重要方式，能够有效保障多主体合作下制造业企业绿色技术创新绩效评价的真实性和准确性。多主体合作下制造业企业绿色技术创新绩效评价的时

机应符合绿色技术创新项目的实施过程，一般应在绿色技术创新项目实施前、实施中、实施后进行绿色技术创新绩效评价，以实现动态变化分析，优化多主体合作下制造业企业绿色技术创新活动。除上述情况外，在突破关键绿色技术问题后应及时实施评价活动。

为充分、合理地反映多主体合作下制造业企业绿色技术创新绩效，在绿色技术创新绩效评价时，第三方评价主体应充分完善绿色技术创新绩效评价过程。第一，多主体合作下制造业企业绿色技术创新绩效评价前，第三方评价主体应该充分了解影响多主体合作下制造业企业绿色技术创新绩效的相关因素，如制造业企业和政府部门的态度、其他参与主体的积极性、绿色产品市场需求波动等因素，设计完善可行的多主体合作下制造业企业绿色技术创新绩效评价计划，选取的评价方法能够有效真实地反映多主体合作下制造业企业绿色技术创新绩效。第二，在多主体合作下制造业企业绿色技术创新绩效评价过程中，第三方评价主体应依据绿色技术创新情况，不断优化评价指标和方法，保障多主体合作下制造业企业绿色技术创新绩效评价结果的可靠性。第三，第三方评价主体应依托多主体合作下制造业企业绿色技术创新绩效评价前获取的信息，对评价结果通过开展专家讨论会活动等形式进行分项和综合分析，为制造业企业和政府部门提供有价值的决策依据。

二、改进制造业企业绿色技术创新绩效评价反馈机制

1. 多主体合作下的制造业企业绿色创新绩效评价需要动态的、及时的、激励的反馈。在多主体参与下的制造业企业绿色技术创新过程中，针对各个阶段的主要任务进行有效的反馈，绿色创新项目研发团队接收到反馈后，会及时处理，作用于下一阶段，使得整个绿色技术创新项目能够不断地完善与改进。在整个绩效反馈的过程中，需要保持公正性，公正性是绿色创新绩效评价的核心，激励性是公正性的基础，与绿色创新项目研发团队人员的利益息息相关。有效的绩效反馈有利于促进绿色创新参与者熟悉本项目的真实情况，让参与成员间形成良好的沟通方式，通过有效连接合作实现对绿色创新项目成员的激励作用。多主体合作下的制造业企业绿色技术创新绩效反馈需要体现动态性、及时性和激励性的特征。（1）绿色创新绩效的反馈是一个反复的、经常性的行为，在项目进行的过程中，一旦发现问题要及时通知绿色项目团队负责人，并进行调整和改进。严禁在整个绿色创新项目结束或者所有绩效评价完成后才进行反馈。（2）绿色创新绩效的反馈不应局限于成果后反馈，应具有动态性的反馈，且反馈方式要丰富多样，将语言反馈和反馈激励有效结合，根据绿色创新项目过程的具体情况选择最适合的反馈方式，起到激励项目成员的作用即可。（3）绿色创新绩效的反馈要突出重点，奖罚分明。在创新绩效评价与反馈的过程中以表扬或者奖励的方式激励绩效好的成员，对于绩效较差的成员，给予更多的鼓励，协助他们找到绩效不好的原因，并帮助其解决问题。（4）绿色创新的绩效反馈是一个多主体参与、多主体反馈的综合过程。所以，在绿色创新绩效反馈的过程中，应该鼓励其他支持性组织积极参与。

2. 制造业企业绿色技术创新绩效反馈机制是项目考核者（绿色创新项目的总负责人）在整个绿色创新过程中针对绿色技术创新过程绩效和结果绩效，在项目成员的行为、绿色创新实施规划等方面进行优化的过程。绿色创新绩效反馈机制的实现包括：（1）完善绿色创新绩效评价过程。多主体合作下的绿色制造企业技术创新绩效结果需要通过阶段性的报告分析绿色创新过程中存在的问题，并同时进行阶段性的优化和改进，以此实现绿色创新绩效的各个阶段的绩效评价及综合评价，保障评价的可靠性和准确性。在进行具体的绩效评价过程中，绿色创新项目负责人协同自己的团队成员，充分了解影响绿色创新绩效的因素，并制订和实施绿色创新绩效评价计划，使用合理的评价方法和评价体系，全面地、科学地反映绿色创新绩效结果。（2）基于绿色创新项目推进情况，选择匹配的绿色创新绩效反馈方式，主要分为语言方式、暗示方式和奖惩方式。其中，语言方式是指考核者以语言的方式对绿色创新项目成员的绩效进行反馈，例如，书面方式或口头方式；暗示方式是指考核者以一种含蓄的、间接的方式给项目成员的一种绩效反馈①；奖惩方式是一种奖罚分明的形式。上述方式各有优缺点，考核者在具体的绿色创新项目绩效评价中应该采取结合的方式进行绿色创新绩效反馈。

第五节　增强多主体合作下制造业企业绿色技术创新系统的协同效应

一、强化制造业企业绿色技术创新系统的动力

（一）加强绿色技术创新系统主体之间的合作

制造业企业通过产学研合作的方式进行绿色技术创新，一方面，可以充

---

① 罗小芳. 企业产学研合作原始创新机制研究［D］. 哈尔滨：哈尔滨工程大学，2013.

分发挥自身资金的作用，实现 R&D 投入的边际效用最大化；另一方面，学研机构的基础研究，包括理论研究和部分应用研究可以促进制造业企业绿色新产品的研发，并产生明显的绿色技术和知识的溢出效应。因此，对整个绿色技术创新系统来说，各创新主体需要发挥自身的作用，尤其是制造业企业需要优化绿色资源配置，积极促进系统内创新主体的合作，加大绿色 R&D 的投入，在保证各创新主体资源合理分配的情况下，提升自身的绿色创新能力。绿色技术创新产学研联盟是一种很好的产学研合作创新模式，在绿色创新联盟中，企业为学研机构提供资金支持，学研机构实现自身绿色创新成果的转化，从而实现基础研究与应用研究的结合，创造更高的经济效益。同时政府可以提供政策上的支持，如相关政策法规的制定和完善，基础设施的建设等，中介机构也可以提供绿色金融支持、绿色技术转移等方面服务，进而发挥绿色创新政策对多主体合作下制造业企业绿色技术创新实践的促进效应。

（二）推动绿色技术创新系统主体之间的资源共享

政府通过出台重大的科技政策，制定科研基础设施管理条例惠及产学研各绿色创新主体，鼓励产学研各主体合作创新、协同创新，实现知识共享、技术交流、资源优化配置，从而促进绿色技术创新的实施。制造业企业应通过建立绿色创新管理信息系统，推进绿色创新计划（专项）信息的互联互通，实现系统集成，使得高校及科研院所及时了解制造企业的绿色创新需求。高校和科研院所应该完善绿色创新成果数据库，及时公布自身的创新成果。除此之外，政府要建立配套的绿色创新人才机制，鼓励产学研之间的人才相互交流、相互沟通、互相学习，实现知识和技术的流动以及资源的共享。

二、建立多主体合作下制造业企业主导的协同机制

第一，制造业企业绿色创新需要在一方牵头，多主体共同参与的情况下合作完成。在大部分绿色创新项目中，发挥主要作用的是企业。因此，制造业企业自身或制造业企业牵头联合高校和科研院所需要积极参与国际和国内绿色项目合作，扩展合作渠道，组织和参与重大的国际和国内绿色项目，如重大的绿色技术创新计划和规划，绿色创新标准的制定等。制造业企业需要积极地申报国家和省部级绿色科研项目，基于自身的绿色技术创新基础，在绿色产业发展需求的情况下，生产前沿的、惠民的绿色创新产品。政府鼓励制造业企业基于双链条即创新链和价值链，积极与行业内的龙头企业进行绿色技术协同创新，从而实现关键前沿绿色技术的开发和市场的细分，最大化

满足消费者绿色需求，并生产个性的绿色技术创新产品。

第二，加大制造业企业多主体合作绿色体系的支持力度。这需要政府推进制造业企业绿色体系发展工作，制定促进制造业企业的绿色发展的政策，强化多主体合作绿色体系发展潜力。政府鼓励制造业企业申报绿色双创促进计划等各类专项资金，反哺多主体合作绿色体系。聚焦新经济，引导和支持制造业企业多主体合作绿色体系发展，鼓励制造业企业积极通过公共服务平台和多主体开展绿色创新活动，培育一批竞争力强的、具有多主体合作绿色体系的制造业企业。大力培育新业态制造业企业多主体合作绿色体系，增强新业态制造业企业的多主体合作绿色创新能力。① 支持有条件的制造业企业利用资本市场为多主体合作绿色体系发展积极融资，对制造业企业上市绿色融资给予支持和帮助。

三、完善制造业企业绿色技术创新的政府支持体系

第一，构建以市场为导向，以制造业企业为主体，官产学研用结合的科技服务体系，为绿色科技创新提供全过程、全方位、全链条的高效、优质服务。在现有信息技术的支持下，结合互联网、物联网、智能制造等信息技术，强化绿色技术转移平台的建设，增加制造业企业与其他绿色技术创新主体间联系程度和频率，使多主体间实现相互协同、相互促进。建立健全网络化、远程化的制造业企业绿色技术合作体系，通过市场反馈绿色技术信息，供应商反馈绿色技术产品信息，实现两者信息与自有信息的融合，进而实现绿色技术产品的开发。在这个过程中，需要对绿色技术资源的有效配置，推动制造业企业整合有效的绿色资源，高效、准确地生产满足市场消费者的绿色产品，动态化、信息化针对性生产，同时建立健全多主体合作信息网络，实现信息及时传递。

第二，充分发挥作为绿色创新重要组成部分社会资本的重要作用。引导更多的社会资本支持制造业企业绿色创新，如基础研发机构的建设，创新公共平台的建设、R&D 以及绿色成果的转化等，当然也离不开政府引导下的金融机构（绿色基金、绿色保险和融资风险）的支持，共同推动制造业企业绿色创新的发展。严格执行制造业企业所得税优惠管理方案，落实制造业企业所得税减免、固定资产加速折旧、绿色研发费用税前加计扣除、创业投资和

---

① 毕克新，申楠. 制造业绿色创新系统知识溢出的传导机制 [J]. 学术交流，2016（4）：122-128.

绿色技术转让税收减免和税收优惠等激励绿色创新的税收政策。积极发展各种绿色金融服务，建立为制造业企业提供一体化绿色技术创新服务的专业机构，建立和完善绿色信贷融资风险补偿和共担机制，深化制造业企业与银行、保险、担保等金融机构的合作，保障绿色技术创新顺利实施，激发绿色技术创新活力，推出适合制造业企业绿色发展的系列产品。制定金融服务绿色创新人才政策，设立服务绿色创新人才特色金融机构，开辟金融支持绿色创新人才一系列绿色通道。

第三，建立健全绿色知识产权管理体系。这就要求促进制造业企业绿色知识产权的创造、运用、保护和管理能力，强化制造企业运用绿色知识产权发展潜力，提升制造业企业绿色产品市场的综合实力。鼓励制造业企业积极地与专业的知识产权机构进行合作，共同制订知识产权发展规划，研究重点核心绿色技术的知识产权演化路线，寻找绿色创新的技术关联性和产业关联性，帮助绿色制造企业做好绿色专利保护工作，构建绿色专利长久发展的宏观布局和微观管理。建立健全的绿色制造产业知识产权服务体系，支持绿色知识产权保护平台建设，增强专业的绿色知识产权提升部门的服务水平，在绿色知识产权方面为制造业企业提供理论支持和实践指导，在信息建设、风险管理、产权商业化等方面促进绿色知识产权合理、有效运行。

第六节　本章小结

本章提出了促进多主体合作下制造业企业绿色技术创新发展的对策与建议。从多主体合作下制造业企业绿色技术创新过程及演化中知识创造机制、技术转化能力、产品推广策略、绩效评价机制、系统协同效应五个方面提出了具体的对策与建议。知识创造机制方面，需完善学研合作伙伴选择过程，优化绿色知识创造环境；技术转化能力方面，需完善绿色知识技术化服务体系，提高绿色技术产品化能力；产品推广策略方面，需优化绿色技术产品的销售过程和推广环境；绩效评价机制方面，需完善绿色技术创新绩效评价过程和改进绩效反馈机制；系统协同效应方面，需增强绿色技术创新系统的动力，建立制造业企业主导多主体协同机制及完善政府支持体系。

结　论

　　本书在梳理和总结国内外关于绿色技术创新、多主体合作创新、创新价值链、合作演化等相关研究的基础上，基于系统理论和创新价值链理论构建了多主体合作下制造业企业绿色技术创新过程及演化的理论模型，并深入探讨了该模型的输入、处理、输出、反馈、升级过程，以此开展知识创造阶段、技术转化阶段、产品推广阶段、创新绩效评价及系统演化的具体研究和论证。本书运用基于一致性的组合法、前景理论与决策规则法、基于直觉模糊的匹配决策法、组合时间赋权法、场理论决策法、随机微分博弈法、演化博弈法、问卷调查与结构方程模型、三维 Logistic 模型等研究工具，从绿色知识创造、绿色技术转化、绿色产品推广、绿色创新绩效评价、系统协同演化方面对多主体合作下制造业企业绿色技术创新过程及演化的关键问题进行系统论述。本书依据研究结果提出促进多主体合作下制造业企业绿色技术创新发展的对策与建议。主要结论有：

　　第一，通过对多主体合作下制造业企业绿色技术创新过程及演化的理论研究，我们得到了以下结论：（1）多主体合作下制造业企业绿色技术创新过程是指由政府政策引导与鼓励，制造业企业为主导，制造业企业与高等学校、科研机构等联合开展的应用研究活动，与技术中介、供应商、消费者等主体合作开展开发研究活动，最终实现经济效益、环境效益、社会效益的过程。系统演化是多主体合作下制造业企业绿色技术创新系统从低端向高端发展的过程。（2）从过程及演化角度，多主体合作下制造业企业绿色技术创新过程及演化的理论模型包括知识创造、技术转化、产品推广、绩效评价、系统演化。

　　第二，通过对多主体合作下制造业企业绿色技术创新过程中知识创造阶段的研究，我们得到了以下结论：（1）绿色技术创新能力（绿色知识共享能力、绿色技术先进水平、绿色创新研发能力、绿色信息集成能力）、信任与沟通程度（合作意愿、学研机构声誉、过去的合作经验、利益分配的共识程度）、兼容性水平（绿色技术兼容性、战略目标兼容性、创新文化兼容性和管理理念兼容性）对制造业企业选择绿色创新学研合作伙伴具有重要的参考价值。（2）金融机构信贷支持、税务部门税收减免、绿色知识创造努力水平、政府绿色创新补贴、绿色技术创新能力对绿色知识的创造有积极影响；绿色创新的政府补贴是一种长期激励机制，可以促进产学研合作下制造业企业绿色知识创造；产学研合作下制造业企业绿色知识创造系统的帕累托最优可在合作博弈下得到，绿色知识创造的成本分担是一种帕累托优化机制。

第三，通过对多主体合作下制造业企业绿色技术创新过程中技术转化阶段的研究，我们得到了以下结论：（1）绿色技术转让收益、绿色技术转让速度、绿色技术水平、企业绿色理念四个方面是学研机构关注的重要因素；绿色技术的发展水平、技术的绿色程度、绿色技术的市场前景、潜在的绿色经济净价值、与现有技术的匹配程度是制造业企业关注的重要因素。（2）外部绿色供应商集成、绿色客户集成、绿色知识螺旋对绿色新产品的开发速度和质量具有积极影响；绿色知识螺旋分别在绿色供应商集成和绿色客户集成与绿色新产品开发速度和质量的关系中起部分中介作用；高管环保意识对绿色知识螺旋与绿色新产品开发质量之间的关系具有积极的调节作用。

第四，通过对多主体合作下制造业企业绿色技术创新过程中产品推广阶段的研究，得到了以下结论：（1）影响客户合作下制造业企业绿色技术产品销售的关键因素包括绿色产品水平、绿色商业运营能力、可持续合作潜力和绿色技术能力。此外，绿色客户的时间偏好对制造业企业绿技术产品销售也有重要影响。（2）增加对制造业企业的污染和欺诈行为的处罚、绿色创新补贴和税收优惠及增加绿色消费者的购买补贴等均有利于促进制造业企业积极生产绿色技术产品，使绿色消费者的消费观念转变为积极购买绿色技术产品，进而促进制造业企业绿色技术产品推广。绿色产品相关基础设施建设是制造业企业绿色产品快速推广的重要机制，绿色创新补贴是绿色产品高质量推广的核心机制。

第五，通过对多主体合作下制造业企业绿色技术创新绩效的评价及分析，我们得到了以下结论：（1）多主体合作下制造业企业绿色技术创新绩效评价体系应从绿色技术创新要素投入、绿色技术创新科技产出、绿色技术创新经济产出、绿色技术创新社会效应四个方面建立，这能够体现短期目标和长期目标之间的平衡，企业主导绩效和多主体合作绩效等方面的内容。（2）绩效评价方法可应用主客观方法融合技术，基于相容性和一致性的绩效评价方法具有一定的应用价值，如在主客观单一评价方法的基础上，可以构建由漂移度组合评价法、灰色关联度组合评价法和均值组合评价法构成的组合评价模型。

第六，通过对多主体合作下制造业企业绿色技术创新系统协同演化的研究，我们得到了以下结论：（1）绿色技术运营状态（惯例）是影响多主体合作下制造业企业绿色技术创新系统协同演化的关键因素，它是系统的序参量。（2）外部政府环境规制政策对多主体合作下制造业企业绿色技术创新系统协同演化有很强的正向激励作用，政府环境规制政策推动了系统的演化行为，制造业企业应建立有效的多主体合作关系，强化绿色研发配置的投入。（3）目前，外部环境规制政策中，政策发挥作用的效果由大到小依次为命令型规制、市场型规制、公众参与型规制、自愿行动型规制。

第七，针对如何促进多主体合作下制造业企业绿色技术创新发展的问题，我们提出了以下对策与建议：（1）知识创造机制方面，需完善学研合作伙伴选择过程，优化绿色知识创造环境；（2）技术转化能力方面，需完善绿色知识技术化服务体系，提高绿色技术产品化能力；（3）产品推广策略方面，需优化绿色技术产品的销售过程和推广环境；（4）绩效评价机制方面，需完善绿色技术创新绩效评价过程和改进绩效反馈机制；（5）系统协同效应方面，需增强绿色技术创新系统的动力，建立多主体协同机制及完善政府支持体系。

由于个人能力及研究时间有限，本书仍然存在一些不足之处：（1）对知识创造阶段、产品推广阶段的研究局限于模型的建立与应用，与实践结合紧密性程度不高，后续研究会通过模型修正进一步促使模型与实践结合。（2）建立了绿色创新绩效评价指标体系及评价模型，但只进行了简单的应用研究，后续研究将基于广泛的大样本数据进行进一步验证和分析，并完善评价指标体系及评价模型。

参考文献

一、中文文献

（一）期刊

［1］鲍萌萌，武建龙．新兴产业颠覆性创新过程研究：基于创新生态系统视角［J］．科技与管理，2019，21（1）．

［2］毕克新，付珊娜，田莹莹．低碳背景下我国制造业绿色创新系统演化过程：创新系统功能视角［J］．科技进步与对策，2016，33（19）．

［3］毕克新，申楠．制造业绿色创新系统知识溢出的传导机制［J］．学术交流，2016（4）．

［4］毕克新，王禹涵，杨朝均．创新资源投入对绿色创新系统绿色创新能力的影响：基于制造业 FDI 流入视角的实证研究［J］．中国软科学，2014（3）．

［5］毕克新，杨朝均，黄平．中国绿色工艺创新绩效的地区差异及影响因素研究［J］．中国工业经济，2013（10）．

［6］毕克新，杨朝均，隋俊．跨国公司技术转移对绿色创新绩效影响效果评价：基于制造业绿色创新系统的实证研究［J］．中国软科学，2015（11）．

［7］蔡坚．产业创新链的内涵和价值实现的机理分析［J］．技术经济与管理研究，2009（6）．

［8］曹桂华，李登辉．基于熵值法的我国集成电路上市企业创新绩效评价实证研究［J］．理论月刊，2018（12）．

［9］曹慧，石宝峰，赵凯．我国省级绿色创新能力评价及实证［J］．管理学报，2016，13（8）．

［10］曹柬，吴晓波，周根贵，等．制造企业绿色产品创新与扩散过程中

的博弈分析［J］. 系统工程学报，2012，27（5）.

［11］曹建东，彭福扬，贺团涛. 国家创新战略的生态化评价指标体系研究［J］. 科技进步与对策，2008（5）.

［12］曹静，范德成，唐小旭. 产学研结合技术创新绩效评价研究［J］. 科技进步与对策，2010，27（7）.

［13］曹霞，刘国巍，付向梅. 基于偏好和动态直觉的产学研合作伙伴选择群决策分析［J］. 运筹与管理，2013，22（4）.

［14］曹霞，刘国巍. 基于博弈论和多主体仿真的产学研合作创新网络演化［J］. 系统管理学报，2014，23（1）.

［15］曹霞，宋琪. 基于企业 QFD 和改进 VIKOR 法的产学研合作伙伴选择研究［J］. 科技管理研究，2016，36（8）.

［16］曹霞，于娟. 联盟伙伴视角下产学研联盟稳定性提升路径：理论框架与实证分析［J］. 科学学研究，2016，34（10）.

［17］曹霞，张路蓬. 环境规制下企业绿色技术创新的演化博弈分析：基于利益相关者视角［J］. 系统工程，2017，35（2）.

［18］曹霞，张路蓬. 企业绿色技术创新扩散的演化博弈分析［J］. 中国人口·资源与环境，2015，25（7）.

［19］查国防. 方法与路径：专利商业化运营的风险评估体系研究［J］. 河南科技，2017（14）.

［20］常爱华，王希良，梁经纬，等. 价值链、创新链与创新服务链：基于服务视角的科技中介系统的理论框架［J］. 科学管理研究，2011，29（2）.

［21］陈国宏，李美娟. 组合评价收敛性验证的计算机模拟实验［J］. 系统工程理论与实践，2005（5）.

［22］陈华斌. 试论绿色创新及其激励机制［J］. 软科学，1999（3）.

［23］陈劲. 国家绿色技术创新系统的构建与分析［J］. 科学学研究，1999（3）.

［24］武春友，陈兴红，匡海波. 基于 AHP-标准离差的企业绿色度可拓学评价模型及实证研究［J］. 科研管理，2014，35（11）.

［25］程华，廖中举. 中国区域环境创新绩效评价与研究［J］. 中国环境科学，2011，31（3）.

［26］董直庆，王辉. 环境规制的"本地—邻地"绿色技术进步效应［J］. 中国工业经济，2019（1）.

［27］杜传忠，刘忠京. 基于创新生态系统的我国国家创新体系的构建

[J]. 科学管理研究, 2015, 33 (4).

[28] 杜兰英, 陈鑫. 政产学研用协同创新机理与模式研究: 以中小企业为例 [J]. 科技进步与对策, 2012, 29 (22).

[29] 段楠楠, 徐福缘, 倪明. 考虑知识溢出效应的绿色技术创新企业关系演化分析 [J]. 科技管理研究, 2016, 36 (20).

[30] 段庆锋, 潘小换, 蒋保建. 面向产业创新链的技术策略选择模型构建及实证研究 [J]. 科技管理研究, 2018, 38 (1).

[31] 段文娟, 聂鸣, 张雄. 全球价值链下产业集群升级的风险研究 [J]. 科技进步与对策, 2007 (11).

[32] 方竺乾. 基于供应链视角的绿色技术创新扩散机制研究 [J]. 生态经济, 2018, 34 (6).

[33] 冯志军. 中国工业企业绿色创新效率研究 [J]. 中国科技论坛, 2013 (2).

[34] 付丙海, 谢富纪, 韩雨卿. 创新链资源整合、双元性创新与创新绩效: 基于长三角新创企业的实证研究 [J]. 中国软科学, 2015 (12).

[35] 龚承柱, 李兰兰, 卫振锋, 等. 基于前景理论和隶属度的混合型多属性决策方法 [J]. 中国管理科学, 2014, 22 (10).

[36] 辜胜阻, 吴华君, 吴沁沁, 等. 创新驱动与核心技术突破是高质量发展的基石 [J]. 中国软科学, 2018 (10).

[37] 郭继东, 杨月巧, 马志超. 企业绿色技术创新激励机制研究 [J]. 科技管理研究, 2018, 38 (20).

[38] 李海萍, 向刚, 高忠仕, 等. 中国制造业绿色创新的环境效益向企业经济效益转换的制度条件初探 [J]. 科研管理, 2005 (2).

[39] 韩兵, 苏屹, 李彤, 等. 基于两阶段 DEA 的高技术企业技术创新绩效研究 [J]. 科研管理, 2018, 39 (3).

[40] 韩孺眉, 刘艳春. 我国工业企业绿色技术创新效率评价研究 [J]. 技术经济与管理研究, 2017 (5).

[41] 何枫, 祝丽云, 马栋栋, 等. 中国钢铁企业绿色技术效率研究 [J]. 中国工业经济, 2015 (7).

[42] 洪银兴. 科技创新阶段及其创新价值链分析 [J]. 经济学家, 2017 (4).

[43] 侯建, 陈恒. 中国高专利密集度制造业技术创新绿色转型绩效及驱动因素研究 [J]. 管理评论, 2018, 30 (4).

[44] 胡耀辉．产业技术创新链：我国企业从模仿到自主创新的路径突破：以高端装备制造企业为例 [J]．科技进步与对策，2013，30（9）．

[45] 华锦阳．制造业低碳技术创新的动力源探究及其政策涵义 [J]．科研管理，2011，32（6）．

[46] 黄奇，苗建军，李敬银，等．基于绿色增长的工业企业技术创新效率空间外溢效应研究 [J]．经济体制改革，2015（4）．

[47] 黄晓霞，丁荣贵，于双阳，等．多主体协同创新项目治理网络构建：基于欧盟第七框架计划的分析 [J]．科学学与科学技术管理，2015，36（12）．

[48] 黄永春，郑江淮，杨以文，等．全球价值链视角下长三角出口导向型产业集群的升级路径研究 [J]．科技进步与对策，2012，29（17）．

[49] 黄志斌，张涛．企业绿色技术创新及其阻碍因素析解 [J]．自然辩证法研究，2018，34（8）．

[50] 贾军，魏洁云，王悦．环境规制对中国 OFDI 的绿色技术创新影响差异分析：基于异质性东道国视角 [J]．研究与发展管理，2017，29（6）．

[51] 贾军，张伟．绿色技术创新中路径依赖及环境规制影响分析 [J]．科学学与科学技术管理，2014，35（5）．

[52] 姜超．中国不同行业全球价值链位置对创新效率的影响 [J]．科技进步与对策，2018，35（11）．

[53] 蒋华林．"联结"：加州大学圣迭戈分校的技术商业化模式 [J]．社会科学家，2015（11）．

[54] 蒋樟生，胡珑瑛．技术创新联盟知识转移决策的主从博弈分析 [J]．科研管理，2012，33（4）．

[55] 焦俊，李垣．基于联盟的企业绿色战略导向与绿色创新 [J]．研究与发展管理，2011，23（1）．

[56] 康宇航，高昕．价值链重构视角的互联网家装企业商业模式创新分析：家装 e 站与齐家网案例研究 [J]．管理案例研究与评论，2018，11（4）．

[57] 邝嫦娥，路江林．环境规制对绿色技术创新的影响研究：来自湖南省的证据 [J]．经济经纬，2019，36（2）．

[58] 乐琦．直觉模糊环境下考虑匹配意愿的双边匹配决策 [J]．中国管理科学，2017，25（6）．

[59] 雷善玉，王焕冉，张淑慧．环保企业绿色技术创新的动力机制：基于扎根理论的探索研究 [J]．管理案例研究与评论，2014，7（4）．

[60] 李柏洲, 罗小芳. 企业原始创新中学研合作伙伴的选择: 基于影响因素及其作用路径视角的分析 [J]. 科学学研究, 2013, 31 (3).

[61] 李柏洲, 王丹, 赵健宇, 等. 基于 B-Z 反应的企业实践社群知识流动演化研究 [J]. 管理工程学报, 2019, 33 (3).

[62] 李柏洲, 尹士, 罗小芳. 集成供应链企业合作创新伙伴动态选择研究 [J]. 工业工程与管理, 2018, 23 (3).

[63] 李斌, 曹万林. 环境规制对我国循环经济绩效的影响研究: 基于生态创新的视角 [J]. 中国软科学, 2017 (6).

[64] 李斌, 韩菁. 市场导向、多主体协同与创新扩散: 基于复杂网络的动态仿真 [J]. 运筹与管理, 2019, 28 (2).

[65] 李飞, 李晗. 基于动态能力的高校协同创新过程评价 [J]. 科技管理研究, 2018, 38 (4).

[66] 李广培, 李艳歌, 全佳敏. 环境规制、R&D 投入与企业绿色技术创新能力 [J]. 科学学与科学技术管理, 2018, 39 (11).

[67] 李广培, 吴金华. 个体视角的绿色创新行为路径: 知识共享的调节效应 [J]. 科学学与科学技术管理, 2017, 38 (2).

[68] 李虹, 张希源. 区域生态创新协同度及其影响因素研究 [J]. 中国人口·资源与环境, 2016, 26 (6).

[69] 李昆. 绿色技术创新的平台效应研究: 以新能源汽车技术创新及商业化为例 [J]. 外国经济与管理, 2017, 39 (11).

[70] 李廉水, 程中华, 刘军. 中国制造业 "新型化" 及其评价研究 [J]. 中国工业经济, 2015 (2).

[71] 李廉水, 杨浩昌, 刘军. 我国区域制造业综合发展能力评价研究: 基于东、中、西部制造业的实证分析 [J]. 中国软科学, 2014 (2).

[72] 李琳, 王足. 我国区域制造业绿色竞争力评价及动态比较 [J]. 经济问题探索, 2017 (1).

[73] 李美娟, 徐林明, 陈国宏. 基于一致性的动态组合评价方法研究 [J]. 中国管理科学, 2016, 24 (10).

[74] 李明, 吴文浩, 吴光东. 基于利益相关者动态博弈的绿色建筑推进机制 [J]. 土木工程与管理学报, 2017, 34 (3).

[75] 李平. 论绿色技术创新主体系统 [J]. 科学学研究, 2005 (3).

[76] 李巧华, 唐明凤. 企业绿色创新: 市场导向抑或政策导向 [J]. 财经科学, 2014 (2).

［77］李婉红，毕克新，曹霞．环境规制工具对制造企业绿色技术创新的影响：以造纸及纸制品企业为例［J］．系统工程，2013，31（10）．

［78］李婉红，毕克新，孙冰．环境规制强度对污染密集行业绿色技术创新的影响研究：基于2003—2010年面板数据的实证检验［J］．研究与发展管理，2013，25（6）．

［79］李婉红．中国省域工业绿色技术创新产出的时空演化及影响因素：基于30个省域数据的实证研究［J］．管理工程学报，2017，31（2）．

［80］李香菊，贺娜．地区竞争下环境税对企业绿色技术创新的影响研究［J］．中国人口·资源与环境，2018，28（9）．

［81］李新宁．创新价值链构建的战略路径与发展逻辑［J］．技术经济与管理研究，2018（1）．

［82］李旭．绿色创新相关研究的梳理与展望［J］．研究与发展管理，2015，27（2）．

［83］李云，施琴芬，于娱．知识视角下的颠覆式创新过程分析［J］．科技管理研究，2018，38（13）．

［84］廖中举，程华．企业环境创新的影响因素及其绩效研究：基于环境政策和企业背景特征的视角［J］．科学学研究，2014，32（5）．

［85］林森，苏竣．技术链、产业链和技术创新链：理论分析与政策含义［J］．科学学研究，2001（4）．

［86］刘朋，周可迪，延建林，等．促进绿色制造技术扩散的政策模式创新研究［J］．中国工程科学，2016，18（4）．

［87］刘薇．国内外绿色创新与发展研究动态综述［J］．中国环境管理干部学院学报，2012，22（5）．

［88］刘文澜．中关村生物医药产业创新链布局与对策研究［J］．科研管理，2016，37（S1）．

［89］刘雯，徐嘉祺．战略新兴产业绿色技术创新的影响因素分析［J］．生态经济，2018，34（11）．

［90］刘勇，菅利荣，赵焕焕，等．基于双重努力的产学研协同创新价值链利润分配模型［J］．研究与发展管理，2015，27（1）．

［91］吕越，陈帅，盛斌．嵌入全球价值链会导致中国制造的"低端锁定"吗？［J］．管理世界，2018，34（8）．

［92］罗良文，梁圣蓉．中国区域工业企业绿色技术创新效率及因素分解［J］．中国人口·资源与环境，2016，26（9）．

［93］骆品亮，殷华祥．知识共享的利益博弈模型分析及其激励框架［J］．研究与发展管理，2009，21（2）．

［94］马媛，侯贵生，尹华．企业绿色创新驱动因素研究：基于资源型企业的实证［J］．科学学与科学技术管理，2016，37（4）．

［95］孟凡生，韩冰．绿色低碳视角下技术创新影响因素研究：基于GT-PP-PLS法的实证［J］．科技进步与对策，2017，34（4）．

［96］聂名华，齐昊．对外直接投资能否提升中国工业绿色创新效率：基于创新价值链与空间关联的视角［J］．世界经济研究，2019（2）．

［97］彭张林，张强，王素凤，等．基于评价结论的二次组合评价方法研究［J］．中国管理科学，2016，24（9）．

［98］戚湧，王明阳．绿色金融政策驱动下的企业技术创新博弈研究［J］．工业技术经济，2019，38（1）．

［99］钱丽，王文平，肖仁桥．共享投入关联视角下中国区域工业企业绿色创新效率差异研究［J］．中国人口·资源与环境，2018，28（5）．

［100］钱丽，肖仁桥，陈忠卫．我国工业企业绿色技术创新效率及其区域差异研究：基于共同前沿理论和DEA模型［J］．经济理论与经济管理，2015（1）．

［101］邱国栋，郭蓉娜，刁玉柱．中国进入全球价值链的"苹果皮"路线研究［J］．中国软科学，2016（1）．

［102］沈能，周晶晶．技术异质性视角下的我国绿色创新效率及关键因素作用机制研究：基于Hybrid DEA和结构化方程模型［J］．管理工程学报，2018，32（4）．

［103］石博，田红娜．基于生态位态势的家电制造业绿色工艺创新路径选择研究［J］．管理评论，2018，30（2）．

［104］司林波，孟卫东．装备制造业技术协同创新绩效评价及政府作用力仿真研究：基于组合DEA模型和MATLAB仿真模型［J］．科技进步与对策，2017，34（15）．

［105］宋曼祺，徐一旻，吕伟，等．政用产学研战略联盟知识价值链的研究［J］．软科学，2018，32（2）．

［106］苏屹，姜雪松，雷家骕，等．区域创新系统协同演进研究［J］．中国软科学，2016（3）．

［107］宿丽霞，杨忠敏，张斌，等．企业间绿色技术合作的影响因素：基于供应链角度［J］．中国人口·资源与环境，2013，23（6）．

［108］隋俊，毕克新，杨朝均，等．跨国公司技术转移对我国制造业绿色创新系统绿色创新绩效的影响机理研究［J］．中国软科学，2015（1）．

［109］隋俊，毕克新，杨朝均，等．制造业绿色创新系统创新绩效影响因素：基于跨国公司技术转移视角的研究［J］．科学学研究，2015，33（3）．

［110］孙群英，曹玉昆．基于可拓关联度的企业绿色技术创新能力评价［J］．科技管理研究，2016，36（21）．

［111］孙善林，彭灿．产学研协同创新项目绩效评价指标体系研究［J］．科技管理研究，2017，37（4）．

［112］孙育红，张春晓．改革开放40年来我国绿色技术创新的回顾与思考［J］．广东社会科学，2018（5）．

［113］孙振清，陈文倩，兰梓睿．基于熵权TOPSIS法的区域绿色创新能力研究［J］．企业经济，2019，38（2）．

［114］邢超．创新链与产业链结合的有效组织方式：以大科学工程为例［J］．科学学与科学技术管理，2012，33（10）．

［115］田红娜，候畅．基于MLP的绿色技术创新过程管理研究以3D打印技术为例［J］．科技进步与对策，2019，36（9）．

［116］田俊峰，王闯杰．虚拟企业伙伴选择的信任场模型［J］．系统工程理论与实践，2014，34（12）．

［117］屠建飞，冯志敏．基于技术创新链的行业技术创新平台［J］．科技与管理，2010，12（1）．

［118］王晨筱，周洋，陆露，等．颠覆性创新四阶段扩散过程模型：基于液晶电视机与山寨手机案例［J］．科技进步与对策，2018，35（22）．

［119］王发明，刘丹．产业技术创新联盟中焦点企业合作共生伙伴选择研究［J］．科学学研究，2016，34（2）．

［120］王锋正，陈方圆．董事会治理、环境规制与绿色技术创新：基于我国重污染行业上市公司的实证检验［J］．科学学研究，2018，36（2）．

［121］王锋正，姜涛，郭晓川．政府质量、环境规制与企业绿色技术创新［J］．科研管理，2018，39（1）．

［122］王海军，成佳，邹日崧．产学研用协同创新的知识转移协调机制研究［J］．科学学研究，2018，36（7）．

［123］王海军，成佳．多主体介入的产学研用协同创新网络研究：技术绩效和协调机制视角［J］．华东经济管理，2017，31（6）．

［124］王海军，冯军政．生态型产学研用协同创新网络构建与机制研究：

模块化视角 [J]. 软科学，2017，31（9）.

[125] 王海军，温兴琦. 资源依赖与模块化交叉调节下的产学研用协同创新研究 [J]. 科研管理，2018，39（4）.

[126] 王海龙，连晓宇，林德明. 绿色技术创新效率对区域绿色增长绩效的影响实证分析 [J]. 科学学与科学技术管理，2016，37（6）.

[127] 王宏起，李力，王珊珊. 设计与技术双重驱动下的新兴产业创新链重构研究 [J]. 科技进步与对策，2014，31（4）.

[128] 王吉发，敖海燕，陈航. 基于创新链的科技服务业链式结构及价值实现机理研究 [J]. 科技进步与对策，2015，32（15）.

[129] 王进富，魏珍，刘江南，等. 以企业为主体的产学研战略联盟研发伙伴选择影响因素研究：基于3C理论视角 [J]. 预测，2013，32（4）.

[130] 王娟茹，张渝. 环境规制、绿色技术创新意愿与绿色技术创新行为 [J]. 科学学研究，2018，36（2）.

[131] 王凯，邹晓东. 美国大学技术商业化组织模式创新的经验与启示：以"概念证明中心"为例 [J]. 科学学研究，2014，32（11）.

[132] 王磊，惠施敏. 国际产能合作视角下的中国工业绿色转型研究 [J]. 生态经济，2019，35（2）.

[133] 王妮，孙建民，李凯，等. 一种基于聚类分析与熵权模糊评价的虚拟企业综合决策算法研究 [J]. 工业工程与管理，2016，21（3）.

[134] 王伟，张卓. 创新补贴、失败补偿对企业绿色创新策略选择的影响 [J]. 软科学，2019，33（2）.

[135] 王旭，褚旭，王非. 绿色技术创新与企业融资契约最优动态配置：基于高科技制造业上市公司面板数据的实证研究 [J]. 研究与发展管理，2018，30（6）.

[136] 王旭，褚旭. 中国制造业绿色技术创新与融资契约选择 [J]. 科学学研究，2019，37（2）.

[137] 王旭，杨有德. 企业绿色技术创新的动态演进：资源捕获还是价值创造 [J]. 财经科学，2018（12）.

[138] 王志强，闫温乐. 从"科学推动"到"技术商业化"：美国研究型大学—产业部门合作创新机制的形成 [J]. 高等工程教育研究，2014（1）.

[139] 魏宏森，曾国屏. 系统论的基本规律 [J]. 自然辩证法研究，1995（4）.

[140] 吴超，杨树旺，唐鹏程，等. 中国重污染行业绿色创新效率提升

模式构建 [J]. 中国人口·资源与环境，2018，28（5）.

[141] 吴卫红，陈高翔，张爱美.“政产学研用资”多元主体协同创新三三螺旋模式及机理 [J]. 中国科技论坛，2018（5）.

[142] 伍格致，游达明. 环境规制对技术创新与绿色全要素生产率的影响机制：基于财政分权的调节作用 [J]. 管理工程学报，2019，33（1）.

[143] 袭著燕，李星洲，迟考勋. 金融介入的政产学研用技术协同创新模式构建研究 [J]. 科技进步与对策，2012，29（22）.

[144] 肖仁桥，丁娟. 我国企业绿色创新效率及其空间溢出效应：基于两阶段价值链视角 [J]. 山西财经大学学报，2017，39（12）.

[145] 肖仁桥，王宗军，钱丽. 我国不同性质企业技术创新效率及其影响因素研究：基于两阶段价值链的视角 [J]. 管理工程学报，2015，29（2）.

[146] 熊彬，李宁，杨朝均. 中国工业绿色创新绩效的地区差异及趋同性研究 [J]. 软科学，2019，33（2）.

[147] 熊勇清，陈曼琳. 新能源汽车需求市场培育的政策取向：供给侧抑或需求侧 [J]. 中国人口·资源与环境，2016，26（5）.

[148] 徐建中，王曼曼. 绿色技术创新、环境规制与能源强度：基于中国制造业的实证分析 [J]. 科学学研究，2018，36（4）.

[149] 徐雷，李晓红，杨卫华. 产学研协同创新项目绩效影响机制研究：基于伙伴选择视角 [J]. 科技管理研究，2018，38（6）.

[150] 许士春，何正霞，龙如银. 环境规制对企业绿色技术创新的影响 [J]. 科研管理，2012，33（6）.

[151] 薛伟贤，张娟. 高技术企业技术联盟互惠共生的合作伙伴选择研究 [J]. 研究与发展管理，2010，22（1）.

[152] 杨朝均，呼若青，杨红娟. 绿色工艺创新模式选择的影响因素研究：基于30个省份工业的实证分析 [J]. 生态经济，2018，34（9）.

[153] 杨朝均，呼若青. 我国工业绿色创新系统协同演进规律研究二象对偶理论视角 [J]. 科技进步与对策，2017，34（12）.

[154] 杨东，柴慧敏. 企业绿色技术创新的驱动因素及其绩效影响研究综述 [J]. 中国人口·资源与环境，2015，25（S2）.

[155] 杨国忠，虢琴. 基于多智能体模型的绿色技术创新扩散影响因素研究 [J]. 工业技术经济，2017，36（8）.

[156] 杨国忠，刘希. 政产学合作绿色技术创新的演化博弈分析 [J]. 工业技术经济，2017，36（1）.

［157］杨庆义．绿色创新是西部区域创新的战略选择［J］．重庆大学学报（社会科学版），2003（1）.

［158］杨烨，谢建国．创新扶持、环境规制与企业技术减排［J］．财经科学，2019（2）.

［159］杨玉桢，李姗．基于因子分析的产学研协同创新绩效评价研究［J］．数学的实践与认识，2019，49（3）.

［160］姚洪心，吴伊婷．绿色补贴、技术溢出与生态倾销［J］．管理科学学报，2018，21（10）.

［161］殷宝庆，肖文，刘洋．绿色研发投入与"中国制造"在全球价值链的攀升［J］．科学学研究，2018，36（8）.

［162］尹安．在供应链视角下分析从创新链到创新集群［J］．价值工程，2009，28（1）.

［163］游达明，杨晓辉，朱桂菊．多主体参与下企业技术创新模式动态选择研究［J］．中国管理科学，2015，23（3）.

［164］余菲菲．联盟组合构建对企业绿色创新行为的影响机制：基于绿色开发商的案例启示［J］．科学学与科学技术管理，2015，36（5）.

［165］余红伟，胡德状．中国区域制造业质量竞争力测评及影响因素分析［J］．管理学报，2015，12（11）.

［166］余泳泽，张先轸．要素禀赋、适宜性创新模式选择与全要素生产率提升［J］．管理世界，2015（9）.

［167］余泳泽．中国区域创新活动的"协同效应"与"挤占效应"：基于创新价值链视角的研究［J］．中国工业经济，2015（10）.

［168］原长弘，孙会娟．政产学研用协同与高校知识创新链效率［J］．科研管理，2013，34（4）.

［169］岳鸿飞，徐颖，吴璘．技术创新方式选择与中国工业绿色转型的实证分析［J］．中国人口·资源与环境，2017，27（12）.

［170］曾祥炎，刘友金．基于价值创新链的协同创新：三阶段演化及其作用［J］．科技进步与对策，2013，30（20）.

［171］张浩，汪明月，霍国庆，等．绿色消费视角的政企合作绿色技术创新动态决策［J］．数学的实践与认识，2018，48（22）.

［172］张红琪，鲁若愚．多主体参与的服务创新影响机制实证研究［J］．科研管理，2014，35（4）.

［173］张辉．全球价值链理论与我国产业发展研究［J］．中国工业经济，

2004（5）.

[174] 张江雪，张力小，李丁．绿色技术创新：制度障碍与政策体系
[J]．中国行政管理，2018（2）.

[175] 张江雪，朱磊．基于绿色增长的我国各地区工业企业技术创新效
率研究［J]．数量经济技术经济研究，2012，29（2）.

[176] 张杰，郑文平．全球价值链下中国本土企业的创新效应［J]．经
济研究，2017，52（3）.

[177] 张静进，黄宝荣，王毅，等．绿色技术扩散的典型商业模式、案
例及启示［J]．工业技术经济，2015，34（2）.

[178] 张娟，耿弘，徐功文，等．环境规制对绿色技术创新的影响研究
[J]．中国人口·资源与环境，2019，29（1）.

[179] 张倩，姚平．波特假说框架下环境规制对企业技术创新路径及动
态演化的影响［J]．工业技术经济，2018，37（8）.

[180] 张省，唐嵩，龙冬．产学研用协同创新供需匹配机制的理论框架：
基于扎根理论的多案例研究［J]．软科学，2017，31（11）.

[181] 张英华，彭建强．供应链协同创新绩效评价指标体系构建［J]．
社会科学家，2016（10）.

[182] 张渝，王娟茹．主观规范对绿色技术创新行为的影响研究［J]．
软科学，2018，32（2）.

[183] 张裕稳，吴洁，李鹏，等．创新能力视角下基于双边匹配的产学
研合作伙伴选择［J]．江苏科技大学学报（自然科学版），2015，29（5）.

[184] 赵黎明，孙健慧，张海波．基于微分博弈的军民融合协同创新体
系技术共享行为研究［J]．管理工程学报，2017，31（3）.

[185] 赵丽，孙林岩，刘杰．区域制造业可持续发展能力的评价体系构
建及应用［J]．科技进步与对策，2009，26（9）.

[186] 赵云皓，叶子仪，辛璐，等．构建市场导向的绿色技术创新体系
[J]．环境与可持续发展，2018，43（5）.

[187] 郑晖智．环境规制下的企业绿色技术创新与扩散动力研究［J]．
科学管理研究，2016，34（5）.

[188] 郑彦宁，浦墨，刘志辉．基于产业创新链的产业共性技术识别基
本理论探讨［J]．情报理论与实践，2016，39（9）.

[189] 周超．协同创新仿真模型与创新激励政策：基于多主体动态交互
[J]．技术经济与管理研究，2019（1）.

[190] 周晶淼，赵宇哲，武春友，等．绿色增长下的导向性技术创新选择研究 [J]．管理科学学报，2018，21（10）．

[191] 朱承亮，刘瑞明，王宏伟．专利密集型产业绿色创新绩效评估及提升路径 [J]．数量经济技术经济研究，2018，35（4）．

[192] 朱瑞博．"十二五"时期上海高技术产业发展：创新链与产业链融合战略研究 [J]．上海经济研究，2010（7）．

[193] 朱卫未，施琴芬．隐性知识转移过程中个体间的博弈纳什均衡 [J]．研究与发展管理，2011，23（5）．

[194] 朱永跃，马志强，陈永清．企业绿色技术创新环境的多级模糊综合评价 [J]．科技进步与对策，2010，27（9）．

[195] 宗楠，孙育红．新常态下绿色技术创新的制度保障探析 [J]．东北师大学报（哲学社会科学版），2018（5）．

（二）其他

[1] 罗小芳．企业产学研合作原始创新机制研究 [D]．哈尔滨：哈尔滨工程大学，2013.

[2] 于方．基于生命周期的企业绿色创新过程及评价研究 [D]．北京：北京化工大学，2012.

二、英文文献

（一）专著

[1] BAMFIELD P. The innovation chain, research and development management in the chemical and pharmaceutical industry（Second Edition）[M]. New Jersey：Blackwell，2004.

[2] CLOUTIER L M，BOEHIJE M D. Strategic options and value decay in technology introduction under uncertainty：A system dynamics perspective on dynamic product competition the forum of the international food and agribusiness management association [M]. Chicago：IL，2000.

[3] ETZKOWITZ H. The triple helix：University−industry−government innovation in action [M]. New York：Routledge，2008.

[4] KAPLINSKY R，MORRISM. A handbook for value chain research [M]. Ottawa：IDRC，2001.

[5] NONAKA I，TOYAMA R. The knowledge−creating theory revisited：Knowl-

edge creation as a synthesizing process [M]. London: Palgrave Macmillan, 2015.

[6] SHACHAR J, ZUSCOVITCH E. Learning patterns within a technological network: Perspectives in industrial organization [M]. Berlin: Springer, 1990.

[7] DE MORAIS E, NUNES A. Entrepreneurship, job creation, and growth in fast-growing firms in Portugal: Is there a international role for policy? [M] // BAPTISTA R, LEITÃO J. Entrepreneurship, human capital, and regional development: Labor networks, knowledge flows, and industry growth (International Studies in Entrepreneurship Book 31). Berlin: Springer, 2015.

（二）期刊

[1] ACEMOGLU D, AGHION P, BURSZTYN L, et al. The environment and directed technical change [J]. American Economic Review, 2012, 102 (1).

[2] Aguilera-Caracuel J, Ortiz-de-Mandojana N. Green innovation and financial performance: An institutional approach [J]. Organizationand Environment, 2013, 26 (4).

[3] Albino V, Carbonara N, Giannoccaro I. Innovation in industrial districts: An agent-based simulation model [J]. International Journal of Product Economics, 2006, 104 (1).

[4] ALBORT-MORANT G, LEAL-RODRÍGUEZ A L, DE MARCHI V. Absorptive capacity and relationship learning mechanisms as complementary drivers of green innovation performance [J]. Journal of Knowledge Management, 2018, 22 (2).

[5] AMIR R, JIN J Y, RTOEGE M. On additive spillovers and returns to scale in R&D [J]. International Journal of Industrial Organization, 2008, 26 (3).

[6] Andrea M, Carlo P, Roberta R. Global value chains and technological capabilities: A framework to study learning and innovation in developing countries [J]. Oxford Development Studies, 2008, 36 (1).

[7] ARUNDEL A V, KEMP R. Measuring eco-innovation [J]. Working Papers, 2009 (17).

[8] ATANASSOV K, GARGOV G. Interval valued intuitionistic fuzzy sets [J]. Fuzzy Sets and Systems, 1989, 31 (3).

[9] BANDYOPADHYAY S, PATHAK P. Knowledge sharing and cooperation in outsourcing projects: A game theoretic analysis [J]. Decision Support Systems,

2007, 43 (2).

[10] BAO Y C, CHEN X Y, ZHOU K Z. External learning, market dynamics, and radical innovation: Evidence from China's high-tech firms [J]. Journal of Business Research, 2012, 65 (8).

[11] BAYONA C, CARCÍA-MARCO T, HUERTA E. Firms'motivations for cooperative R&D: An empirical analysis of Spanish firms [J]. Research Policy, 2001, 30 (8).

[12] BEKKERS R, FREITAS IMB. Analysing knowledge transfer channels between universities and industry: To what degree do sectors also matter? [J]. Research policy, 2008, 37 (10).

[13] BELLUCCI A, PENNACCHIO L. University knowledge and firm innovation: Evidence from European countries [J]. Journal of Technology Transfer, 2016, 41 (4).

[14] BHOSALE V A, KANT R. Metadata analysis of knowledge management in supply chain: Investigating the past and predicting the future [J]. Business Process Management Journal, 2016, 22 (1).

[15] BRETTEL M, OSWALD M, FLATTEN T. Alignment of market orientation and innovation as a success factor: A five-country study [J]. Technology Analysisand Strategic Management, 2012, 24 (2).

[16] BRUNNERMEIER S B, CHHEN M A. Determinants of environmental innovation in US manufacturing industries [J]. Journal ofEnvironmental Economics and Management, 2003, 45 (2).

[17] CARAYANNIS E G, ALEXANDER J, IOANNIDIS A. Leveraging knowledge, learning, and innovation in forming strategic government-university-industry (GUI) R&D partnerships in the US, Germany, and France [J]. Technovation, 2000, 20 (9).

[18] CASEY JR J J. Developing harmonious university-industry partnerships [J]. Dayton Law Review, 2005, 30 (2).

[19] Chang N J, Fong C M. Green product quality, green corporate image, green customer satisfaction, and green customer loyalty [J]. African Journal of Business Management, 2010, 4 (13).

[20] CHANG T W, CHEN F F, LUAN H D, et al. Effect of green organizational identity, green shared vision, and organizational citizenship behavior for the

environment on green product development performance [J]. Sustainability, 2019, 11 (3).

[21] CHEN H Z, DAUGHERTY P J, LANDRY T D. Supply chain process integration: A theoretical framework [J]. Journal of Business Logistics, 2009, 30 (2).

[22] CHEN X F, LIU Z Y, ZHU Q Y. Performance evaluation of China's high-tech innovation process: Analysis based on the innovation value chain [J]. Technovation, 2018 (3).

[23] CHENG C C, SHIU E C. Validation of a proposed instrument for measuring eco-innovation: An implementation perspective [J]. Technovation, 2012, 32 (6).

[24] CHENG J H, YEH C H, TU C W. Trust and knowledge sharing in green supply chains [J]. Supply Chain Management, 2008, 13 (4).

[25] ØSTERGAARD C R. Knowledge flows through social networks in a cluster Comparing university and mdustny links [J]. Structural Changeand Economic Dynamics, 2009, 20 (3).

[26] CLAUSEN J, FICHTER K. The diffusion of environmental product and service innovations: Driving and inhibiting factors [J]. Environmental Innovation and Societal Transitions, 2019, 31 (6).

[27] CLEFF T, RENNINGS K. Determinants of environmental product and process innovation [J]. European Environment, 1999, 9 (5).

[28] DE MEDEIROS J F, RIBEIRO J L D, Cortimiglia M N. Success factors for environmentally sustainable product innovation: A systematic literature review [J]. Journal of Cleaner Production, 2014, 65 (6).

[29] DE VRIES F P, WITHAGEN C. Innovation and environmental stringency: The case of sulfur dioxide abatement [J]. Center Discussion Paper Series, 2005, 18 (34).

[30] DEMIREL P, KESIDOU E. Stimulating different types of eco - innovation in the UK: Government policies and firm motivations [J]. Ecological Economics, 2011, 70 (8).

[31] DING X H, HUANG R H. Effects of knowledge spillover on inter-organization resource sharing decision in collaborative knowledge creation [J]. European Journal of Operational Research, 2010, 201 (3).

［32］ DRIESSEN P H, HILLEBRAND B. Integrating multiple stakeholder issues in new product development: An exploration ［J］. Journal of Product Innovation Management, 2013, 30 (2).

［33］ D'ASPREMONT C, JACQUEMIN A. Cooperative and noncooperative R&D in duopoly with spillovers ［J］. American Economic Review, 1988, 78 (5).

［34］ D'ORAZIO P, VALENTE M. The role of finance in environmental innovation diffusion: An evolutionary modeling approach ［J］. Journal of Economic Behavior and Organization, 2019, 162 (8).

［35］ EATON D. Technology and innovation for a green economy ［J］. Review of European, Comparativeand International Environmental Law, 2013, 22 (1).

［36］ El-KASSAR A N, SINGH S K. Green innovation and organizational performance: The influence of big data and the moderating role of management commitment and HR practices ［J］. Technological Forecasting and Social Change, 2019, 144 (4).

［37］ ESPER T L, ELLINGER A E, Stank T P, et al. Demand and supply integration: A conceptual framework of value creation through knowledge management ［J］. Journal of the Academy of Marketing Science, 2010, 38 (1).

［38］ EVERETT S, ROBINSONE R. Value innovation: New entrants and chain restructuring in Australia's export coal chains ［J］. Journal of International Logistics and Trade, 2012 (31).

［39］ FELEKOGLU B, MOULTRIE J. Top management involvement in new product development: A review and synthesis ［J］. Journal of Product Innovation Management, 2014, 31 (1).

［40］ FERNANDO Y, JABBOUR C J C, WAH W X. Pursuing green growth in technology firms through the connections between environmental innovation and sustainable business performance: Does service capability matter? ［J］. Resources, Conservation and Recycling, 2019, 141 (5).

［41］ FUJII H, MANAGI S. Decomposition analysis of sustainable green technology inventions in China ［J］. Technological Forecasting and Social Change, 2019, 139 (9).

［42］ GAN C, WEE H Y, OZANNE L, et al. Consumers' purchasing behavior towards green products in New Zealand ［J］. Innovative Marketing, 2008, 4 (1).

［43］ GEREFFI G. International trade and industrial upgrading in the apparel commodity chain ［J］. Journal ofInternational Economics, 1999, 48 (1).

［44］ GHISETTI C, RENNINGS K. Environmental innovations and profitability: How does it pay to be green? An empirical analysis on the German innovation survey ［J］. Journal of Cleaner production, 2014, 75 (3).

［45］ GOVINDAN K, RAJENDRAN S, SARKIS J, et al. Multi-criteria decision making approaches for green supplier evaluation and selection: A literature review ［J］. Journal of Cleaner Production, 2015, 98 (6).

［46］ GOVINDAN K, SIVAKUMAR R. Green supplier selection and order allocation in a low-carbon paper industry: Integrated multi-criteria heterogeneous decision-making and multi-objective linear programming approaches ［J］. Annals of Operations Research, 2016, 238 (1-2).

［47］ GUO X F, YANG H T. A combination of EFG-SBM and a temporally-piecewise adaptive algorithm to solve viscoelastic problems ［J］. Engineering Analysis with Boundary Elements, 2016, 67 (8).

［48］ Guo Y Y, Xia X N, Zhang S, et al. Environmental regulation, government R&D funding and green technology innovation: Evidence from China provincial data ［J］. Sustainability, 2018, 10 (4).

［49］ HALILA F, TELL J, HOVESKOG M, et al. The diffusion of green innovation technology in the construction industry: European passive house knowledge transfer to China ［J］. Progress in Industrial Ecology, 2017, 11 (2).

［50］ HAMAMOTO M. Environmental regulation and the productivity of Japanese manufacturing industries ［J］. Resource and Energy Economics, 2006, 28 (4).

［51］ HAN G Y, CHEN W, FENG Z J, et al. Study on the method for selecting cooperative innovation partner in the enterprises ［J］. Journal of Convergence Information Technology, 2012, 7 (21).

［52］ HANSEN M T, BIRKINSHAW J. The innovation value chain ［J］. Harvard Business Review, 2007, 85 (6).

［53］ HELLSTRÖM T. Dimensions of environmentally sustainable innovation: The structure of eco-innovation concepts ［J］. Sustainable Development, 2006, 15 (3).

［54］ HERMANS F, VAN APELDOORN D, STUIVER M, et al. Niches and networks: Explaining network evolution through niche formation processes [J]. Research Policy, 2013, 42 (3).

[55] HEWITT-DUNDAS N. The role of proximity in university-business cooperation for innovation [J]. Journal of Technology Transfer, 2013, 38 (2).

[56] HO S P, LIN Y H E. Model for knowledge-sharing strategies: A game theory analysis [J]. Engineering Project Organization Journal, 2011, 1 (1).

[57] HORBACH J, RAMMER C, RENNINGS K. Determinants of eco-innovations by type of environmental impact: The role of regulatory push pull, technology push and market pull [J]. Ecological Economics, 2012, 78 (6).

[58] HUANG S K, KUO L, CHOU K L. The impacts of government policies on green utilization diffusion and social benefits-A case study of electric motorcycles in Taiwan [J]. Energy Policy, 2018, 119 (6).

[59] HWANG B G, NG W J. Project management knowledge and skills for green construction: Overcoming challenges [J]. International Journal of Project Management, 2013, 31 (2).

[60] INKINEN H T, KIANTO A, VANHALA M. Knowledge management practices and innovation performance in Finland [J]. Baltic Journal of Management, 2015, 10 (4).

[61] JAMES D G. Imidacloprid increases egg production in Amblyseius victoriensis (Acari: Phytoseiidae) [J]. Experimental & Applied Acarology, 1997, 21 (2).

[62] JONES J, DE ZUBIELQUI G C. Doing well by doing good: A study of university-industry interactions, innovationess and firm performance in sustainability-oriented Australian SMEs [J]. Technological Forecasting and Social Change, 2017, 123 (5).

[63] KALAIGNANAM K, SHANKAR V, VARADARAJAN R. Asymmetric new product development alliances: Win-win or winlose partnerships? [J]. Management Science, 2007, 53 (3).

[64] KANG D, SONG B, YOON B, et al. Diffusion pattern analysis for social networking sites using small-world network multiple influence model [J]. Technological Forecasting and Social Change, 2015, 95 (6).

[65] KARAKAYA E, HIDALGO A, NUUR C. Diffusion of eco-innovations: A review [J]. Renewable and Sustainable Energy Reviews, 2014, 33 (2).

［66］KIM T Y, OH H, SWAMINATHAN A. Framing interorganizational network change: A network inertia perspective ［J］. Academy of Management Review, 2006, 31 (3).

［67］KOBARG S, STUMPF-WOLLERSHEIM J, WELPE I M. University-industry collaborations and product innovation performance: The moderating effects of absorptive capacity and innovation competencies ［J］. Journal of Technology Transfer, 2018, 43 (6).

［68］KOEBEL C T, MCCOY A P, SANDERFORD A R, et al. Diffusion of green building technologies in new housing construction ［J］. Energy and Buildings, 2015, 97 (7).

［69］LANOIE P, LAURENT-LUCCHETTI J, JOHNSTONE N, et al. Environmental policy, innovation and performance: New insights on the Porter hypothesis ［J］. Journal of Economics and Management Strategy, 2011, 20 (3).

［70］LEAL-MILLÁN A, ROLDÁN J L, LEAL-RODRÍGUEZ A L, et al. IT and relationship learning in networks as drivers of green innovation and customer capital: Evidence from the automobile sector ［J］. Journal of Knowledge Management, 2016, 20 (3).

［71］LEE H S, CHOI Y. Environmental performance evaluation of the Korean manufacturing industry based on sequential DEA ［J］. Sustainability, 2019, 11 (3).

［72］LEE H, CHOI B. Knowledge management enablers, processes, and organizational performance: An integrative view and empirical examination ［J］. Journal of Management Information Systems, 2003, 20 (1).

［73］LEE K H, KIM J W. Integrating suppliers into green product innovation development: An empirical case study in the semiconductor industry ［J］. Business Strategy and the Environment, 2011, 20 (8).

［74］LEWRICK M, OMAR M, WILLIAMS JR R L. Market orientation and innovators'success: An exploration of the influence of customer and competitor orientation ［J］. Journal of Technology Managementand Innovation, 2011, 6 (3).

［75］LI J, FANG H, FANG S, et al. Investigation of the relationship among university-research institute-industry innovations using a coupling coordination degree model ［J］. Sustainability, 2018, 10 (6).

［76］LI Y M, JHANG-LI J H. Knowledge sharing in communities of practice:

A game theoretic analysis [J]. European Journal of Operational Research, 2010, 207 (1).

[77] LIN C P, TSENG J M. Green technology for improving process manufacturing design and storage management of organic peroxide [J]. Chemical Engineering Journal, 2012, 180 (10).

[78] LIN S, SUN J, MARINOVA D, et al. Evaluation of the green technology innovation efficiency of China's manufacturing industries: DEA window analysis with ideal window width [J]. Technology Analysisand Strategic Management, 2018, 30 (10).

[79] LIN Y H, CHEN Y S. Determinants of green competitive advantage: The roles of green knowledge sharing, green dynamic capabilities, and green service innovation [J]. Quality & Quantity, 2017, 51 (4).

[80] LIOU J J H, TZENG G H, TSAI C Y, et al. A hybrid ANP model in fuzzy environments for strategic alliance partner selection in the airline industry [J]. Applied Soft Computing, 2011, 11 (4).

[81] LIU J, LIU H F, YAO X L, et al. Evaluating the sustainability impact of consolidation policy in China's coal mining industry: A data envelopment analysis [J]. Journal of Cleaner Production, 2016, 112 (9).

[82] LO S M, ZHANG S, WANG Z Q, et al. The impact of relationship quality and supplier development on green supply chain integration: A mediation and moderation analysis [J]. Journal of Cleaner Production, 2018, 202 (10).

[83] LOVE J H, ROPER S, DU J. The innovation value chain [J]. Journal of Product Innovation Management, 2006, 29 (5).

[84] LUO S L, DU Y Y, LIU P, et al. A study on coevolutionary dynamics of knowledge diffusion and social network structure [J]. Expert Systems with Applications, 2015, 42 (7).

[85] MADITATI D R, MUNIM Z H, SCHRAMM H J, et al. A review of green supply chain management: From bibliometric analysis to a conceptual framework and future research directions [J]. Resources, Conservation and Recycling, 2018, 139 (8).

[86] MAHR D, LIEVENS A, BLAZEVIC V. The value of customer cocreated knowledge during the innovation process [J]. Journal of Product Innovation Management, 2014, 31 (3).

［87］ MALERBA F. Innovation and the dynamics and evolutionof industries: Progress and challenges ［J］. International Journal of Industrial Organization, 2007, 25 (4).

［88］ MARSHALL J J, VREDENBURG H. An empirical study of factors influencing innovation implementation in industrial sales organizations ［J］. Journal of the Academy of Marketing Science, 1992, 20 (3).

［89］ MELTZER J P. A carbon tax as a driver of green technology innovation and the implications for international trade ［J］. Energy Law Journal, 2014, 35.

［90］ MESNY A, MAILHOT C. The difficult search for compromises in a Canadian industry/university research partnership ［J］. Canadian Journal of Sociology, 2007, 32 (2).

［91］ MICALE R, LA FATA C M, LA SCALIA G. A combined interval-valued ELECTRE TRI and TOPSIS approach for solving the storage location assignment problem ［J］. Computers & Industrial Engineering, 2019, 135.

［92］ MILLSON M R. Exploring the nonlinear impact of organizational integration on new product market success ［J］. Journal of Product Innovation Management, 2015, 32 (2).

［93］ MORA-VALENTIN E M, MONTORO-SANCHEZ A, GUERRAS-MARTIN L A. Determining factors in the success of R&D cooperative agreements between firms and research organizations ［J］. Research Policy, 2004, 33 (1).

［94］ NAYAGAM V L G, MURALIKRISHNAN S, SIVARAMAN G. Multi-criteria decision-making method based on interval-valued intuitionistic fuzzy sets ［J］. Expert Systems with Applications, 2011, 38 (3).

［95］ NIKGHADAM S, SADIGH B L, OZBAYOGLU A M, et al. A survey of partner selection methodologies for virtual enterprises and development of a goal programming based approach ［J］. International Journal of Advanced Manufacturing Technology, 2016, 85 (5).

［96］ OKAMURO H. Determinants of successful R&D cooperation in Japanese small businesses: The impact of organizational and contractual characteristics ［J］. Research Policy, 2007, 36 (10).

［97］ OLTRA V, SAINT JEAN M. Sectoral systems of environmental innovation: An application to the French automotive industry ［J］. Technological Forecasting and Social Change, 2009, 76 (4).

［98］OTTMAN J, BOOKS N B. Green marketing：Opportunity for innovation ［J］. Journal of Sustainable Product Design, 1998, 60 (7).

［99］OUGHTON C, LANDABASO M, MORGAN K. The regional innovation paradox：Innovation policy and industrial policy ［J］. Journal of Technology Transfer, 2002, 27 (1).

［100］OZER M, TANG J W. Understanding the trade-off between familiarity and newness in product innovation ［J］. Industrial Marketing Management, 2019, 77 (3).

［101］BIERLY III P E, GALLAGHER S. Explaining alliance partner selection：Fit, trust and strategic expediency ［J］. Long Range Planning, 2007, 40 (2).

［102］CONCEIÇÃO P, HEITOR M V, VIEIRA P S. Are environmental concerns drivers of innovation? Interpreting Portuguese innovation data to foster environmental foresight ［J］. Technological Forecasting & Social Change, 2006, 73 (3).

［103］PEREZ M P, SÁNCHEZ A M. The development of university spin-offs：Early dynamics of technology transfer and networking ［J］. Technovation, 2003, 23 (10).

［104］PERKMANN M, TARTARI V, MC KELVEY M, et al. Academic engagement and commercialisation：A review of the literature on university-industry relations ［J］. Research Policy, 2013, 42 (2).

［105］PETERSEN K J, HANDFIELD R B, RAGATZ G L. Supplier integration into new product development：Coordinating product, process and supply chain design ［J］. Journal of Operations Management, 2005, 23 (3-4).

［106］PORTER M E, DER LINDE C VAN. Toward a new conception of the environment-competitiveness relationship ［J］. Journal of Economic Perspectives, 1995, 9 (4).

［107］PORTER M E, KRAMER M. The big idea：Creating shared value, rethinking capitalism ［J］. HarvardBusiness Review, 2011, 89 (1-2).

［108］POWELL W W, WHITE D R, KOPUT K W, et al. Network dynamics and field evolution：The growth of interorganizational collaboration in the life sciences ［J］. American Journal of Sociology, 2005, 110 (4).

［109］RASMUSSEN E, MOEN Ø, CULBRANDSEN M. Initiatives to promote commercialization of university knowledge ［J］. Technovation, 2006, 26 (4).

[110] RAUER J, KAUFMANN L. Mitigating external barriers to implementing green supply chain management: A grounded theory investigation of green-tech companies'rare earth metals supply chains [J]. Journal of Supply Chain Management, 2015, 51 (2).

[111] REHFELD K M, RENNINGS K, ZIEGLER A. Integrated product policy and environmental product innovations: An empirical analysis [J]. Ecological Economics, 2007, 61 (1).

[112] REN Y J, WANG C X. Research on the regional difference and spatial effect of green innovation efficiency of industrial enterprises in China [J]. Revista Ibérica de Sistemas e Tecnologias de Informação, 2016 (E10).

[113] RUAN Y, HANG C C, WANG Y M. Government's role in disruptive innovation and industry emergence: The case of the electric bike in China [J]. Technovation, 2014, 34 (12).

[114] SALAVISA I, SOUSA C, FONTES M. Topologies of innovation networks in knowledge intensive sectors: Sectoral differences in the access to knowledge and complementary assets through formal and informal ties [J]. Technovation, 2012, 32 (6).

[115] SALIMI T, LEHNERLehner J P, EPSTEIN R S, et al. A framework for pharmaceutical value-based innovations [J]. Journal of Comparative Effectiveness Research, 2012, 1 (1s).

[116] SANTORO M D, CHAKRABARTI A K. Firm size and technology centrality in industry - university interactions [J]. Research policy, 2002, 31 (7).

[117] SARIN S, MCDERMOTT C. The effect of team leader characteristics on learning, knowledge application, and performance of cross-functional new product development teams [J]. Decision Sciences, 2003, 34 (4).

[118] SAUNILA M, UKKO J, RANTALA T. Sustainability as a driver of green innovation investment and exploitation [J]. Journal of Cleaner Production, 2018, 179 (3).

[119] SCHMITT R W. Conflict or synergy: University-industry research relations [J]. Accountability in Research, 1997, 5 (4).

[120] SEN N. Innovation chain and CSIR [J]. Current Science, 2003, 85 (5).

[121] SEO D, HWANG H D. The impact of EU's R&D focused policy on the

innovation edge of mobile industry [J]. Procedia-Social and Behavioral Sciences, 2012, 62 (4).

[122] SEYFANG G, LONGHURST N. What influences the diffusion of grass-roots innovations for sustainability? Investigating community currency niches [J]. Technology Analysisand Strategic Management, 2016, 28 (1).

[123] SHARMA A, LYER G R. Resource-constrained product development: Implications for green marketing and green supply chains [J]. Industrial Marketing Management, 2012, 41 (4).

[124] SHU C L, ZHOU K Z, XIAO Y Z, et al. How green management influences product innovation in China: The role of institutional benefits [J]. Journal of Business Ethics, 2016, 133 (3).

[125] SINGH S K, GUPTA S, BUSSO D, et al. Top management knowledge value, knowledge sharing practices, open innovation and organizational performance [J]. Journal of Business Research, 2021, 128 (5).

[126] SONG B, JIN P H, ZHAO L J. Incentive mechanism of R&D firms'collaborative innovation based on organisational ambidexterity [J]. Discrete Dynamics in Nature and Society, 2019, 2019 (3).

[127] SONG W H, REN S, YU J. Bridging the gap between corporate social responsibility and new green product success: The role of green organizational identity [J]. Business Strategy and the Environment, 2019, 28 (1).

[128] SPARROWE R T, LIDEN R C, WAYNE S J, et al. Social networks and the performance of individuals and groups [J]. Academy of Management Journal, 2017, 44 (2).

[129] SPIERS H J, MAGUIRE E A. The dynamic nature of cognition during wayfinding [J]. Journal of Environmental Psychology, 2008, 28 (3).

[130] SU W, HUANG S X, FAN Y S, et al. Integrated partner selection and production distribution planning for manufacturing chains [J]. Computers & Industrial Engineering, 2015, 84 (7).

[131] SUN L Y, MIAO C L, YANG L. Ecological-economic efficiency evaluation of green technology innovation in strategic emerging industries based on entropy weighted TOPSIS method [J]. Ecological Indicators, 2017, 73 (6).

[132] SURESTI A, DINATA U G S, WATI R. Maturity analysis of the innovation system in the livestock industries of West Sumatra, Indonesia [J]. IOP Con-

ference Series: Earth and Environmental Science, 2018, 122 (1).

[133] SZÜCS F. Research subsidies, industry-university cooperation and innovation [J]. Research Policy, 2018, 47 (7).

[134] TANG M, WALSH G, LERNER D, et al. Green innovation, managerial concern and firm performance: An empirical study [J]. Business Strategy and the Environment, 2018, 27 (1): 39-51.

[135] TANG Y L, MOTOHASHI K, HU X Y, et al. University-industry interaction and product innovation performance of Guang Dong manufacturing firms: The roles of regional proximity and research quality of universities [J]. The Journal of Technology Transfer, 2020, 45 (3).

[136] TANIMOTO J. Goevolutionary, coexisting learning and teaching agents model for prisoner's dilemma games enhancing cooperation with assortative heterogeneous networks [J]. Physica A: Statistical Mechanics & Its Applications, 2013, 392 (13).

[137] TEIXEIRA A A, JABBOUR C J C, DE SOUSA JABBOUR A B L. Relationship between green management and environmental training in companies located in Brazil: A theoretical framework and case studies [J]. International Journal of Production Economics, 2012, 140 (1).

[138] THOMAS A, PAUL J. Knowledge transfer and innovation through university-industry partnership: An integrated theoretical view [J]. Knowledge Management Research and Practice, 2019, 23 (6).

[139] TSAI C T, LIAO W F. A framework for open innovation assessment [J]. InternationalJournal of Innovation Management, 2014, 18 (5).

[140] TSAI M T, CHUANG L M, CHAO S T, et al. The effects assessment of firm environmental strategy and customer environmental conscious on green product development [J]. Environmental Monitoring and Assessment, 2012, 184 (7).

[141] TSENG M L, LIM M, WU K J, et al. A novel approach for enhancing green supply chain management using converged interval-valued triangular fuzzy numbers-grey relation analysis [J]. Resources, Conservation and Recycling, 2018, 128 (8).

[142] TSENG M L, WANG R, CHIU A S F, et al. Improving performance of green innovation practices under uncertainty [J]. Journal of Cleaner Production,

2013, 40 (3).

[143] USTAOĜLU M, YILDIZ B. Innovative green technology in Turkey: Electric vehicles'future and forecasting market share [J]. Procedia-Social and Behavioral Sciences, 2012, 41 (2).

[144] VAN DE WERF F, ARDISSINO D, BETRIU A, et al. Management of acute myocardial infarction in patients presenting with ST-segment elevation [J]. EuropeanHeart Journal, 2003, 24 (1).

[145] VICK T E, NAGANO M S, POPADIUK S. Information culture and its influences in knowledge creation: Evidence from university teams engaged in collaborative innovation projects [J]. International Journal of Information Management, 2015, 35 (3).

[146] WAGNER M. Empirical influence of environmental management on innovation: Evidence from Europe [J]. Ecological Economics, 2008, 66 (2-3).

[147] WANG CHEN H M, CHOU S Y, LUU Q D, et al. A fuzzy MCDM approach for green supplier selection from the economic and environmental aspects [J]. Mathematical Problems in Engineering, 2016 (6).

[148] WANG T, YANG J J, ZHANG F. The effects of organizational controls on innovation modes: An ambidexterity perspective [J]. Journal of Managementand Organization, 2018, 27 (1).

[149] WANG W X, YU B, YAN X, et al. Estimation of innovation's green performance: A range-adjusted measure approach to assess the unified efficiency of China's manufacturing industry [J]. Journal of Cleaner Production, 2017, 18 (3).

[150] WANG Y Y, REN H, JI F R. Cooperative innovation evolutionary game analysis of industrialized building supply chain [J]. Applied Mechanics and Materials, 2018, 878 (6).

[151] WEBER M, DRIESSEN P P J, RUNHAAR H A C. Evaluating environmental policy instruments mixes: A methodology illustrated by noise policy in the Netherlands [J]. Journal of Environmental Planning and Management, 2014, 57 (9).

[152] WEI F, CHAN W. The cooperative stability evolutionary game analysis of the military-civilian collaborative innovation for China's satellite industry [J]. Mathematical Problems in Engineering, 2019 (3).

［153］WENG H H, CHEN J S, CHEN P C. Effects of green innovation on environmental and corporate performance: A stakeholder perspective ［J］. Sustainability, 2015, 7 (5).

［154］WITTE P, SLACK B, KEESMAN M, et al. Facilitating start-ups in port-city innovation ecosystems: A case study of Montreal and Rotterdam ［J］. Journal of Transport Geography, 2018, 71 (3).

［155］WONG C W Y, LAI K H, BERNROIDER E W N. The performance of contingencies of supply chain information integration: The roles of product and market complexity ［J］. International Journal of Production Economics, 2015, 165 (6).

［156］WONG C W Y, Lai K, Shang K C, et al. Green operations and the moderating role of environmental management capability of suppliers on manufacturing firm performance ［J］. International Journal of Production Economics, 2012, 140 (1).

［157］WU S K S. Environmental requirements, knowledge sharing and green innovation: Empirical evidence from the electronics industry in China ［J］. Business Strategy and the Environment, 2013, 22 (5).

［158］WU A H, WANG Z, CHEN S. Impact of specific investments, governance mechanisms and behaviors on the performance of cooperative innovation projects ［J］. International Journal of Project Management, 2017, 35 (3).

［159］WU W Y, SHIH H A, CHAN H C. The analytic network process for partner selection criteria in strategic alliances ［J］. Expert Systems with Applications, 2009, 36 (3).

［160］XIE X M, HUO J G, ZOU H L. Green process innovation, green product innovation, and corporate financial performance: A content analysis method ［J］. Journal of Business Research, 2019, 101 (6).

［161］XU J, HOU Q M, NIU C Y, et al. Process optimization of the university-industry-research collaborative innovation from the perspective of knowledge management ［J］. Cognitive Systems Research, 2018, 52 (8).

［162］XU Z S, YAGER R R. Dynamic intuitionistic fuzzy multi-attribute decision making ［J］. International Journal of Approximate Reasoning, 2008, 48 (1).

［163］YAGER R R. OWA aggregation over a continuous interval argument with applications to decision making [J]. IEEE Transactions on Systems, Man, and Cybernetics, Part B (Cybernetics), 2004, 34 (5).

[164] YAN Y K, YAZDANIFARD R. The concept of green marketing and green product development on consumer buying approach [J]. Global Journal of Commerce & Management Perspective, 2014, 3 (2).

[165] YE F, LI Y N. Group multi-attribute decision model to partner selection in the formation of virtual enterprise under incomplete information [J]. Expert Systems with Applications, 2009, 36 (5).

[166] YU D J. Intuitionistic fuzzy geometric Heronian mean aggregation operators [J]. Applied Soft Computing, 2013, 13 (2).

[167] YU F, YANG Y S, CHANG D F. Carbon footprint based green supplier selection under dynamic environment [J]. Journal of Cleaner Production, 2018, 170 (8).

[168] YU W, CHAVEZ R, FENG M, et al. Integrated green supply chain management and operational performance [J]. Supply Chain Management, 2014, 19 (5/6).

[169] ZAReBSKA J, MICHALSKA M. Ecological innovations as a chance for sustainable development-directions and obstacles in their implementation [J]. Management, 2016, 20 (2).

[170] ZENG Z B, LI Y, ZHU W X. Partner selection with a due date constraint in virtual enterprises [J]. Applied Mathematics and Computation, 2006, 175 (2).

[171] ZHANG C L, GUNASEKARAN A, WANG W Y C. A comprehensive model for supply chain integration [J]. Benchmarking, 2015, 22 (6).

[172] ZHAO H, YOU J X, LIU H C. Failure mode and effect analysis using MULTIMOORA method with continuous weighted entropy under interval-valued intuitionistic fuzzy environment [J]. Soft Computing, 2017, 21 (18).

[173] ZIEGLER A, RENNINGS K. Determinants of environmental innovations in Germany: Do organizational measures matter? [J]. Centre for European Economic Research Discussion Paper, 2004 (4-30).

（三）其他

[1] HUMPHREY J, SCHMITZ H. Governance and upgrading: Linking industrial cluster and global value chain research [D]. Brighton: Institute of Devel-

opment Studies, 2000.

[2] OMTA S W F O, VAN KOOTEN O, PANNEKOEK L. Critical success factors for entrepreneurial innovation in the Dutch glasshouse industry [C]. London: Annual World Food and Agribusiness Forum, Symposium and Case Conference, 2005, 15.

[3] RUMANTI A A, SAMADHI T M A A, WIRATMADJA I I, et al. Conceptual model of green innovation toward knowledge sharing and open innovation in Indonesian SME [C]. New York: IEEE, 2017.

[4] TIMMERS P. Building effective public R&D programs [C]. Portland, OR, USA: IEEE, 2002.

附　录

变量	测量题项	1	2	3	4	5	6	7
绿色供应商集成	我们积极与绿色供应商互动，讨论绿色新产品开发的质量和设计							
	我们有获取绿色供应商运营信息的程序和方法							
	我们致力于与绿色供应商建立长期的合作关系							
绿色客户集成	我们有正式的做法和标准的操作程序，以联络绿色客户进而开发绿色新产品							
	我们积极与绿色客户互动，推动绿色新产品开发							
	我们致力于与绿色客户建立长期的合作关系							
知识螺旋	我们鼓励员工使用归纳演绎法来获取、学习和分享绿色新产品开发的信息							
	我们在绿色新产品开发知识库中拥有学习课程和实践经验等丰富的信息							
	我们经常开展有关绿色新产品开发的在职培训和面对面的体验讨论活动							
	我们经常开展跨部门绿色新产品开发合作项目							
绿色新产品开发速度	在过去的三年里，与同行相比，我公司开发的绿色新产品迅速进入市场							
	在过去的三年里，与同行相比，我公司的绿色新产品开发周期非常短							
	在过去的三年里，与同行相比，我公司的绿色新产品开发速度更快							

变量	测量题项	1	2	3	4	5	6	7
绿色新产品开发质量	在过去的三年里，与同行相比，我公司在绿色新产品开发的质量上做得很好							
	在过去的三年里，与同行相比，我公司开发的绿色新产品具有好的市场前景							
	在过去的三年里，与同行相比，我公司绿色新产品质量更高							
高管环保意识	我公司的高层管理者非常重视相关环境法规对公司的影响							
	我公司的高层管理者非常重视生产和经营活动对环境的不利影响							
	我公司的高层管理者非常重视对环境保护措施的理解和掌握							

注：1. 完全不符合；2. 很不符合；3. 有点不符合；4. 不确定；5. 有点符合；6. 很符合；7. 完全符合。

Part Ⅱ　基础信息

项目	分类	填写相符选项序号
企业性质	①国有企业　②民营企业　③外资企业	
企业规模	①<300　②300~500　③>500	
成立年限	①<10　②10~20　③>20	
是否高污染	①是　②否	
行业	①大型飞机制造行业　②航空发动机及燃气轮机行业　③民用航天行业　④高技术船舶行业　⑤海洋工程装备行业　⑥节能与新能源汽车行业　⑦其他高端制造行业	

问卷到此结束，再次感谢您的参与和帮助！